伊能図大全

第6巻　伊能図の概説と各図解説

渡辺一郎　監修

河出書房新社

目 次

伊能図の概説　5

　序　　7

　伊能図の内容と構成　　10

　伊能図の発見史　　18

　　伊能図一覧表　　32

　　伊能図索引図　　34

　伊能図の意義　　35

　本書に収載された伊能大図　　41

　伊能大図から見る200年前の日本地理　　44

　凡　例　　47

各図解説　49

　伊能大図　　50

　九州沿海図　　159

　伊能中図　169

　伊能小図　177

伊能図の概説

序

　伊能忠敬測量隊が文政4年（1821）に「大日本沿海輿地全図」（いわゆる伊能図最終本）を幕府に上呈してから200年近くになる。当時、房総地方の第2の都市だった佐原町（現・千葉県香取市）で事業家として成功し、49歳で隠居した伊能忠敬は、江戸に出て約17年を費やして、実測による本邦初の日本全図を完成させた。その行動力と根気の強さが、いま注目されている。

　地図作りにとりかかったのは55歳のときだった。田畑や宅地を測るような簡単な測量器具を用い、若い隊員と日本全国の海岸や主要街道を徒渉して距離と方位を測るとともに、天体観測と遠山の望見という補助手段も徹底して活用し、精度の高い日本図を制作した。

　文久元年（1861）、幕府の許可を得て日本近海を測量した英国海軍は、伊能図の小図を入手してその精度に感心し、航路上の要地で水深の計測、経緯度の測定など、若干の作業を行なっただけで帰国し、伊能小図をもとに日本近海の海図2347号を改訂した。同図の文久3年版には、日本政府の地図により編集したと明記されている。

　また、明治初期に至り、日本の近代化が急速に進められた際、国家として必須な国土の基本図をそろえるためにも伊能図が使われた。現在、国土地理院から縮尺20万分の1地図が発行されているが、この図の原型を「輯製20万分の1図」といい、当時、陸上の地図制作を担当していた陸軍の測量機関により、伊能図を利用して明治10年代に急遽整備された暫定図であった。

　陸軍では並行して全国の三角測量を開始し、一枚ずつ「帝国図」という名称の実測図に置き換えていったが、伊能図を利用した暫定版が最後に姿を消したのは昭和4年（1929）であった。伊能図上呈の108年後である。伊能図は部分的ではあるが、100年の命脈を保ったのである。

　隠居後に、畑違いの測量と地図作りを始め、国際水準の精度をもつ伊能図を完成させた伊能忠敬。その第二の人生における驚倒すべき業績が、多くの人々に感銘を与えるのであろう。

　忠敬は「測量日記」第1巻に記されている幕府への上申書の中で、「地図作りが後世の参考にもなれば幸い」と述べているが、彼自身が本音でどこまで後世を意識していたかはわからない。しかし結果的にみれば、見事に時代を先見した行動であった。国家百年の計とはこういうことをいうのである。

　翻って伊能図研究の現況をみると、20年くらい前までは、肝心の成果物である伊能図の世間一般への紹介は、まことに不十分であった。保存上、オリジナルの閲覧が容易でないことは理解できるとしても、印刷物や複製品の世界においても、伊能図の華麗なイメージを伝え、地名などが鮮明に読み取れるような資料は皆無といってよい状態であった。

　40年近く前、私は国会図書館において測量当時の若年寄・堀田摂津守旧蔵の「沿海小図」副本を実見して、その華麗さや精細さと、制作に払われた労力に深い感銘を受けた。そして現存する伊能図のすべてに対面しようと考えたとき、写本も含めた完全な伊能図の所在リストが存在しないことを知り、大きな衝撃を受けたものである。

　美術品の世界では、昔から名品は「名物帳」に記載されて伝世し、大切に保管されてきた。伊能図も制作されたときから実用品ではなく、大名道具であった。そのことの是非は別として、庶民が手にできるような品ではなかったのだから、もう少し大切に扱われてもよかったのではないかと思う。これまで伊能図にかかわった人々の取り扱いに、残念な想いを禁じえなかったのが、私の伊能図探しの原点であった。

　一方で、明治期に忠敬の業績が評価されて偉人としてまつり上げられ、戦前は国定教科書に取り上げられたので、人物伝としての伊能忠敬物語は明治以来、盛行した。戦後は歴史観の急転にともない、歴史研究として忠敬を取り上げる研究者は大変少なくなったが、社会の高齢化を背景に第二の人生のお手本という観点から、作家・井上ひさし氏が小説『四千万歩の男』を世に出して、伊能忠敬の復活が始まった。

　私も伊能図探しに努めるかたわら、「伊能忠敬再発見」の旗を立てて伊能忠敬研究会を組織し、伊能家の御子孫、研究会会員諸兄姉と協力して努力を重ねてきた。私がかかわってきた過去のおもな忠敬関連イベントを挙げると次のとおりであるが、これらのすべてに深くかかわった。

1. 平成7年（1995）年11月、千葉県佐原市（現・香取市）においてフランスからイヴ・ペイレ氏と伊能中図を招聘し、展示会を開催。

2. 鈴木純子氏による気象庁伝存の関東周辺「伊能大図」模写本43枚の発見（平成9年〔1997〕）。

3. 江戸東京博物館における伊能忠敬展の開催（平成10年〔1998〕）と「英国伊能小図」3枚を招聘展覧。

4. 全国を一筆書きで歩いた2年越しの「伊能ウォーク」の催行（平成11年〔1999〕─13年〔2001〕）、参加総数延べ17万人余。

5. 筆者夫婦による「アメリカ伊能大図」模写本207枚の発見（平成13年〔2001〕）と学術調査の実施。

6. 「NHKお正月時代劇」「その時歴史が動いた」「ときめき歴史館」「BS歴史館」などのテレビ番組における伊能忠敬物語の放映。演劇「子午線の夢」、映画「四千万歩の男」の公開。

7. 伊能測量隊出発地・東京深川の富岡八幡宮に、伊能ウォーク参加者、地図測量関係者の有志、および一般有志の御寄付により、伊能忠敬銅像を建立（平成13年〔2001〕）。

8. 東京国立博物館を始めとして全国18か所で「アメリカ大図実物大複製のフロア展示会」を開催（平成15〔2003〕─16年〔2004〕）。

9. 神戸市立博物館、徳川美術館（名古屋）、仙台市立博物館、熱海MOA美術館における「アメリカ伊能大図展」の開催（平成16年〔2004〕）。

10. 全国30か所での完全復元伊能図フロア展の開催（平成21〔2009〕─26年〔2014〕）

　これらの大型イベントは、多くの人々に小学生のときに学校で習った伊能忠敬を想い起こさせ、さらに身近に感じさせて、伊能ブームの盛り上げに貢献してくれた。なかでも大きな契機となったのは、アメリカ大図の発見であるが、これはまったく偶然からだった。イタリアに伊能図があると聞いて訪問し、カナ書きの「伊能中図」を確認してから、イタリアでさえ幕末に伊能図を入手しているのだから、アメリカとロシアには必ず伊能図があると確信するようになった。機会をみては伊能図コールを発信していたのだが、なかなか情報はなかった。

　自分の足で探さないと見つからないと思いはじめていたとき、たまたまアメリカを旅行する機会があり、

ワシントンの官庁・博物館街を散歩していて議会図書館を目にした。ここは調べる価値がある場所だからと思い、閲覧の手続きがわかればいいというほどの軽い気持ちで図書館の地図部を訪れた。ところが丁寧な学芸員シャロットさんに出会って、日本地図を数多く見せてもらい、その中から、「伊能大図」模写本207枚を発見したのである。

　伊能忠敬は全10回の測量旅行を行なったが、日本全土を網羅する最終的な日本図を上呈したのは、死後3年余の文政4年（1821）であった。最終上呈図は大図214枚、中図8枚、小図3枚である。大図は実測図で、中・小図は大図から編集縮小した集成図であった。

　本巻に収載する伊能図は、最終上呈図であるが、上呈本（正本）は明治6年（1873）の皇居炎上の際に焼失し、伊能家から別途献納された控え図（副本）も東京大学の図書館に移されたあと、関東大震災の際に焼失してしまった。

　本巻収載大図はわずかに山口県文書館、松浦史料博物館（平戸）に伝えられた副本と、国立国会図書館、アメリカ議会図書館（彩色復元図を含む）、国立歴史民俗博物館、海上保安庁海洋情報部に保存されている明治以降の模写図（模写本）から、状態のよい図を選んだものである。中図については完成度が最も高いと思われるイヴ・ペイレ旧蔵の中図を、また小図については最も正本に近いと思われる東京国立博物館の小図を掲載した。

　あわせて、参考として上呈大図に近いと考えられる東京国立博物館蔵の「九州沿海図（九州第1次大図）」副本を併せ収載した。掲載図葉は次のとおりである。

1. 国立国会図書館蔵・大図摸本〔総着色〕43図

2. 国立歴史民俗博物館蔵・大図模写本〔総着色〕5図

3. 山口県文書館蔵・大図副本〔総着色〕6図

4. 松浦史料博物館蔵・大図副本〔総着色〕2図、および参考図1図

5. アメリカ議会図書館蔵・大図模写本〔総着色〕37図、および〔彩色復元〕108図

6. 海上保安庁海洋情報部蔵・大図模写本〔縮写〕13図

7. （参考）東京国立博物館蔵・九州第1次測量大図副本〔総着色〕21図

8. 日本写真印刷株式会社蔵・中図副本〔総着色〕8図

9. 東京国立博物館蔵・小図副本3図

河出書房新社から刊行された『伊能大図総覧』（2006年）は、高定価・少部数限定本という豪華本だったのにもかかわらず、売上的には望外の成功に終わった。その後、国内外の優良な大中小の伊能図を集め、アメリカ大図には彩色を施して再現し、原寸大の伊能図をつなぎ合わせた巨大な「大日本沿海輿地全図」を、全国各地で巡回展示してきた。

この「完全復元伊能図フロア展」の地図データを整理して、身近に閲覧できる方法はないかと考えてきたが、ついに本書『伊能図大全』として結実することとなった。扱いやすい判型で最も上質な伊能図のすべてが網羅された完全版がここに完成したことは、伊能図ファンのみならず、多くの歴史・地理・郷土愛好家に

とっても喜ばしいことであるとともに、記念碑的な出版といえる。

なお、本書に収載されたアメリカ大図のうち、無彩色に近い図は、読者の視覚的な理解を容易にするために、模写の完成度の高い国会大図などを参考にして山景や海部水部などに慎重に着色再現を施した。これは「完全復元伊能図フロア展」の成果であるとともに、今回の出版の特長のひとつといえる。

2018年は伊能忠敬没後200年の節目の年である。55歳の老境で若者数名を従え、蝦夷地を目指して勇気ある第一歩を踏み出した伊能忠敬の志を想い、200年前の日本の姿を一人でも多くの日本人に感じていただきたい。

伊能忠敬研究会名誉代表　　渡辺一郎 識

伊能図の内容と構成

　伊能図とは、伊能忠敬とその測量隊が全国を測量して作成した、沖縄県を除く日本全土の地図である。縮尺、作成時期、収録範囲などによって多くの種類に分かれるが、それらを総称して伊能図と呼んでいる。測量は今から約200年をさかのぼる江戸時代の後期、寛政12年（1800）から文化13年（1816）まで、あしかけ17年、10次にわたって行なわれた。全期間を通じて測量日数は合計3754日、夜間に天体観測を行なった日数は1404日とされる（佐久間、2002）。測量の進行とともに、作業報告などの地図が作られていったため、伊能図と呼ばれる地図の種類は多い。本書に収録している「最終上呈図」の意義をとらえる背景として、伊能図の全体構成を概観する。

表現の特色

　伊能図の最大の特色は、実測にもとづく科学的な地図ということであるが、それぞれの地図は実用一辺倒ではなく、彩色された美しい外観をもつ。また、印刷図ではなく、すべてが手書きの地図である。海岸線と街道がその曲直に沿った朱色の折線（測線）で表わされ、周辺の景観は絵画風に描かれる。測線が伊能図の骨格をなしている。測線は、まず部分ごとの下図として精密に図化し、集成されたうえで、浄書用紙に写しとられた。用紙を重ね、下図の測線の曲がり角を針で突いて写し、写しとられた点を結んでいく方法（針突法）である。こうしてできた針穴の存在は伊能図の大きな特色であるが、敷き写しや模写によってあとから作成された写本には針穴がなく、針穴の有無が地図の由来を判断するポイントのひとつとなっている。

　実測図である伊能図は当然、すべて縮尺に基づいて描かれている。基本の縮尺は、大図（３万6000分の１）、中図（21万6000分の１）、小図（43万2000分の１）の３種である。

　地図の概観はすべての図に共通するが、細かく見ると、大図と中・小図の間に、表現内容や方法の違いが見られる。中・小図は大図の縮小・編集によって作られているためで、中図と小図は詳しさに違いはあるが、表現の様式はほぼ共通している。

　中図・小図には１度ごとの経緯線が墨で引かれ、遠方から方位角が測定できる山頂や島嶼などへは、各地からその目標に向かう朱色の方位線が引かれている。大図には経緯線・方位線は記入されていない。１枚の地図でカバーする地域が狭い大図では、経緯線１度の間隔や遠方の目標地点が１図の枠を超えてしまうためである。

　地図の彩色はほぼ共通しているが、使用されている記号は大図と中・小図とで違いがある。○宿駅（駅町）、△湊、☆天測地点（極度測地）の３種は大・中・小図に共通であるが、縮小率の高い中図と小図では、国名を二重枠、郡名を一重枠で囲んで区別し、測線が国界、郡界を越える部分は、━国界、●郡界の記号で表示される。大図では、国界と郡界は測線と境界が交わる地点に双方の国・郡名が並べて記載されている。大図には地域一帯についての国名は表示されていない。このほか、□城下、○陣屋、△仏寺、开神祠、╫関所といった記号も中・小図のみで使用され、大図では、城下は絵画風の城郭と城主名、寺社も屋根形に寺社名の注記などと、より具体的に表現されている。

　地図上の方位は多彩な方位盤（コンパスローズ）で示される。この方位盤は分割図相互の接合記号もかね、地図の縁に沿って描かれた半円を隣接図に配置された同彩色の残り半円と合わせて全円にすることによって、その接合が正しく行なわれる仕組みである。

伊能図の構成

1　作成数とその構成

　伊能図がどれだけ作成されたかを知るための確かな記録は残っていない。断片的な文書類や現存図によって、確認または推定できる伊能図の種類は400種以上にのぼり、そのうち何らかの形での現存が知られているのは380種ほどである。種類を分ける基本的な要素は、縮尺と作成時期（測図範囲と関連）であるが、紙の大きさとの関係で、同縮尺・同時期の地図が分割図として全域を収録していることが多く、その場合の各分割部分の範囲が３番目の要素ということになる。

　伊能図のなかにはこの３つの要素、すなわち縮尺、作成時期、および収録範囲が同じ図もあるが、すべて

が手書きで独自の由来をもつ伊能図の場合、その由来に応じて図としての仕上がりには違いがみられる。そのため、4番目の要素ともいうべき各地図の由来は、伊能図の内容評価の一定の目安となる重要な役割を果たしている。収録地域以外の3つの要素の概要は次のとおりである。

（1）縮尺

大図、中図、小図などと表現される縮尺で、大図とは縮尺が大きい図、すなわち同じ原形をより大きく表わす地図という意味である。1里を3寸6分、分数にすれば3万6000分1の地図である。中図は1里を6分（21万6000分の1）、小図は1里を3分（43万2000分の1）とし、この大・中・小3種の縮尺が伊能図の基本の縮尺である。ただし、試行段階ともいえる第1次測量後に作成された大図、小図の縮尺は、およそ4万3636分の1、および43万6360分の1とされており、以後の縮尺体系とは違っている。

基本縮尺以外の地図は限られた機会に作成されたものである。特別な縮尺の地図のうち、大図より縮尺の大きいものは、6000分の1の「江戸府内図」（南・北）と1万2000分の1の特別大図「伊豆七島」（7図）、特別地域図「厳島」の3種で、特別地域図はほかに、大図と同縮尺の「天橋立」、10万8000分の1の「琵琶湖」がある。日本全図としては小図をさらに2分の1に縮めた特別小図がある。

（2）作成時期

測量行から戻ると原則として毎回、その間の測量成果を示す地図が報告書として幕府に提出された。それらが「伊能図」を形成しているわけである。「○○年小図」、「第○次（測量）中図」などという表現は、こうした地図作成の経過を反映するものである。

ついでながら、伊能図の呼称についてふれておこう。伊能図は共通して地図上に標題や作者などの記載がなく、書写の際や所蔵先の便宜上付与されたりしたさまざまな標題が用いられ、標題だけでは各図の伊能図の中での位置づけを判断しにくいため、内容に直結する「○○年中図」といった呼称が広く用いられている。ほかに、所蔵先と関連する「東博（東京国立博物館）中図」、「アメリカ（議会図書館）大図」などの呼称もしばしば使われる。なお、伊能図の中で中間および最終の集成図にあたる文化元年および文政4年の上呈図には、序文や凡例などの中に地図の図名が含まれる。しかし、文化元年図では小図の序文に「日本東半部沿海地図」、同じく凡例に「沿海地図」、文政4年の最終上呈では、ともに上呈された「輿地実測録」中の序・

凡例に「大日本沿海輿地全図」、現存しないが記録に伝えられるところでは（『要記』『日本測量記』8所収、国立国会図書館所蔵）、巻帙に「大日本沿海実測全図」、箱書きに「実測輿地全図」と、記載箇所により表現が一定していない。

（3）地図の由来

伊能図は印刷図ではなくいずれも手書きで伝えられているため、それぞれが独自の由来をもち、表現にも違いがある。現存図は由来や表現内容により、副本、写本、稿本、模写本と区分されている。

2　地図作成の経過と現存図

近年の調査・研究によって、多数の伊能図の所在があらたに知られるようになり、写本と模写本を合わせれば、作成された伊能図の大部分は何らかの形で現存するといえるまでになっている。個人も含めた所蔵先は、およそ40か所に及ぶ。ここでは、地図作成の経過とその伝存状況を照合する。近年あらたに発見された各図について、発見の経緯とともに、その由来や評価を詳述する本巻の解説「伊能図の発見史」と併用されたい。時期については、伊能図にとって記念すべき文化元年と文政4年の両上呈図と、それを区切りとする東日本測量期間・西日本測量期間・最終期に区分する。

（1）東日本測量の時代

第1次の蝦夷地南岸測量から尾張―若狭以東の東日本測量の時代である。緯度1度の地上距離確定を目指しながら、蝦夷地の測量を前面にたてた幕府当局との折衝の結果ようやく実現した測量で、幕府の後援は受けるが費用の大部分は自己負担という不十分な条件から始まった。提出した報告書が評価され、回を追ってある程度事情は好転する。

寛政12年（1800）、第1次測量の成果は、小図1枚、大図は蝦夷地10枚と奥州街道11枚の計21枚にまとめられた。縮尺は小図が43万6360分の1、大図が4万3636分の1とされる（大谷、1917）。歩測で200歩の距離を1分とする縮尺という（「星学手簡」寛政12年11月10日『日本洋学史の研究Ⅴ』所収）。小図の中度は浅草の暦局を通る。東京国立博物館に浅草文庫旧蔵の大図8枚、国立公文書館に紅葉山文庫本と伝わる大図10枚がある。前者の8枚中1枚は本州北端部を含むが、それ以外はいずれも全21枚中の蝦夷地部分のみである。小図は伊能忠敬記念館、東京国立博物館、国立歴史民俗博物館に所蔵されている。記念館のものはもちろん、東京国立博物館所蔵図も浅草文庫旧蔵で副本にあたる。国立歴史民俗博物館所蔵図は秋岡コレクションの市中購入図

である。大図の本州部分は残っていないが、小図で見ても本州部分は、この時期の不十分な条件を反映して奥州街道が1本南北に延びているにとどまる。

享和元年（1801）の第2次測量では、緯度1度の距離、28.2里（110.75km）を確定し、第一の目的を達成した。地図は、全4枚で構成される中図（うち江戸近傍の1枚欠）が伊能忠敬記念館に、全2枚で構成される中図が早稲田大学図書館にある。早稲田大学図書館所蔵図は針穴のある副本である。この2つは図の構成は異なるが、第2次測量部分だけではなく、蝦夷地南岸をも含む収録範囲は同じである。高橋至時から間重富に宛てた享和2年壬戌4月5日付の書簡（「星学手簡」保柳、1980所収）によれば、小図1枚、中図4枚、大図32枚が作成された。一方、伊能家文書中にある「豆州以東至蝦夷沿海道路里程図　凡例草稿」には大図10枚、小図1枚を作成、小図は閲覧の便宜のために第1次測量の地域とあわせて作成したと述べられており、両者の数に違いがある。大図・小図とも現存が確認されていないので、実際の作成数は確定できない。なお、前記の凡例は大図・小図用のものだが、「此凡例ハ大小二図を兼て断候……六分図一枚之方ニハ……」という書き込みがある。第1次と同じく、上呈図は大図・小図のみで、中図は控図として大手、すなわち若年寄堀田正敦に届けられた（「星学手簡」保柳、〔前掲〕所収）。伊能図における大・中・小3種の縮尺体系の構想は、この時にはじめて姿を現わした。

日本海岸の羽越地方を測量した第3次測量のあとには、上呈図は作成されなかった。尾張―越前以東の本州残余部分測量命令に対して、第3次と第4次の2回に分けて測量が行なわれたため、上呈図は第4次測量完了後にまとめて作成することとし、草稿の点検を受けるにとどまったといわれる（大谷、〔前掲〕）。

（2）「日本東半部沿海地図」

4次にわたる本州東部の測量を終えて一段落を迎えた測量事業の総まとめにあたる図で、文化元年（1804）8月に上呈された。大図69枚（蝦夷地を除く本州部分のみ）、中図3枚、小図1枚よりなる。図の範囲は、名古屋と敦賀を結ぶ線から東の本州部分で、中度の経線は江戸深川黒江町を通る。地図完成の直前に、師の高橋至時が死去した。小図の余白には、各測量地点の緯度や里程などの測量データのほか、序文（高橋景保および吉田勇太郎秀賢）や凡例があり、測量や地図について説明している。上呈後、将軍家斉（第11代）の上覧も得て、事業の評価が定まった。残る西国の測量を幕府の直轄事業として続行し、これを忠敬に担当させる

とする決定は、この評価にもとづく。同時に忠敬は小普請組配下の幕臣に取り立てられ、以後の西日本の測量は幕府の直轄事業として進められることになる。

このように沿海地図は、4次の測量の総まとめとして東日本全域をカバーするとともに、その後の日本全図としての伊能図が成立する転機となった重要な地図群である。中図と小図の写本も比較的多く残り、当時の反響が大きかったことを思わせる。

伊能忠敬記念館に伊能家副本として、大図69枚、中図3枚（上・中・下、2セット）がある。「沿海地図」大図はこの69枚が唯一の現存図である。長崎歴史文化博物館に大村藩士峰源助の写した松島付近の大図があるが、原拠がいつの段階の図であるかは未検討である。中図は針穴のある上・中・下3枚が、徳島大学附属図書館（蜂須賀家旧蔵）と国立史料館（津軽家旧蔵）にあり、針穴がなく5枚に区分された写本が学習院大学図書館（陸軍文庫旧蔵）、同じ5枚構成中の3枚が宮城県図書館（伊達家旧蔵）、さらに同じ5枚図で地名をカタカナ書きとした、やや簡略な写本ないし模写本が、イタリア地理学協会（初代駐日総領事ロベッキ収集）にある。学習院とイタリアの両図は、それ以前の事情はわからないが同系の図と目される。

「沿海地図」の小図には由来の明らかな写図が多い。伊能家にあった副本は現在、小倉陽一氏が所蔵する。ほかに針穴のある副本相当の地図として、国立史料館の津軽家旧蔵図、国立国会図書館の堀田摂津守（のち陸軍文庫）旧蔵図がある。前者には凡例末尾に伊能忠敬の押印があり、後者の摂津守は測量当時の若年寄堀田正敦で、いずれもオリジナルに近い図である。天文方は堀田の支配下にあり、測量日記にもところどころに堀田家への地図持参が記録されている。そのほか、神戸市立博物館（佐野常民旧蔵）、国立国会図書館（勘定奉行中川忠英旧蔵）、名古屋市蓬左文庫（尾張家家臣大道寺家用人水野正信写）、前田尊経閣文庫（加賀藩士藤井三郎、嘉永元年写）、早稲田大学図書館（久須美家旧蔵）、古河歴史博物館（鷹見泉石、文政12年写）、長崎歴史文化博物館（峰源助写）、那谷寺（石川県）、宮内庁書陵部の各写本があり、太鼓谷稲成神社（津和野市）、国立公文書館には、それぞれ小図の半分の縮尺の「沿海地図特別小図」があり、いずれも後述の文政7年特別小図とセットをなしている。

（3）西日本測量の時代

後半の西日本測量は、西国測量として一括の命令による。伊能忠敬は幕吏に登用され、測量事業は幕府の直轄事業となって天文方の下役も隊員に加わり、各地

での受け入れ態勢も十分に整えられて測量の密度が飛躍的に高まった。その違いは東日本と西日本の地図上の空白部分の大きさに表われている。

第5次の畿内・中国地方測量の成果で現存しているのは、華麗さを増した畿内・東海、中国沿海の2枚の中図である。伊能忠敬記念館の伊能家控図2セットと、針穴のある徳島大学附属図書館の2枚（五畿東海図・山陰山陽図）のほか、宮城県図書館、学習院大学図書館に写本、イタリア地理学協会に模写本がある。

この時期には、測量区域内の名勝、厳島、天橋立、琵琶湖について特別地域図が作成された。これらは贈呈用として作成されたとされる華麗な図である。記念館の控図1セットのほか、個人蔵（須賀田宗司氏）の天橋立図、安政2年峰源助写の琵琶湖図（長崎歴史文化博物館）の現存が知られている。なお、『忠敬先生日記』19（文化4年3月29日、『江戸の伊能忠敬』所収）には、前記3図と浜名湖図を浅草役所へ持参したとあり、浜名湖図も作られたようだが、その現存は知られていない。

第6次測量では、小図1枚、中図1枚、大図22枚（四国17枚、その他5枚）が作成された（大谷、〔前掲〕、原拠は「忠敬江戸日記」「諸国測量地図北極高度並東西度」とする）というが、現存しているのはいずれも本州部分の気賀街道2枚、摂津—大和2枚、大和—伊勢2枚、合計6枚の大図控図で、伊能忠敬記念館にある。大谷が「其他五枚」としている本州部分の図が6枚現存することになる。これを含めると、この時の大図の作成枚数は合計23枚ということになる。四国の大図は1枚も現存が確認されていない。なお、徳島大学附属図書館、学習院大学図書館（同系のイタリア地理学協会も）はいずれも「沿海地図」中図および第5次と第6次の中図をセットとしている。徳島大学本には針穴がある。「沿海地図」から最終上呈図完成まで10年強の間隔があることから、こうした組み合わせはこの間の中図伝写のひとつのタイプであったとみてよいだろう。そのほか、前出の峰源助による写本が長崎歴史文化博物館にある。ほかに、四国のみの図として、京都大学附属図書館に中図の稿本、国立国会図書館に針穴のある見事な小図副本（陸軍文庫旧蔵）がある。

同じ文化6年（1809）には、幕府から地誌編纂事業の一環としての日本図提出の要請があり、高橋景保が当時はまだ未測だった九州および河川・国界を従来の諸図で補って、特別小図1枚を編修した。神戸市立博物館に写本「日本輿地図藁」がある。異様に細長い九州の形に特色があり、小図の半分にあたる特別小図（86万4000分の1）である。

2回に分けて測量された九州のうち、文化6年から2年がかりとなった九州第1次測量は、その往復に中山道や中国地方の内陸部など未測部分の測量も行なっているが、文化8年11月15日に高橋（景保）より地図を提出したという記述が残るのみで（「忠敬先生日記」32、『江戸の伊能忠敬』所収）、どれだけの地図が作成されたかはわからない。しかし第1次分にあたる東南部の見事な小図・中図各1枚、大図21枚の完全なそろいが、東京国立博物館にある。浅草文庫旧蔵である。最終上呈図ではないが、このうちの大図は特別に本巻に収録されている。この東京国立博物館所蔵図以外では、徳島大学附属図書館にいずれも蜂須賀家旧蔵で針穴のある豊前国沿海の大図3枚（下関・中津・別府）と中図副本、京都大学附属図書館に稿本がある。京都大学本は、忠敬から内田家（旧蔵者）に贈られたものである。

九州第2次測量は、文化8年から11年にかけて3年の長期にわたっているが、公式の提出図の作成は知られていない。京都大学附属図書館に針穴のある対馬、壱岐、五島列島（上・下）、および、屋久島、種子島、平戸領の大図があり、いずれも稿本で前記のごとくこれらも伊能忠敬から内田家への贈呈図である。このほか、神戸市立博物館に大宰府付近、伊能忠敬記念館に人吉付近（藤岡健夫氏旧蔵）がある。最終上呈図の提出を前提とする草稿として、文化11年（1814）後半頃に作成されたものであろう。最終的に輿地全図の作成が命じられた時期は定かでないが、文化12年はじめに府内の各大木戸間の位置を確定し、各回次の測量成果を全図として集成するための江戸府内繋測が行なわれている。このことから見て文化11年後半までには下命があったはずで、九州第2次測量の地図は上呈図としては作成されなかった可能性が高い。

渡海を含む第9次（伊豆七島など）測量には、高齢の忠敬は参加を見合わせた。伊豆半島東岸吉佐美村から小田原にかけての大図1枚の控図が伊能忠敬記念館にあり、伊豆七島の中図が神奈川県立金沢文庫（戦後購入）、長崎歴史文化博物館（峰源助、嘉永七甲寅夏七月写）にある。伊豆七島について特記すべき地図は、大図の3倍の縮尺、すなわち1万2000分の1で、島内の山地部分まで密に彩色された特別大図7枚であり、伊能忠敬記念館に見事な副本が保存されている。

輿地全図にとりかかるにあたり、忠敬は未測地域の残る関東の再測量を願い出たが、それは認められず、かわりに江戸府内実測を命じられた。さきの府内繋測測量（江戸府内第1次測量）の成果に触発されたものと思われる。第10次測量にあたる江戸府内測量（江戸府

伊能図の内容と構成　13

内第2次測量）が行なわれ、江戸府内図（北部・南部）2枚が文化14年（1817）に上呈された。時期的に前後するが、2次にわたった第10次の江戸府内測量の間に第9次の伊豆七島測量が挟まる形である。伊能家に伝わった府内図の控図は輿地全図とともに明治政府に献納され、震災で焼失したため、現存図はいずれも模写図で、国土地理院に南と北、国立歴史民俗博物館（秋岡コレクション、市中購入）と神戸市立博物館（南波コレクション、市中購入）にそれぞれ南、国立国会図書館に北が2枚（気象庁旧蔵）ある。

（4）「大日本沿海輿地全図」

いわゆる最終上呈図である。全測量行程の成果を総合し、作成された全国図である。中度の経線は京都の旧改暦所跡を通る。蝦夷地の未測部分は間宮林蔵の測量成果で補完された。測量の進展に合わせて作成されてきた地域ごとの地図とは別に、これまでの測量の全成果を用いて、すべてあらたに描きおこされた完成図のセットであり、いうまでもなくこれが本来の、あるいは正規の「伊能図」というべき位置づけにあるもっとも重要な地図群である。とくに後半の測量では目的地への往復のルートを複雑に組んで未測部分を埋める努力をしているため、早期に上呈された中途段階の地図の空白部が最終上呈図では埋まっているという場合が多い。府内実測の成果や、測量行の往復に未測ルートを埋めて完成させた江戸の図はその典型である。伊豆半島においても海岸線は第2次測量で測られ、「沿海地図」に含まれているが、中央部の天城ルートは第9次の成果で、最終上呈図にはじめて登場するなど、各所にそうした例がある。

この最終上呈図は大図214枚、中図8枚、小図3枚で全国を網羅する。地図とあわせて「輿地実測録」（または「大日本沿海実測録」）14冊（実測録13巻および首〈序目〉1巻）も提出された。実測録にはさらに、附録の「地図接成便覧」（大図の接合一覧図）1枚が添えられた。忠敬は作成途上の文政元年（1818）4月に死去したが、地図は高橋景保の指揮のもと、隊員らの手で3年後の文政4年（1821）7月に完成、上呈された。上呈とともにそれまで伏せられていた忠敬の死去が公表され、江戸城大広間における老中らへの展観は、高橋景保と忠敬の嫡孫忠誨（ただのり）、および隊員たちの手で行なわれた。大図は西日本の部分が接合されて披露された。

記すまでもなく、本巻に収録した大図214枚は、この最終上呈の大図の系譜に連なるものである。幕府上呈の正本、伊能家控の副本とも、これまでにすべて焼失し、その姿は写本や模写本によって伝えられている。

現存図の状況を一覧すると、大図はごく一部しか伝存が知られていなかったが、近年相次いで模写本の存在が明らかになった。経過は後述の「伊能図の発見史」のとおりである。測量隊員の手になったことが確実で針穴のある副本相当の大図が、松浦史料博物館に5枚、山口県文書館に7枚ある。いずれも旧藩主の所蔵図で、それぞれの藩領に相当する地域を分割収録する。そのため、214枚の上呈図とは図郭や収録範囲に違いがあるが、最終上呈大図の表現を直接伝えている地図として貴重であり、本書にも採録されている。松浦図は、「甲子夜話（かっしやわ）」で知られる松浦藩9代藩主松浦静山と忠敬の約束を受け継いだ内弟子の保木敬蔵（ほぎけいぞう）が作成し、高橋景保を通じて文政5年（1822）に平戸に届けられた。

大図模写本としては、アメリカ議会図書館の207枚、国立国会図書館の43枚（気象庁旧蔵）、国立歴史民俗博物館の7枚（秋岡コレクション）が知られている。また、海上保安庁海洋情報部に模写本からさらに転写した図があり、伊能図の様式どおりに原寸で模写した彩色図3枚が含まれている。ほかは縮写図であるが、その中にほかの伝存図中に欠けている4図があることは後述のとおりである。最後に発見された議会図書館所蔵図は、最終上呈大図214枚中7枚を欠いているだけで、そろいがよい。欠図の7枚にあたる部分はいずれも前記の各機関の所蔵図中に含まれており、全214枚の一覧が可能となっている。議会図書館所蔵図は北海道33枚、本州4枚を除いて、山地・田畑の彩色が省略され（本書では着色再現した）、領主名も記入されていないが、地図の骨格をなす測線や地名は概して的確に写されている（渡辺ほか、2001）。国立国会図書館所蔵図は、原拠となった伊能家控図（副本）の姿を忠実に表わしていると思われる。43枚中の1枚である第107号は議会図書館所蔵図中の欠図を埋める。国立歴史民俗博物館所蔵図中の5枚は裏書きなどから見て国立国会図書館所蔵図と同系であり、あとの2枚は裏書きと描画から、議会図書館所蔵図の北海道部分から脱落したものであることが明らかで、同館所蔵図中の欠図部分（第34、35号）にそのまま収まる。海洋情報部所蔵図中には、ほかに第12、133、157、164号と、議会図書館所蔵図の欠図部分4枚が含まれる。ただし、これらは縮小された転写図で、第12号（稚内）と第133号（京都）は山地が〈ケバ式地形表現〉に改められている。

オリジナルの正本、副本とも現在は失われているが、大正12年（1923）までは存在していた大図副本の第155号（出雲伯耆）のモノクロ写真版が残っている。年代

が古く、鮮明ではないが、模写ではない副本そのものの面影を伝える資料として貴重なものである。

中図では、針穴のある副本相当の図が東京国立博物館と日本写真印刷株式会社にある。前者は大河内（旧豊橋藩主）正敏氏旧蔵、後者はフランスのイヴ・ペイレ氏旧蔵で、フランスへ渡ったいきさつはわかっていない。針穴があり、副本と見られる地図にはほかに、部分的ながら東京大学総合研究博物館に5枚（北海道2枚、関東1枚を除く——関東は欠図、北海道の2枚は針穴のない写本）と、北海道大学に北海道部分の2図がある。針穴がなく購入図のため由来が不明ではあるが、優れた写本として知られるものに成田山仏教図書館所蔵の8枚ぞろいがある。ほかに模写本と思われるものとして、天理大学附属図書館に佐渡島および対馬・五島を別図とする10枚ぞろい（戦後購入）、国土地理院には北海道を除く6枚、日本学士院に8枚ぞろい（副本の模写）がある。なお、部分的な所蔵では国土地理院に九州南部の針穴図、国立歴史民俗博物館の秋岡コレクションに中国・四国中図の写本がある。

小図は、昌平坂学問所の印記があり、完成度の高い3枚ぞろいの針穴図が東京国立博物館にある。写本として、グリニッジの英国海事博物館に3枚ぞろい、東京都立中央図書館に本州東部と西南日本の2枚（蝦夷地を欠く）、神戸市立博物館に蝦夷地と日本西南部の2枚があり、個人蔵（阿部正道氏）の蝦夷地の図1枚もある。また、射水市新湊博物館には、約50×40センチの切図22枚として写した小図の無彩色写本（京都部分の1枚を欠く）がある。

（5）最終図上呈後

事業としての測量と地図作成が完了した文政4年（1821）以降にも、いくつかの関連図が作成されている。

文政5年には、内弟子保木敬造が西海海路図3枚を作成し、平戸藩に納めた。瀬戸内海から九州北岸、長崎までの沿岸部分のみを描く中図で、松浦史料博物館に収蔵されている。これを5枚に分けて写した図が明治大学図書館の蘆田文庫中にある。

文政7年（1824）頃には、「日本国地理測量之図」として知られる小図および特別小図が編纂されている。文化6年（1809）の特別小図を改訂・増補したもので、地図の周囲、余白部分には北極出地度（緯度）・経度・里程など多数の表が書き込まれている。神戸市立博物館に小図があり、同じ図を半分の特別小図に縮めたものが4点、籠瀬良明氏（故）蔵（木月矢三郎氏、鮎沢信太郎氏旧蔵を経て移蔵）、太鼓谷稲成神社（津和野藩士堀田仁助写）、国立公文書館、宮内庁書陵部（現品未確認）に、

それぞれある。

文政10年編纂のカナ書き伊能特別小図は、シーボルト事件の押収図とされるもので、高橋景保が下河辺林右衛門らに命じて描かせた編修図である。伊能図の範囲外のサハリン、エトロフ、ウルップを含む3枚組で、地名がカタカナで書かれている。針穴がある昌平黌旧蔵図が国立国会図書館に伝わる。この図の本州部分のみを写した大槻如電旧蔵の水準の高い写本が静嘉堂文庫に、国立国会図書館所蔵図からの模写図が日本学士院にある。

明治期の「大日本沿海輿地全図」

1　正本および副本の動静

幕府に上呈され、紅葉山文庫に収蔵されていた正本は、明治政府にそのまま引き継がれた。しかし、ウィーンで開催される万国博覧会（明治6年、1873）に出品するための皇国地誌編纂用の資料として、太政官正院地誌課が借用して利用中、明治6年5月に皇居の火災により、太政官が保管していたほかの多くの地誌資料とともに類焼してしまった（福井、1983）。そのため、明治期に活発に利用された伊能図の原拠は、伊能家に残されていた控図（副本）とその模写図ということになる。この皇国地誌とセットで編纂された日本地図（2図構成）だけは、伊能図正本を原拠に内陸部分を増補して、皇居火災前に完成していたことになる。しかし、残念ながらこの図の現存は知られていない。

明治初頭には、控図（副本）はすべて佐原の伊能家に保存されていた。明治7年に伊能家から政府に献納された副本は、大・中・小図一揃いと、輿地実測録、同便覧に、江戸府内図を加えたものである。これらの図はこれより先、明治5年11月に、すでに工部省測量司（のち内務省測量司）が、製図のためとして伊能家から借り出していた。ところが、明治6年に幕府引継ぎの正本が焼失してしまったため、そのかわりとして、すでに借用していた副本を献納に切り替える（返却しない）折衝が行なわれたのであろう。内務省文書（「伊能測量図ニ代価下賜伺」）中には、その報償金額を諮る文面も残っている。この経過を見ると、正本焼失までの一時期、正本と借用中の副本の2本が同時に政府部内で利用されていたことになり、伊能図に対する当時の需要の高さがうかがえる。

献納された副本は、内務省測量司から同地理寮に移ったのち、新政府が国勢把握のために重視していた地誌編纂業務の資料として担当部局が保管することにな

伊能図の内容と構成　15

り、地理寮から太政官修史局（のち修史館）を経て、内務省地理局に戻る。官制の編成途上だった明治初期には組織やその名称の転変が著しく、地図の保管先もそれにともなってめまぐるしく動いている。地図所管の動きについては東京大学史料編纂所所蔵の内務省文書中に含まれる各時期の所蔵目録からある程度推定することができる（千葉、2004）。

内務省地理局所管になったのは明治10年末以降で、その後、明治23年（1890）に地誌編纂業務の移管にともない、帝国大学地誌編纂掛に受け継がれる。この間、明治17年（1884）に太政官文庫（翌18年、内閣制度発足にともない内閣文庫）が設立され、各官庁備付けの図書をここで一括管理することになったため、地理局所管の伊能図も所管は内閣文庫に移った。しかし書類上の所管が変わっただけで、地図そのものは引きつづき「常借」（つまり業務用として文庫を管理する記録局から借り出し、手もとに保管）という形で、地理局、さらに地誌編纂掛（史料編纂掛）に置かれたままになっていたようである。明治末にかけて、これらの「常借」資料は順次、本来の所管先である内閣文庫に戻されていった。伊能図については目録上に「四十一年十月二十一日大学図書館へ」というメモ書きがあり、内閣文庫には戻らず、帝国大学附属図書館に収蔵されたことがわかる。大谷亮吉の伊能忠敬研究開始の時期でもあり、そのための特別な措置だったかもしれない。これが、大正12年（1923）の関東大震災に遭って焼失してしまった。結果論ながら、もしもほかの資料とともに内閣文庫に戻っていたならば、と思わずにはいられない。

2 大図の模写

こうして最終上呈大図の大部分は、模写またはその転写によってしかその面影を知ることができないことになった。模写の時期や規模については、今のところあまり多くはわかっておらず、詳しい経過を解明する必要がある。大図の模写は大事業であり、それができたのは、模写図を手もとに備えるという業務上の強い要求があり、労力や技能も備わった限られた機関のみであったと思われる。

国立国会図書館所蔵図は、内務省地理局を淵源とする気象庁から発見されたことから、地理局に由来するものと考えられる。測量司から始まる地理局系統の機関での模写に関しては、借用時に工部省において「絵画者を募」って謄写した（館潔彦「参拾参年乃夢　日本測量野史」〔手稿〕師橋〔1996〕所収）、地理局地誌課において中図、小図を中心とした模写が行なわれた（河

田、1891）、という記述があるが、詳しいことはわからず、いずれも回想記のため確実な情報ではない。河田の記述では、大図の模写は部分的だった印象がある。伊能家からまず借用したということは、模写を目的としていたのだろうから、早速模写作業に入ったという館（たて）の記述を採りたいとも思うが、断定はできない。

これとは別に明治9年（1876）には、地理寮量地課が、当時地誌資料を管理していた修史局地誌掛に出向いて、実測大図の不足分を写したことを示す記録がある（「内務省往復」明治9年1～12月、修史局地誌掛〔内務省文書〕）。不足分というからには、このときすでに大図の模写が相当量できていたことになるが、現存図との関係は定かでない。また、このとき何枚の模写図が作られたかも不明である。

ところで、国立国会図書館所蔵図とともに1枚だけ残っていた外包紙には「実測輿地図関八州」とある。地理寮は明治9年に全国の大三角測量に着手しているが、その第1段階の対象地域を「関八州」としていた。「量地課」による模写が明治9年に行なわれていることと、国立国会図書館所蔵図の「関八州」という表現を考え合わせると、この2つが互いに関連している可能性もあながち否定できない。地誌資料としてすでに作成されていた模写図とは別に、三角測量用の資料として、この時期に例えば関八州が別途模写され、それゆえに三角測量が地理局の手を離れたあとは忘れられた存在になって、地理局の流れを引く気象庁に伝わっていたという可能性もある。国立歴史民俗博物館所蔵図は、記載内容や用紙から見て国立国会図書館所蔵図と同一起源と考えられるが、いずれも市中購入資料で、その流出の経緯は不明である。しかし、同博物館所蔵図中の第138、145号は関八州とは縁のない地域で、関八州部分を別途模写したという推定とは合わない。いずれにしても現段階では、明治期における伊能図模写の動きについては、断片的な史料による不確定な推測しかできていない。なお調査が必要である。

「内務省地理局地誌課所蔵地図目録」（内務省文書）には、模写図のフルセットと思われる「伊能大図第1号蝦夷　シコタン島－第214号大隅　屋久島」214枚（原本と思われるものは別に「輿地実測大図」〔伊能忠敬測定、3万6000分の1〕と記載）と、明治15年（1882）模写の177枚（蝦夷地37枚を除くという注がある）が記載されている。この177枚は、そのための人を雇い、費用をかけて写したことが内務省文書中に残っているが（「図書局購付図書目録、附贈遺、納置」明治11～17・12）、これらは原本（副本）と同様にその後、大学図書館に移された模様で、

震災により焼失したものと思われる。

アメリカ議会図書館所蔵図は、「第○軍管」という標記のある地図が混在している（第3軍管1枚、第4軍管3枚、第7軍管37枚）ことや、地図上に残る作業の痕跡から、陸軍省参謀局（のち陸地測量部）の系統のものと考えられる。陸地測量部系の模写については、『陸地測量部沿革誌』明治9年の項に、伊能図の模写に着手した（当時は陸軍参謀局）との記述があることが知られているが、ここでは模写の具体的な内容にはふれていない。内務省文書中の「院省使往復」（明治9.1―9.12、修史局地誌課）には、明治9年2月、参謀局の原図貸出依頼に対する修史局の「大図は貸せない。模写が必要なら（前記の量地課と同様）当方に来て作業するよう、面談が必要」（大意）という回答文書が残る。折衝の結果はわからないが、参謀局にはこの直後から中図が模写のため何回かに分けて貸し出されており、この時期に陸軍が中図を模写したことは確実である。しかし、陸軍から担当者が修史局まで出向いて大図の模写に携わったかどうかまでは確認できない。議会図書館所蔵図中の北海道部分37枚は、すべてに「第7軍管」という標記があり、これらは本州部分とは写しの系統が異なっていると見られる。そうなると本州部分177枚については、地理局が明治15年に作成した本州部分の模写177枚との関連も検討が必要であろう。第7軍管（北海道）は、明治12年（1879）9月の鎮台条例改訂で設置された（ただし兵備は第2軍管〔仙台〕の管轄とされた）。「第7軍管」という表書きが模写作成時のものとすれば、少なくともその標記のある北海道部分の模写は、明治12年末から軍管制度が廃止された明治21年（1888）までの間に行なわれたことになる。

『水路部沿革誌』には、明治10年（1877）から11年にかけて内務省地理局から借り出した伊能図300余葉を写了し、返却したことが記録されている。この模写図は関東大震災で焼失してしまったが、焼失前に業務参考用に転写、あるいは縮小・改描を含む転写をした大図147枚が現在に伝えられている。そのうち、伊能大図の番号で、第12、133、157、164号にあたる4枚は、ほかには所蔵のない唯一の現存図で、本巻にも収録されている貴重な図である。ただし、海上保安庁海洋情報部（旧水路部）の図番号と大図の番号との対応は未確認で、図郭の変更などもある。同部所蔵図の明細についてはなお調査が必要である。『水路部沿革誌』の記述では、内務省から借用して写したとなっているが、前記のとおり、明治9年の段階では修史局は、地理寮量地課と陸軍省参謀局に対して、中・小図は貸し出し

たが大図は貸せないので、必要ならこちらへ来て写すようにと言っている。地図の所管が修史局から内務省地理局に移り、担当者が替わったための規制緩和か、あるいは原図ではなく模写本を借り出したのか、気になるところである。

なお、「内務省地理局地誌課所蔵地図目録」（内務省文書）には、「伊能大図武蔵縮図（21万6000分の1）」（油紙裏打）、「伊能忠敬東京市街実測縮図（1万2000分の1ならびに3万6000分の1）」、（筆者注――原図は6000分の1）、「伊能中図写（第1号―10号）」（天理大学附属図書館所蔵図と枚数が一致）などの記載もある。

〔注〕参照した内務省文書はいずれも東京大学史料編纂所蔵

文献
大谷亮吉『伊能忠敬』（1917年）岩波書店〔86―93〕
河田羆「本邦地図考」『史学雑誌』所収（1891年）6（7）〔507―518〕
佐久間達夫「伊能測量隊宿泊地一覧表」『江戸の伊能忠敬』所収（2002年）伊能忠敬研究会〔171―277〕
鈴木純子〔ほか〕「海上保安庁海洋情報部所蔵――伊能図謄写図」『地図』所収（2008年）日本国際地図学会〔1―12〕
千葉真由美「皇国地誌編纂過程における地図目録と地図主管の移動」『内務省地理局における地図蓄積＝管理構造の復原的研究』所収（2004年）（2002・2003、科研費研究成果報告）〔12―46〕
福井保『江戸幕府編纂物』（1983年）雄松堂出版〔375―380〕
保柳睦美「伊能図の意義と特色」『伊能忠敬の科学的業績』所収（1980年）古今書院〔1―38〕
師橋辰夫「参拾参年乃夢 日本測量野史――東京実測図余聞」『地図』9（1）所収（1996年）〔35―39〕
渡辺一郎・永井信夫・鈴木純子「アメリカで発見された伊能大図」『地図』39（3）所収（2001年）〔18―25〕

主要参考文献
水路部編『水路部沿革誌』（1916年）
長岡半太郎監修・大谷亮吉著『伊能忠敬』（2001年）岩波書店（1917初版、第2刷）
陸地測量部編『陸地測量部沿革誌』（1922年）
保柳睦美編著『伊能忠敬の科学的業績』改訂版（1980年）古今書院
東京地学協会編『伊能図に学ぶ』（1998年）朝倉書店
渡辺一郎『図説　伊能忠敬の地図をよむ』（2000年）河出書房新社
『伊能忠敬研究』（伊能忠敬研究会）各号
『地図』「伊能図特集号」（日本国際地図学会）34（2）（1996年）

鈴木純子（日本国際地図学会評議委員）

伊能図の発見史

はじめに

伊能測量の足跡は、『測量日記』によってたどることができるが、制作された日本地図の種類、点数などについては、忠敬は何も書き残していないので、全貌は明らかでない。つまり、残されている地図の現物、断片的な史料から推測するほかに方法はない。

明治以降、伊能図が近代地図編集の資料として脚光を浴びてから、帝国学士院の事業として伝記が編纂され、大谷亮吉編著により大冊『伊能忠敬』が刊行された。そのなかで大谷氏は、伊能忠敬が制作した地図の全貌を追いかけ、複製された伊能図も含めてその所在を発表している。

その後は、秋岡武次郎、保柳睦美の両氏により補充調査が行なわれたが、完璧とはいいがたいものであった。筆者が伊能図探しを始めた理由の一つは、伊能忠敬の地図作成事業が著名な大事業であるにもかかわらず、その成果品である伊能図の現存状況が明確でなく、その内容に至っては閲覧の自由さえ与えられない状態にあったことに由来している。

成果品の内容評価は伊能研究の出発点と考え、まず所在調査と内容の定性的評価に努力してきた。遅々として進んでいないが、これまでの経過を記して参考に供したい。

伊能図の所在——従来の概要

伊能図の所在と状況についてふれたこれまでの先行報告を列挙すると次のとおりである。

（1）大谷亮吉『伊能忠敬』大正6年（1917）3月、岩波書店、第6章「地図」（597—615頁）

本書は伊能忠敬研究の決定版といわれ、古典的な名著とされている（以下、大谷著書）。明治中期に伊能忠敬の事績評価が高くなった時期に、当時の帝国学士院の事業として企画され、長岡半太郎博士の監修により、新進の理学士だった大谷亮吉氏が約10年を費やして執筆し、刊行されたものである。三井財閥より2000円の研究費の寄付を受けたので、この潤沢な資金により、測量日記をはじめとする各地の史料が筆写収集され、伊能中図8枚その他の完全模写も行なわれた。

内容を見ると、測量器具、測量法についての記述は詳細であるが、成果品である地図への関心は薄かったらしく、完成した地図の紹介は簡略である。また、伊能忠敬の努力に対する評価が不十分で、目線が温かくない欠点がある。しかも、多量の収集史料を資料集として添付したり、地図を別冊として刊行したりすることはなかった。大谷氏の時代には原史料も多く残っていたはずであり、まことに残念である。

（2）秋岡武次郎『日本地図作成史』昭和30年（1955）、河出書房

第5編「日本地図作成史上の若干の事項」

第1章「伊能忠敬作の日本図」（157—163頁）

（3）秋岡武次郎「伊能忠敬作成の日本諸地図の現存するものの若干」昭和42年（1967）、「地学雑誌」、76巻6号（39—47頁）

（4）秋岡武次郎『日本古地図集成』昭和46年（1971）、解説第6編「日本地図作成史上の若干の事項」、鹿島出版会（96—101頁）

以上の3編は、自身が古地図収集家でもあった秋岡武次郎博士の伊能図探索の報告で、同じ内容で記述され、時期を経るにつれて詳細となっている。戦後、大名家から放出された伊能図を追いかけ、自身でも購入している。筆者は、この解説第6編の記事を秋岡報告の基準点と捉え、追加修正を試みることとした。

（5）保柳睦美編『伊能忠敬の科学的業績』昭和49年（1974）、古今書院

伊能図に関する一般的な研究が報告されており、大谷批判を含め、地図から見た忠敬をおおいに強調している。個別の伊能図では学習院大学の伊能図を特殊中図として紹介する。

（6）小原大衛「伊能家蔵書目録」昭和3年（1928）、「千葉県図書館協会報」4号

伊能家個人で管理されていた時代に、千葉県図書館司書として伊能家を訪問し、所蔵の地図・史料の目録を制作したもの。

（7）赤木康司「『伊能図』に関する若干の考察」平成5年（1993）、「神戸市立博物館研究紀要」10号

本報告は、伊能図の所在と内容をテーマとした論文として、1990年代では一番最初の発表であった。

（8）日本国際地図学会誌「伊能図特集」平成8年
　　（1996）、『地図』34巻2号
　フランスから伊能中図の招聘、江戸東京博物館の
「伊能忠敬展」開催決定など、伊能忠敬再発見の動き
を受けて企画された特集号。現在からみると不徹底な
面があるが、発行時点における伊能図の所在と内容研
究の最新版だった。筆者も所在一覧とフランスにあっ
た中図の内容について執筆した。

（9）東京地学協会編『伊能図に学ぶ』平成10年（1998）、
　　古今書院
　忠敬生誕250年を記念して出版された。

（10）渡辺一郎『図説　伊能忠敬の地図をよむ』平成12
　　年（2000）、河出書房新社
　伊能図の紹介のみを目的としたはじめての出版。

（11）佐々木利和「伊能忠敬『蝦夷地実測図』および
　　『九州沿海図』について」平成9年（1997）、「MUSE-
　　UM」548号
　東京国立博物館で所蔵していながら知られていなか
った九州第1次測量の大図と蝦夷図の解説。佐々木氏
は当時、第2研究室長。

（12）江戸開府400年記念展「伊能忠敬と日本図」図録
　　平成15年（2003）、東京国立博物館
　東京国立博物館所蔵「伊能図」の総合解説。

（13）国立歴史民俗博物館図録「秋岡コレクション・
　　日本の古地図」
　秋岡氏旧蔵の伊能図が解説されている。

（14）アメリカ伊能大図展実行委員会編「アメリカに
　　あった伊能大図とフランスの伊能中図」アメリカ伊
　　能大図展図録　平成16年（2004）、（財）日本地図セン
　　ター

（15）世田谷伊能家「伊能忠敬関係文書目録」
　伊能家に伝えられた史料の主要なものは、昭和30年
代からほとんど伊能忠敬記念館に寄付されており、目
録も整備されている。それでもまだ世田谷伊能家には
史料など約900点以上が残っていたが、これらも整理
のうえ、目録を添付して2006年3月、伊能忠敬記念館
に寄付された。

正本、副本、写本、模写本の区分

　伊能図の特徴を紹介し、内容評価におよぶとき、正
本、副本、写本などの区分にふれなければならない。
大谷著書の区分では不適当な面があるので、本書では
ここに述べるような扱いとした。

副本

　大谷著書は「忠敬は地図を浄写するにあたり、突
手本と称する定稿より針尖を以て突写し、必要に応じ
て同一地図を幾通りも製出したるが故に、彼の幕府に
上呈したる正本も、又自宅に留めたる副本も、はたま
た関係諸侯、及び学友等に与えるものも地図として
の価値は、ほとんど何らの差異を見ざるものなり。さ
れども茲には記述の便宜上、かりに幕府に上りたるも
のを正本と称し、最初より裏打ちを施せる用紙に突写
せるものを副本と呼び、裏打ち無き紙に突写せるもの
（突写後に裏打ちしたものを含む）を複製図と名付くべし」
と述べる。

　幕府上呈本を正本とし、伊能家控図を副本と称する
ことは常識的で、誰でも納得しやすいが、諸侯などへ
の献呈図も副本といわれると、一般の人々には納得し
にくいかもしれないが、実質的に同じだという点で、
大谷説に従うこととしたい。

　しかし、裏打ちしてから突写したか、原紙のままで
突写したかで分ける分類は納得しがたい。裏打ち紙は
傷めば打ち直すのが普通であり、打ち直せば分類が変
わってしまう。このような曖昧な基準で整理するのは
適当でないと考える。

　仏人イヴ・ペイレ氏旧蔵の「伊能中図」は裏打ち紙
まで突写した穴が残っており、大谷説にいう完全な副
本であるが、東京国立博物館蔵の中図は裏打ちをやり
直したらしく、針穴は紙裏まで貫通していないようで
ある。また、長州藩毛利家伝来の「大図」のように、
裏打ち以前に突写が行なわれ、そのまま保管されてい
る例もある。

　本書では、裏打ちなしに突写が行なわれた図も含め、
突写の針穴が残っていて、完成度が伊能家控図（現在
は伊能忠敬記念館蔵）以上のレベルの図を副本と考える
ことにする。

稿本

　突写の針穴が鮮明に残りながら、記載事項が著しく
簡略な図も現存している。これらは、伊能グループで
試作的に作られたか、何らかの理由により途中で作業
が中断された図と思われるが、廃棄には惜しいので保
存され、親戚知人に贈与されたらしい。

　そこで、副本には伊能家控図以上という完成度の基
準を設け、これを下回る内容の図を稿本と名付けるこ
とにする。これによると京都大学附属図書館所蔵の
「伊能大図」は稿本となる。

写本

　江戸時代に何らかの伊能図を手書きで書き写された図を写本という。忠敬存命中から伊能図は貸し出されており、これらは当然書写されたと考えられる。

　また、忠敬没後、大名家などで必要があって伊能図を是非入手しようとしたときは、借用して写すしかなかったであろう。

　幕末にはとくに需要が増えて、写本が作られたらしい。成田山仏教図書館蔵の中図、英国海事博物館蔵の小図は幕末に作られた写本と思われる。

副本と写本の違い

　写本と副本はどこが違うのかといえば、伊能グループで制作されたか、他の者が写したかの違いだけである。

　写本でも、原図が良くて丁寧に写されれば副本と変わらない。ただ、忠敬が突写を利用したのは、複写の際の誤差防止と複数枚制作の便利さのためだったと思うが、伊能グループはこだわって丁寧に写しを作った。

　諸侯に提供された図には伊能家控えの副本より丁寧に制作されたものがある。しかし、ほかの者が写す場合は、そうはいかなかった。大名道具なら丁寧に写されたが、個人的コレクションでは粗雑なものも見られる。写本は副本より、上質なものと粗雑なものの差が大きいのである。

模写本

　明治以降は地図に対する考えが変わって、絵図ではなく厳密な縮尺による図が要求されるようになり、実測図である伊能図の需要が高まったので、陸軍、海軍、内務省など各機関で実用のための写図が行なわれた。

　アメリカにあった「伊能大図」もその一つであるが、このように明治以降になって、伊能図の内容を伝えるために手書きで作られた写しを、写本と区別して模写本と呼ぶことにする。

最終上呈図「大日本沿海輿地全図」

1　総　説　　　　　　　　　（括弧内は筆者の注）

【1】大谷著書では調査時点（明治後期）の状況を次のように述べる。

（1）伊能家から明治5年（1872）に測量司に貸与し、明治7年に献納した副本の大図214枚、中図8枚、小図3枚一式が、東京大学図書館に保管されている。

（2）（大図）写本は陸地測量部、海軍水路部にもあるという（伝聞）。

（3）中図は大河内子爵家（旧豊橋藩主松平家）にも現存している。

（4）小図は浜松の内田令太郎氏所蔵の図がある。本図は足立信頭氏の後裔のもとに伝えられたものを近年購入したもの。「（小図は）維新の前後にあたりて航路上大いに実用に供せられ、諸藩具眼の士競ってこれを謄写したれば、この時代に成れる写本は現今猶多く遺存せり」。

（5）英国海軍省に存する（小図）写本は、文久年間に幕府が英国測量艦長に与えたもの。

（6）大槻如電所蔵（小図）は松平伊勢守が命じて謄写したものである。

（7）これら（幕府へ提出の大・中・小図）は、明治6年（1873）5月5日、皇城炎上の際に灰燼に帰した（焼失したのは地図のみで、同時に上呈された「輿地実測録」は内閣文庫に現存する）。

【2】古地図収集家でもあった秋岡教授の論文（『日本古地図集成』解説第6編「日本地図作成史上の若干の事項」昭和46年〔1971〕、鹿島出版会。以下、秋岡論文）では、戦後の状況を次のように述べる。

（1）伊能家より献上され、内閣文庫に保存されていた伊能諸地図副本は、東京大学が借用し、付属図書館に保管中の大正12年（1923）、関東大震災のため焼失した。

（2）江戸時代の豊橋藩主大河内氏蔵の中図は、昭和23年（1948）、国立博物館での伊能展に当主大河内正敏氏より出陳され、のちに同館に寄贈された。

（3）内田氏蔵の小図は、当主たる子息六郎氏によって太平洋戦争以前に江田島の海軍兵学校に寄贈された。戦後、昭和30年代に南波氏（古地図収集家・元東大教授）に依頼して、兵学校を受け継ぐ海上自衛隊幹部候補生学校、術科学校を調べてもらったが、見つからなかった。

（4）大槻如電、文彦両氏の蔵書は、終戦直前に孫の茂雄氏より東京の静嘉堂文庫に委譲されたが、該小図が含まれていたか、はっきりしない。

（5）文久元年（1861）に英軍艦が日本沿岸測量の許可を幕府に請うた際、代わりに与えた小図3舗は、昭和26年（1951）に秋岡氏宅に来訪したイギリスのC・R・ボクサー氏によれば、現在でも同海軍省に存するとのことである。

（6）秋岡氏は昭和28年（1953）、巌松堂から次の大図3舗を購入した。

信濃飯山より姥捨付近（筆者の調査──大図第81号模写本）

西難波から加古郡坂元（同上──大図第137号模写本）

赤穂から岡山（同上──大図第145号模写本）

（7）南波氏は昭和41年（1966）に門司から大宰府の1舗を大屋書房より購入した。本図は九州第1次測量の際のものか、最終本かわからないが、おそらく後者と思われる。

（8）中図にはこのほか旧徳島藩主蜂須賀氏蔵のものがあったが、昭和26年（1951）、図書整理の際、処分された。また、旧岡山藩主の子孫である池田宜政氏蔵の中図もこの頃に処分されたが、両家の伊能図が誰の手に渡ったかまではわかりかねる。

（9）昭和15年（1940）、東京大学に買取りを申し込んだ人があり、秋岡氏も実見したが、その後の消息は不明である。

（10）伊能家にも四国九州を欠く7舗が存する。

（11）秋岡氏も昭和28年（1953）、巌松堂から中・四国（中図）の1舗を入手した。

（12）（中図は）成田図書館にも存するという。

（13）南波氏は昭和31年（1956）、小図2舗（蝦夷地、日本西南部）を大屋書房より入手した。

（14）江戸幕府末期の老中阿部正弘の後裔正道氏は、小図の蝦夷地の部1舗を所蔵する。これは幕末、日本、ロシア間の北辺領土問題発生の際に必要として、正弘が描かせたものである。

（15）模写本として陸地測量部が明治7年（1874）頃に伊能家副本より模写したもの（中図）がある。これは完写でなくて、必要部分の写しである。「天保国絵図」とともに「20万分の1輯成図」の基となった。なお、これは北海道などを除く6舗のみの写しであったが、建設省地理調査所に引き継がれ、昭和24年（1949）に残りの2舗を大河内家旧蔵図により補写した。

（16）同じように水路部でも模写したが、これは関東大震災で焼失した。

（17）大谷氏によれば明治42年（1909）に東大保管のものより帝国学士院（日本学士院）が中図を模写したとのことである。

以上が、筆者が伊能図調査を思い立った1970年代前半（昭和40年代後半）の時点における最終本伊能図の所在に関する先行研究の状況である。若干の調査を行なったあとですぐわかったことは、報告に実見調査の結果が少なく、伝聞を含めた曖昧なものであるということであった。

伊能忠敬の業績は素晴らしいものであるが、その成果品である地図について、本物が焼失したのは仕方がないとしても、現在どれだけ存在しているかもわからないというのはいかにも残念である。それならば徹底して現物を調べてみようと思ったのが、筆者が伊能図探しに足を踏み入れた理由である。

以下、伊能図の分類に従って、先行報告と対比しながら、その後の発見、新しい確かな事実を報告したい。

2　大　図

（1）国立歴史民俗博物館蔵・大図模写本（秋岡論文関連の大図）

秋岡論文にいう昭和28年巌松堂購入の大図3枚は、大図第81号、137号、145号の模写本である。鈴木純子氏が気象庁で発見した、のちに述べる内務省地理局制作の模写図とよく似ており、一連の模写と考えられている。

秋岡博士の「伊能忠敬作成の日本諸地図の現存するものの若干」（以下、秋岡論文2という）で、「寛政十二年　奥州街道大図」とされている図も、鈴木純子氏の調査で寛政12年（1800）の大図ではなく、同じ最終本大図模写本第69号、56号とわかっている。第69号は国会図書館の大図模写本と重複しているが、第56号は国会図書館では欠図である。

また、同じ論文に登場する「伊能氏大図付属　第7軍管北海道之図」第34号および第35号は、筆者と鈴木氏らで実見調査したところ、アメリカ議会図書館で筆者が発見した伊能大図模写本の欠図と判明した。

秋岡氏が収集した地図類は「秋岡コレクション」として、没後、国立歴史民俗博物館に収められ、同館には7枚の伊能大図模写本が収蔵されている。本書には、第34号、35号、56号、137号、145号の5図を収載した。

（2）山口県文書館蔵・大図副本

川村博忠氏により昭和63年（1988）に紹介（『月刊古地図研究』200号、記念論集）された大図である。実見調査したが、「御両国測量絵図」という表題で伝えられている伊能大図で、針穴は鮮明である。裏打ちはないが、描画は丁寧で、文字も達筆である。来歴の記録が発見されていないのが残念だが、毛利家に伝存したことと針穴の存在から、伊能忠敬から毛利侯に献呈されたものと考えられる。

全7枚で、大図第167号の一部（広島・桂島付近）、第169号および173号から177号の地域と第178号の一部（第177号に含めて描く）に相当する毛利領を収載する。関門を描く第177号の小倉側は白紙である（アメリカ大図の第178号では、下関周辺と福岡県を収めている）。本書で

伊能図の発見史　　21

は169号、173～177号の6図を収載した。

（3）松浦史料博物館蔵・大図副本

大谷著書219頁に指摘する、諸侯からの複製図要望に応えた図の一つである。『甲子夜話』の著者、松浦静山が忠敬に要望して実現した。筆者は平成8年（1996）に実見調査し、「伊能忠敬研究」第9号に報告したが、依頼の経緯や謝礼金などを記す副書が残っており、現存する来歴の確かな伊能図として貴重なものである。

文政5年（1822）、忠敬の死後、弟子の保木敬蔵により制作され、高橋景保から謹呈された。仕上げは丁寧で良質な副本である。描画範囲は平戸領部分と長崎周辺に限られ、全5枚である。大図番号でいうと、第191号（壱岐）は大図の図郭と合致するが、第204号（平戸）は北と南の2枚に分割され、南の部分には第205号の一部（平戸領の部分）を含んでいる。平戸島対岸の第189号は第190号の平戸領部分を含んでいる。第206号（小値賀・五島北）では五島列島中の平戸領を描く。第202号は長崎市街周辺のみである。

本書では第191号と第204号を収載し、第202号（長崎部分）を参考掲載する。

（4）国立国会図書館蔵・大図模写本

気象庁図書館で江戸府内図を調査中だった国立国会図書館特別資料課長（当時）鈴木純子氏が偶然に発見し、国立国会図書館に寄贈された伊能大図である。

大谷著書は陸地測量部と海軍水路部で伊能図の模写が行なわれたことを伝えるが、本図は内務省地理局で作成された模写図であり、地理局の流れを汲む気象庁に人知れず保存されてきたものである。

江戸府内図調査終了後、ついでに開梱したら本図群であったという。関東地方を中心とする大量43枚の大発見で、彩色・文字などが大変優れており、華麗である。これまで公開されていなかったために損傷が少なく、保存状態が非常によい。

平成9年（1997）10月26日に新聞発表され、大きな話題となった。本書中にすべて収載している。

（5）アメリカ議会図書館蔵・大図模写本

平成13年（2001）3月31日、たまたまワシントン旅行中の筆者夫婦が、アメリカ議会図書館の地図室で大量207枚の大図模写本を発見した。帰国後、当時は国土地理院参事官で日本国際地図学会常任委員長をしておられた星埜由尚氏と相談し、調査団を作って6月18日から22日まで全図を開いて調査を行ない、内容を確認した。

参加者は日本国際地図学会・鈴木純子、（財）日本

地図センター・永井信夫の各氏と、筆者および現地で御協力いただいた留学生の神田涼氏であった。

内容は、明治初年に旧陸軍の測量機関が制作した模写図で、2系統の地図の集合であった。「第○軍管伊能氏大図」という標題の簡易着色の図と、号数と代表地名を標題として朱色の測線と居城のみを彩色した無着色に近い図の、2系統の地図の組み合わせからなっている。

北海道、紀伊半島の一部、大阪・尼崎、明石、浜名湖付近など、38枚が簡易着色で、残り169枚は無着色に近い図である。目的が近代地図制作の参考用だったので、海岸線、水路、測線（街道）など地図に必要な要素は正確に模写したが、山景、樹木、田畑などの絵画的な部分は思い切って省略され、山の形のみが墨線で残されている。例外は居城の外観である。大変丁寧に描かれ、華麗な伊能図を眼前にして、実用的な要図の制作を命じられた制作者の想いを伝えている。

偶然発見したアメリカ伊能大図であるが、アメリカ議会図書館の「地理・地図部」部長エベール博士の話では、同図書館に受け入れた記録がなく、来歴や受け入れた日付はわからないという。

日本の記録では、明治初期の伊能図模写の動きから、陸軍の測量機関で大図の模写が行なわれたことは確実であり、一部の図には制作を担当した軍人の名前が書かれている。震災以前の状況として大谷著書も「（大図）写本は陸地測量部、海軍水路部にもあるという（伝聞）」と伝えている。また、戦前の参謀本部陸地測量部発行の「研究蒐録 地図」（昭和18年7月）のなかに、総務課編の「伊能忠敬先生測量叢話」なる伊能忠敬顕彰記事があり、そこに陸地測量部が大図214枚、中図6枚（北海道を除く）、江戸府内図南北2枚ほかを所蔵する旨が記載されている。

記事としては執筆者名がなく、伊能忠敬の人物関連の部分に誤りが見られ、信憑性に疑問があるが、陸地測量部の所蔵品については信じてよいのではないかと思う。実際に中図6枚と江戸府内図2枚は現在、陸地測量部の流れを汲む国土地理院に保存されているが、大図は存在しない。

陸地測量部大図（以下、陸測大図）が戦前に存在したとすると、戦後になぜ紛失したのであろうか。陸測大図とアメリカ大図は同じものなのか。なぜ中図や江戸府内図があるのに、大図だけ消失しているのか。こうした疑問は尽きない。

終戦時、陸軍で多量の書類が焼却・廃棄されたが、陸軍文庫にあって廃棄を免れた伊能図として、国会図

書館蔵の沿海地図小図副本（堀田摂津守旧蔵）や学習院大学蔵の伊能図8枚の例があるので、廃棄された可能性は捨て切れない。

廃棄あるいは払い下げられれば、市中購入ということがありうるが、廃棄でないとすれば、終戦時のアメリカによる接収という線が浮上する。いずれにせよ、目下、決め手になる証拠は見つかっていない。

そのなかで一つ参考になる事実は、国立歴史民俗博物館で、アメリカ大図の欠図の第34号、35号が発見されていることである。本図は、秋岡博士が市中購入したものである。購入の際、「こういう地図を入手した」と清水靖夫氏（国士舘大学講師）に話をしたと同氏は証言している。

歴博の第34号、35号は第7軍管図であるから、陸測大図と別系統の軍管図が市中に流れたと推測することもできる。アメリカにあった軍管図が市中で買い集められたと考えると、ほかの図も同様かもしれないと憶測できる。そして、終戦の混乱期に陸測大図がもち出され売却されて、それをアメリカの具眼の士が買い集めたが、全部は集まらなかったという仮説が成り立つ。

接収なら全部もって行くはずなので、欠図があるのはおかしいし、2種類の寄せ集めというのもおかしい。また、接収なのに入庫記録がないのも不審である。

密かに市中流出と仮定すると、中図、江戸府内図は立派に軸装されていて貴重品扱いだったが、大図は折りたたんで積んであっただけで、反古に近い様態だったことも考えに入れてよいだろう。筆者は目下のところ、市中購入説が有力と考えている。

（6）海上保安庁海洋情報部蔵・伊能大図模写本

旧海軍水路部では、明治初期に海図整備のため、内務省地理局が伊能家から原図を借用して模写した大・中図を、さらに借用して明治11年（1878）1月までに模写しているが、この図は関東大震災で焼失してしまった。水路部の模写図焼失については、大谷著書、秋岡論文ともにふれている。

ところが、秋岡論文2では、清水靖夫氏に依頼して調査したところ、焼失した図を、同じ水路部の第2課が業務の必要から模写したものが海上保安庁水路部（当時）に現存するとして、伊能図目録の序文を紹介している。この記事により、筆者も昭和40年代に一部を実見調査して実在を確認しているが、膨大な地図群であり、個人では手がつけられない状態であった。

本伊能図群の存在は、このように10年以上前からわかっていたが、模写図のまた模写であり、しかも縮小模写されていて、模写条件は不統一であった。端的にいえば模写の内容と伊能図のイメージとの落差が大きいので、無条件に模写本とするには抵抗が大きかった。

しかし、国会大図、アメリカ大図、歴博大図の発見で、大部分は模写本であるが、ほとんどの大図が見つかり、未発見はあと4枚となったとき、海上保安庁の大図を探索してみようということになって、平成16年（2004）6月、鈴木純子氏と海洋情報部を訪問し調査したところ、欠図の4枚を発見することができた。大ニュースとなったので、ご記憶の方も多いかと思う。

海洋情報部の整理番号は大図の番号を使用していないので、わかりにくいが、このとき発見したのは次の4枚である。

大図第12号（稚内）　ケバ式であったが、拡大すると周辺とよく接合した。
大図第133号（京都）　ケバ式縮小図であるが、測線、宿駅印の○、天測地☆が朱で描かれており、伊能図の面影を伝えている。
大図第157号（福山・尾道）
大図第164号（今治〔備後、安芸、伊予〕）

いずれも縮小図であったが、原寸大に拡大して周辺図と接合することができた。

このほか、『伊能大図総覧』（河出書房新社、2006）刊行後、これを参考に海洋情報部の伊能図147枚を、鈴木氏ほか関係者で全数調査したところ、上記4枚のほかに次のような伊能大図の存在が明らかになった。

原寸大の大図模写本が6枚あり、なかに3枚の良質な大図第181号（大分）、第183号（佐伯）、第185号（宮崎）があることがわかった（本書に掲載）。また、伊能図縮写図は63枚あったが、このなかから特徴的な第201号（大村）、第206号（五島・小値賀）、第207号（五島・福江）、第209号（桜島）、第213号（種子島）、第214号（屋久島）の6枚も収載した。

（7）京都大学附属図書館蔵・大図稿本

京都大学附属図書館は、対馬、壱岐、平戸、五島上下、屋久島、種子島の大図稿本7図を所蔵する。増村宏氏の報告にあったので実見調査したが、折本袋入りで、袋に入手の経緯が書かれている。忠敬から伊能家の親戚である土浦の内田家に謹呈されたもので、戦後、京都大学が購入した。

全図が彩色され、針穴もある。対馬、壱岐、平戸、五島、種子島では、地名を墨で小さく書いたあと、かたわらに朱文字で大きく同じ文字を記す。地名を2度書くのはおかしいから、試作して文字の大きさ、周辺とのバランスを見たのであろう。校合用の朱のチェック印がある図もある〔壱岐、五島上下〕。風景的彩色は

丁寧で、海岸の崖の描写などリアルであるが、接合記号が完備していないこと、地名の記載が試験的であることなどから、本図は完成品ではないと考えられる。本図については大谷著書も秋岡博士の報告でもふれていない。

京都大学附属図書館には、このほか九州第1次測量の中図稿本、四国と淡路の中図稿本も所蔵されている。

3　中　図

（1）東京国立博物館蔵・中図副本

大谷著書と秋岡論文の共通の認識として、大河内家に中図8枚一式が伝えられたことを述べ、秋岡論文では昭和23年（1948）の東京国立博物館における伊能忠敬展を契機に同博物館に寄贈されたと記している。また、東大にあった中図を模写した伊能図一式が日本学士院に保存されていると述べている。大河内家の中図は現在、東京国立博物館に重要文化財として書庫深く架蔵されており、簡単に閲覧することはできない。筆者が伊能図探訪を始めた当初は、特別閲覧願いを提出し料金を払えば、研究者として自由に手に触れることができたが、現在は確認したいことがあっても、簡単に閲覧できないのは大変残念である。

秋岡論文は中図について、真偽とりまぜてさまざまな指摘をしているが、これらを含めて現存する中図について筆者の見解を述べてみたい。

（2）日本学士院蔵・中図模写本

日本学士院には、関東大震災で焼失する前に東京大学の図書館にあった中図を写した模写本が伝えられている。関東と中部は軸装されており、大谷著書執筆の際に資料として作成されたらしく、美麗、精緻なもので、伊能図の面影を十分伝えている。完成度の高い中図模写本といえるだろう。

（3）成田山仏教図書館蔵・中図写本

「成田図書館にもありという」と秋岡論文が伝聞として紹介する中図である。成田山新勝寺経営の成田図書館は、その後に成田市立図書館開館にともない、成田山仏教図書館と改称して所蔵品を引き継いでおり、伊能中図を所蔵している。完成度が高く、東博中図に匹敵する優品である。平成10年（1998）の江戸東京博物館「伊能忠敬展」に東京国立博物館中図とともに出品され、広く知られるようになったが、本図について、わかっていることは以下のとおりである。

来歴は図書館で調べてもらったが、明確ではない。入庫記録はないが、関係者の話では、昭和15年（1940）頃、同館所蔵の「（重文）住吉物語」「佐倉城下之図」とほぼ同時期に、3点を成田町の古書肆「宇宙堂」から新勝寺で購入したとのことである。

新勝寺、図書館とも当時の関係者はみな没しており、記録もないので、これ以上探索の方法がないのは残念である。図書館の桜井総務課長の推測では、旧佐倉藩主堀田家から出たものであろうという。桜井説にもとづき、筆者なりの理由づけをすると次のとおりである。

本図は東博中図に匹敵する膨大、精緻なもので、大名道具の可能性が高い。ほぼ同時期に購入された「佐倉城下之図」などは、佐倉藩所蔵であって当然と思われる。ほかの大名家収蔵伊能図の流出経過を見ると、戦後の財産整理の際に売却された例が多いが、堀田家は戦前に財産整理が行なわれている。

また、堀田家の幕末の当主であった堀田正睦は外国掛と老中首座を務め、藩主としては蘭学を奨励し、兵制改革にも熱心であった。伊能図の複製を作らせた可能性は高いと思われる。

新勝寺当局の立場で考えると、古書店からもち込まれても伊能図の評価ができるはずはないから、おそらく佐倉藩堀田家の品であることだけを信じて求めたものであろう。

財産整理は聞こえのよい話ではないから、出所については内聞にということであったとすれば、記録は何も残らなくても不思議はない。本図には針穴はないが、大名家の旧蔵にふさわしい完成度の高い写本である。

（4）東京大学総合研究博物館蔵・中図副本および写本

秋岡論文では東京大学に中図の売り込みがあり、実見したと記している。そして現在、東大は関東を除く中図7枚を所蔵する。現況を述べると、北海道の2枚とその他の5枚は別系統の図で、2組が合成された中図群である。北海道の2枚には針穴がなく、ほかの5枚には針穴が残っている。いずれも襖仕立てになっており、地図としては異様な保存方法である。

地理学教室の米倉教授に聞いたところでは、理学部の事務室に皺が多くひどい状態で置いてあったのが発見され、整備したという。本州、四国・九州の5枚の現物は完成度が高く、天測地点の☆印も描かれている副本である。一方、2枚の北海道図は5枚と較べると描画が粗い写本である。

これら中図が秋岡論文の「昭和十五年（1940）に東大に売り込みがあった」という図に相当するかどうかであるが、東大に受け入れ記録が残っていないので違うと考えられる。時期的には成田山新勝寺に納まった成田中図が売りに出されたタイミングと符合する。

筆者はむしろ、5枚の部分については、関東大震災

で焼失したとされる東大図書館保管の伊能家提出の中図副本が、何らかの理由で焼け残った公算が大きいと考えている。

現物は、伊能家の控えとして残された副本であっても少しもおかしくない完成品である。だが同様の品は、諸侯に献呈された図のなかにもあるので、内容の面から伊能家献上の副本の一部と断定することはできない。あくまで来歴を証する資料の出現に期待している。

関東の部の欠図も不思議な話である。おそらく何者かの手でほかの場所に持ち出され、返却が忘れられたものであろう。

北海道の2枚はさらに不可思議で、副本がなくてわざわざ写本2枚に置き換えられている。

（5）イヴ・ペイレ氏旧蔵・中図副本（現・日本写真印刷株式会社蔵）

平成3年（1991）2月、フランスに伊能図があったという日本経済新聞の報道があり、大谷著書と秋岡論文ではまったくふれられていない中図なので、平成7年（1995）3月に、筆者夫婦でパリ郊外のペイレ氏宅を訪問し、調査を行なった。事前に元国土地理院院長・金窪敏知氏、および清水靖夫氏の情報で中図らしいことはわかっていたが、内容や状態はまったく不明であった。

実物を調べた結果は、針突法による複製で、完成度がきわめて高く、天測地の☆印も記入されている優秀な副本であった。その場で日本展示を打診し、同7年11月17日から3日間、佐原市の協力をいただいて、同市で一時里帰り展を開催。現在の伊能ブームのきっかけとなった。

平成16年（2004）、アメリカ大図の博物館展（神戸市立博物館、徳川美術館、仙台市立博物館、熱海MOA美術館を巡回）で、あらためてこのフランス中図を招聘し、展示した。縁あって京都の日本写真印刷株式会社に購入していただき、日本に永久里帰りをすることとなった。

内容的には東博中図に比肩する優品であるが、来歴については残念ながらまったくわからない。筆者の推測では、幕末に徳川幕府が雇用していたフランスの軍事顧問団が持ち帰ったのではないかと思われる。シャノワン大尉に率いられた彼らの一部は箱館戦争まで従軍しており、このときの幕府軍主将・榎本武揚は、伊能測量隊員・箱田良助（のちに榎本家に入婿して幕臣・榎本円兵衛となる）の次男だった。幕府艦隊を率いて脱走した際に幕府蔵の伊能図を持ち出した公算は大きい。敗戦後、渡すべき礼物がなく、仕方なく地図を渡した

という推理であるが、考えすぎであろうか。

（6）国土地理院蔵・中図模写本、九州南部中図副本

大谷著書と秋岡論文がともに指摘している陸地測量部に伝えられた中図模写本で、北海道の2枚を欠いた6枚である。明治7年（1874）以降に謄写したと関東の部に張り紙がある。大谷著書では伝聞を記すのみであるが、秋岡博士は戦後、東博中図の「北海道の部」を模写して8枚になっていると述べる。当時そのような企画があったかもしれないが、事実としては北海道図の補写は行なわれていない。

また、本図の模写にあたっては、伊能図をそのまま写すのではなく、地図記号、描写法、経緯線などに工夫が加えられている。湊の船印を錨（いかり）印に、天測地の☆印を◎に、経緯線は烏口（からすぐち）で細く絵画部分を避けることなく引かれている、などの違いがある。

模写本のほかに、1枚であるが、九州南部の副本も所蔵する。数年前に発見されたもので、板上に貼り付けられており状態もよくなかったが、針穴が認められ、記入内容もそろっているので副本といえる中図である。

（7）北海道大学蔵・中図副本

北海道大学の北方資料室に、北海道部分の中図2枚が所蔵されている。来歴不詳であるが、調査したところ、針穴があって副本といえる内容であった。

（8）天理大学附属天理図書館蔵・中図模写本

日本国際地図学会誌（『地図』伊能図特集号、1996年）掲載の報告「天理図書館蔵『大日本沿海輿地全図（中図）』（神崎順一）」によると、天理図書館に佐渡と対馬・五島が別葉となって、全10枚構成の伊能中図写しが所蔵されている。

反町弘文荘（そりまちこうぶんそう）から昭和26年（1951）頃に購入したものという。標題は国名をすべて列挙する書き方で、蝦夷地は北海道とされているから、標題が書かれたのは蝦夷地が北海道と改名された明治2年（1868）以降と考えられる。針穴はなく、経緯線と方位線、国界を示す2本線以外の地図記号は書かれていないという。来歴はわかっていないが、おそらくは明治期の模写本であろうという（赤木康司「『伊能図』に関する若干の考察」『神戸市立博物館紀要』十、1993年）。

（9）国立歴史民俗博物館蔵・中図写本

秋岡論文で「昭和28年、巌松堂から中・四国の一舗を入手した」と述べる中図で、同館の秋岡コレクションに現存する。地図記号がほとんどなく、測線、地名、風景を中心とした中四国の中図である。筆者は実見したが、仕上げがよくない写本という印象である。

（10）その他

　秋岡論文にいう「伊能家にも四国九州を欠く七舗が存する」との記述は、事実誤認である。伊能家の史料が寄贈された香取市の伊能忠敬記念館に該当する図は所蔵されていないし、平成18年（2006）3月に伊能家に残されていた史料すべてが詳細な目録とともに寄贈されたが、このなかにも含まれていない。

4　小　図

（1）神戸市立博物館蔵・小図写本

　秋岡論文において「南波氏が昭和三十一年、小図二舗（蝦夷地、日本西南部）を大屋書房より入手された」という小図である。南波コレクションとして神戸市立博物館に収蔵された。針穴はないが、精細な写本である。おそらく大名家に所蔵されたものが戦後流出したのであろう。本州東部を欠いているのは残念だが、戦後の流出なので放出元が保留したか、あるいは何らかの理由で分離収蔵されていた可能性がある。発見されることを祈りたい。

（2）英国国立海事博物館（National Maritime Museum）蔵・小図写本

　大谷著書で「英国海軍省に存する（小図）写本は、文久年間幕府が英国測量艦長に与えしもの」といい、秋岡論文で「文久元年（1861）英軍艦が日本沿岸測量の許可を幕府に請うた際、代わりに与えた小図三舗は、昭和二十六年（1951）筆者宅に来訪したイギリスのC・R・ボクサー氏によれば、現在でも同海軍省に存するとのことである」と述べる小図3枚ぞろいである。

　保柳博士も『伊能忠敬の科学的業績』のなかで紹介しているが、いずれも肝心な写真が掲載されていない。保柳博士は、大谷著書が伊能図を収載しないことを厳しく批判しているが、英国小図を紹介するみずからの記事では小図を掲載していない。それほど海外の地図写真の入手は大変なのである。

　筆者は状態を知りたかったので、欧州旅行の途中、通訳を伴い訪問して閲覧を求めたが、最初はあっさり断わられてしまった。しかし学芸員の名前がわかったので、手紙の交換で撮影を依頼し、平成9年（1997）にカラーポジフィルムを入手し、先行報告のとおり現存することを確認した。

　一方、その前年の平成8年には、江戸東京博物館で2年後の「伊能忠敬展」開催が決定していたので、翌平成9年に「江戸博伊能展」の企画委員として、あらためて現物借用依頼の第一報を送った。共催者の朝日新聞社の協力により折衝はまとまって、英国測量艦に渡されてから137年ぶりに、英国小図の一時里帰り展示をすることができた。

　本図は、文久元年（1861）に英測量艦アクテオン号（艦長ウォード中佐）に渡され、内容の正確さを認識した英国海軍水路部は2年後の文久3年（1863）、これにより日本沿岸を示す英国海図2347号を改訂した、という歴史的な伊能図である。

　内容は完成度の高い写本であるが、天測地を示す☆印と針穴はない。幕府軍艦方所蔵図だったことは、勝海舟の『開国起源』収載の外国奉行下役・荒木済三郎（せいざぶろう）日記に明らかであるから、幕府でも写本を用いていたことがわかる。

（3）東京都立中央図書館蔵・小図写本

　英国から小図里帰りの記事が新聞を賑わせていたとき、北方図の研究家・高木崇世芝（たかよし）氏から「小図はほかにも日本にある」との連絡を受けた。驚いて早速、東京都立中央図書館を訪問調査すると、日本にはないとされていた本州東部と日本西南部の小図写本が見つかった（「神州実測輿地全図」の名称で保管）。

　入庫受け入れ日付は大正6年（1917）であった。来歴については日本西南部の地図裏に記録があり、「大槻先生（如電）のお話では、阿部勢州公執政たりしとき、幕府天文方に命じて複写させたもの」と記されている。

　針穴はなく写本であるが、天文方の制作ということもあって、達筆であり朱の測線の引き方も丁寧で、天測地の☆印もあり、完成度が高い図である。伊能小図の描画方法は2種類あったと推測できるが、本図は神戸市立博物館の所蔵図と同じ系統の図である。

　結論から記せば、この小図が、大谷著書で「大槻如電の蔵するもの（小図）は松平伊勢守（いせのかみ）が命じて謄写せるもの」といわれ、秋岡論文では「大槻如電、文彦両氏蔵書は終戦直前に孫茂雄氏より東京の静嘉堂文庫に委譲されたが、該小図が含まれていたかどうかは、はっきりしない」と記している小図である。筆者は、大谷・秋岡両氏の記述に基づいて静嘉堂文庫を探索したが、見つからなかった。（注─同文庫では別に、これまで公表されていない針穴付きの「カナ書き伊能特別小図」を発見した）。

　本図には大槻蔵書という蔵書印があり、印譜に照らして大槻如電の旧蔵品であることは確実とのことである（東京都立中央図書館）。添え書きの阿部勢州は、阿部伊勢守で幕末の老中阿部正弘を指す。阿部家の現在の当主である正道氏に問い合わせたが、伊勢守は間違いないが阿部家には松平姓はないという。

大谷著書の松平伊勢守は間違いで、阿部伊勢守が正しい。また、収蔵先については、秋岡論文にいうように静嘉堂に収蔵されたことがあるかもしれないが、何らかの理由で当時の日比谷図書館に入庫し、東京都立中央図書館収蔵となっている。

（4）東京国立博物館蔵・小図副本

以上により、伊能小図3枚が国内でもそろうことになったが、ここでさらに大きな発見があった。東京国立博物館で九州国立博物館に移管する資料の整理中に、昌平坂学問所の蔵書印のある伊能小図3枚が見つかったのである。正確にいうと、同館に従来から収蔵されていたが、「日本国図」という標題がついており、この名称で管理されていたため、伊能小図であることに気がつかなかったのである。

伊能小図と判断できる人がこれまで実見しなかったため、明治以来退蔵されてきたということであろう。たまたま、伊能図ではないかと感じる方の目に触れて、筆者を含めて関係者により伊能小図3枚ぞろいと確認され、公表された。

平成14年（2002）8月8日、記者発表を行ない、筆者と博物館の佐々木利和室長（当時）が説明したが、大ニュースとなって全中央紙と主要県紙、NHKから報道された。

内容としては文句のない副本で、天測地点の表示がないほかは、完成度の高い図である。小図には都立中央図書館所蔵図、神戸市立博物館所蔵図のように国名が朱の短冊内に描かれているものと、本図や英国小図のように国名は朱枠だけの図の2種類があったようである。

本図は上呈図ではないが、幕府機関に提出されたものであり、限りなく正本に近い副本といえるだろう。かなり痛んでいたが修復されて保管されている。本書に収載する。

（5）阿部正道氏蔵・小図

秋岡論文で「江戸幕府の末期の老中阿部正弘の後裔正道氏は小図の蝦夷地の部一舗を蔵される。これは幕末、日本、ロシア間の北辺領土問題発生の際必要として、正弘が描かしめたものである」と述べる北海道の部の小図で、現在も阿部氏が所蔵する。同氏の話では、福山藩主の阿部家が北海道経営にかかわりをもったので制作されたという。任を解かれて、明治になってから同家に戻されたとのことである。当然、針穴はないが、丁寧に写され、完成度が高く、保存状態もよい写本である。

（6）戦前に海軍兵学校へ内田六郎氏から寄贈された小図

大谷著書が「小図は浜松の内田令太郎所蔵（本図は足立信頭の後裔のもとに伝えられたものを近年購入した）の図がある。（小図は）維新の前後にあたりて航路上大いに実用に供せられ、諸藩具眼の士競ってこれを謄写したれば、この時代に成れる写本は現今犹多く遺存せり」と述べ、秋岡論文で「小図の内田氏蔵のものは当主たる子息六郎氏によって第二次世界大戦以前の際に、江田島の海軍兵学校に寄贈された。戦後三十年代に南波氏に依頼して兵学校を受け継ぐ海上自衛隊幹部候補生学校、術科学校を調べて貰ったが見つからなかった」と解説する小図である。

筆者も、呉在住の学友で海上保安大学校元教授の谷村聖二郎氏に依頼して江田島関連を徹底的に捜索してもらったが、発見できなかった。谷村氏が現職当時、学生だった落合海将補（当時）が江田島の海上自衛隊第1術科学校長だった御縁で、旧海兵の教育参考館をはじめ呉の海兵関連施設を丁寧に調査してもらったが発見できなかった。

さらに終戦時に接収を恐れて、当時の海軍関係者が資料を宮島の厳島神社および大三島神社に疎開させていて、その疎開先まで縁故をたどって調査願ったが、やはり見つかっていない。

江田島は終戦直後に大水害に遭い、多数の資料が滅失したというから、滅失資料のなかに入っていたのではないかと思われる。厳島神社に預けられ、のちに海上自衛隊呉地方総監部を通じて返却された資料のなかには、横山大観の絵や東郷元帥の書などが含まれていたという。

英国海軍では百数十年の時空を超えて貴重品として保存されているが、当時の海軍あるいは海上自衛隊では貴重品としては扱われていなかったようで、じつに残念である。

（7）その他の伊能図

中図――徳島藩主・蜂須賀家に伝存し、戦後に整理されたといわれる伊能図は、徳島大学教育学部で購入され、現在は徳島大学図書館に収蔵されている。全10枚であるが最終本ではなく、測量途中段階の中図7枚と九州第1次測量の大図3枚である。

当時の国宝調査員・是沢氏が実見したと記している岡山藩主・池田家から放出された伊能中図の行方は、現在も不明である。徳島藩の図も当時、最終本として紹介されているから、内容については最終本かどうかは不明である。

伊能図の発見史　27

現物はおそらく好事家に落札され、嚢底深く所蔵されているのではないかと思われる。戦後の売り出しであるから焼失は考えられない。どこからか偶然に、突然現れることを祈っている。

その他——以上のほかに、秋岡論文にいう南波氏が大屋書店で購入し、現在は神戸市立博物館に収蔵されている久留米付近の大図がある。筆者は本図を実見していないので何ともいえないが、赤木康司氏によると、針穴はあるが仕上げはよくないとのことである。おそらくは九州第2次測量の大図稿本であろう。

同じような針穴のある大図として、伊能家縁戚の藤岡健夫氏が所蔵していた、熊本県人吉から西米良付近の大図稿本がある。着色され、描画は丁寧であるが、同じ地名を墨の小文字と朱の大文字で記している。また、接合記号のコンパスローズが見あたらない。

祖母が伊能家から輿入れの際に持参したとのことである。本図も最終本ではなく九州第2次測量の稿本と考えられる。平成13年（2001）5月、伊能忠敬記念館に寄贈された。

途中段階で制作された伊能諸図

1　寛政12年蝦夷地東南岸、奥州街道図

大谷著書によると、「寛政12年大図」は縮尺4万3636分の1で、「奥州街道」11枚、「蝦夷地」10枚が制作されたが、この「蝦夷地」の10枚だけは東京帝室博物館（現・東京国立博物館）にあり、そのほかは所在不明という。また、大図の縮尺2倍の「自箱館至富川」が伊能家にあるともいう。

東京国立博物館の所蔵する「寛政12年大図」は、第1、2、3図と第7、8、9、10図の7枚で、第4から第6の3図を欠いていており、行方はわからない。ほかに奥州街道の第11図に相当する図が現存する（「忠敬と日本図」展の図録）。

また、伊能家にあった忠敬資料は現在、すべて香取市の伊能忠敬記念館（以下、記念館）に寄贈されているが、縮尺2倍の大図は見あたらない。

「寛政12年小図」の縮尺は大図の10分の1に当たる43万6360分の1で、東京国立博物館と伊能忠敬記念館にあるというが、これはいずれも現存している。

また、第1次測量の図では針穴法は使われなかったことが最近わかっている。伊能図の特徴として、既述のように地図制作にあたって測量下図から針穴を使って測線を写したことが挙げられるが、第1次測量の提出図では針穴は使われていない。筆者も数年前から確

認しているが、これは最近わかった新事実である（前掲図録）。

国立歴史民俗博物館蔵の「寛政12年小図」は秋岡武次郎氏旧蔵で、大正10年（1921）代に大阪市の古書即売展で購入されたものである。「享和元年五月、今井政太郎写之」とあり、提出図の5か月ほどのちの写本である。

ほかに秋岡論文は、大田原と須賀川の大図2枚を寛政12年大図としていたが、鈴木純子氏らの調査で国立国会図書館の最終本大図模写本の一部とわかっている。

なお、「寛政12年大図」について秋岡博士は、蘆田伊人から受けた昭和7年（1932）2月の書簡のなかで「江戸から蝦夷地までの奥州街道の測量図の折本2帖を見て、帝大図書館3階に自分が整理してしまっておいたが、震災で焼けてしまったのは残念。この2帖は大谷氏も知らないこと……」と知らされていると記す（『日本地図作成史』）。

筆者が関係したものでは、平成11年（1999）1月12日、大阪市中央区の市立開平小学校で、国土地理院の長岡地図部長（当時）と行なった調査により同校所有の伊能図は「寛政12年小図」と確認した。同校の前身は北船場の豪商升屋山片家が創立した第3大学区13番小学校で、升屋が収集した貴重な書籍などを所蔵している。このなかにごく初期の伊能図が収められていたことは、升屋と伊能の関係を思い起こさせられる。

また、昭和50年（1975）頃と思われるが、国立公文書館内閣文庫で、「松前距蝦夷行程測量分図」という10軸の巻子本を実見した。「紅葉山文庫」本と伝えられる。図名が違うし、図郭が一致しないかもしれないが、「寛政12年大図」とほぼ同地域であり、描画方式も似ている。

当時は針穴にこだわっていたので幕末の写本かと考えたが、寛政12年の図には針穴がないとすると、本図はより素性の正しい大図ということになる。内容は東京国立博物館の大図よりもよい。

2　享和2年本州東岸図

（1）大　図

大谷著書は「縮尺三万六千分の一で描き、三十二枚から成る」といい、世田谷伊能家史料のなかにあった高橋至時による凡例草稿断片では、10枚と記している。しかしながら、それと思われる図の現物をまだ1枚も確認していないので判断できない。

（2）中　図

寛政12年と享和元年の測量地域を合わせて、縮尺21

万6000分の1で描いたものである。大谷著書は「その副本伊能家に現存するも二葉の内一葉はその半部欠損せり」と述べる図である。伊能忠敬記念館に現存する「享和2年本州東岸図」中図は、蝦夷地、陸奥北部、陸奥南部、江戸近傍の4枚構成のようであるが、江戸近傍は欠落して3枚のみ現存する。

一方、秋岡論文では、「大日本天文測量分間絵図」と題する図の紹介があり、「伊豆より東蝦夷に至るまでの地図で2舗構成、東京某氏旧蔵が昭和27年4月、東京古典会の古書入札売立会に新田雄松堂扱いで出陳され、早稲田大学図書館に購入された」と述べている。

筆者が実見調査したところでは、この図は2枚構成の享和2年中図である。この図から、記念館の中図は4枚構成のうち1枚が欠図であると判断され、大谷説ともほぼ合致することがわかった。早稲田大学中図は折本であるが、伊能忠敬記念館の中図は軸装されている。

早稲田大学の中図は針穴が鮮明である。緯線が記入されているが、経線は江戸を通る1本だけである。描画は丁寧な反面、諸々に訂正箇所がある。接合記号、凡例、蔵書印などはない。

第1図裏に「天文分間真図従伊豆国至奥州仙台、但以曲尺六分為一里、天一度者地二八里二分也」と書いた但し書きが貼り付けてある。縮尺と緯度1度の距離を明示する記録である。本図は針穴があるため、伊能グループの制作であることは明らかである。大谷著書は根拠不明ながら「中図は堀田摂津守に提出した」といっている。本当なら、本図は堀田摂津守への提出図の可能性が高い。

（3）小　図

大谷著書は図の内容を説明しながら、調査時点で現存しないという。何を根拠に言及しているのかはまったく不明である。

3　日本東半部沿海地図

（1）総　説

第1次の蝦夷地測量、第2次測量の本州東岸、第3次の羽越測量、第4次の東海・北陸沿海測量が終了したあとで取りまとめた日本東半部の図である。大図、中図、小図がある。「日本東半部沿海地図」または「日本東三十三カ国沿海地図」といわれ、場合によっては単に「沿海地図」ともいう。

将軍の上覧に供されたので評判になったらしく、とくに小図は多数の写しが作られた。この東半部の沿海地図小図は、伊能図のなかではもっとも現存数が多い。

以下、所蔵者を列挙し、最近の発見その他、補足説明を要する図についてのみ言及する（＊印以外の諸図はすべて実見調査済みである）。

（2）大　図

伊能忠敬記念館蔵・副本　69枚

大谷著書は伊能家に69枚現存するという。しかし、小図には「日本東半部沿海地図」という名称があるが、大図には69枚を総称する標題はない。平成8年（1996）、日本国際地図学会誌で伊能図特集が企画された際、伊能忠敬記念館の青木学芸員と話し合って、おそらくこういうことであろうとしたのは、「自江戸歴尾州赴北国到奥州沿海図」31枚、「奥州街道越後街道図」13枚、「自江戸至奥州沿海図」17枚、「自白川至出羽国図」5枚、「自高崎三国街道図」2枚、「佐渡沿海全図」1枚を含む合計69枚である。これにより日本東半分の海岸線はすべて連結することができる。

（3）中　図

（1）伊能忠敬記念館蔵・副本

　　　3枚組1セット、蝦夷地を除く2枚組1セットよりなる。

（2）徳島大学図書館蔵・副本

　　　蜂須賀家旧蔵3枚組（1951年入庫）。

（3）国立史料館蔵・副本　3枚セット

秋岡論文に津軽家旧蔵とある。小図とセットで保管されている。筆者が実見調査した際は損傷が激しくばらばらになっており、冊子のような感じだったが、広げて並べてみてようやく地図にまとまった。完成度の高い副本である。現在は研究者でも見学は難しい。家臣が閲覧した際の借用書が同梱されていた。

（4）学習院大学図書館蔵・写本　5枚セット

保柳氏の『伊能忠敬の科学的業績』において、特殊中図と名づけられた図である。地図に領主名が付記されているところが特殊といえば特殊であるが、地図は沿海地図中図と第5次測量地域の畿内、中国沿海図（2枚）、第6次の四国図（1枚）を集めたものである。沿海中図の奥州部分を南北に二分し、中部と近畿も分けているので、全体では8枚となる。本図をあえて特殊中図と呼ぶことはないと考える。陸軍文庫に保管されていたもので、終戦後に焼却されようとしたところを、女子学習院の堀教授が譲り受け、学習院大学に入った。おそらくどこかの大名家で幕末に作られたものであろう。

（5）宮城県図書館蔵・写本3枚（5枚セットのうち2枚欠図）

学習院大学中図と同様の図で、仙台藩の儒者、小野寺鳳谷が写したという。蝦夷地と奥州北部が欠図である。

（6）イタリア地理学協会蔵・写本5枚　カナ書き

学習院大学中図とまったく同じ図郭の構成で、地名と国名をカナで表記した中図。平成9年（1997）に実見調査したが、幕末の日本に駐在したイタリア総領事のロベッキー氏が作らせたものである。

（4）小　図

沿海地図小図の所蔵者は次のとおり、多彩である。

（1）小倉陽一氏蔵・副本＊

元伊能家にあった控図である。何らかの理由で小倉家に渡った。

（2）国立国会図書館蔵・副本（堀田摂津守旧蔵）

陸軍文庫、堀田文庫の蔵書印がある。終戦時に関係者が譲り受けたもの。虫食いが多いが、内容はすばらしい。堀田摂津守は伊能測量の総括責任者。

（3）国立国会図書館蔵・写本（中川飛騨守旧蔵）

戦後に購入された。中川飛騨守は伊能測量当時、勘定奉行や大目付などを務めていた。

（4）国立史料館蔵・副本（弘前藩主津軽家旧蔵）

中図とセットで保存されている。

（5）神戸市立博物館蔵・写本（佐野常民氏旧蔵）

丁寧な写本。佐野常民氏は元佐賀藩士で、日本赤十字社社長。明治期における伊能忠敬顕彰の主唱者。

（6）国立公文書館内閣文庫蔵・写本（「日本海路測量之図」）

あまり良質ではない写し。実用の目的で作られたものであろう。紅葉山文庫本と伝えられる。

（7）早稲田大学図書館蔵・写本（久須美家旧蔵）

早稲田大学元教授の勝俣氏のコレクション。

（8）太鼓谷稲成神社（津和野）蔵・写本（旧津和野藩主亀井家旧蔵）

縮尺を2分の1とした沿海地図小図。「日本地理測量之図」と一緒に保存されている。天文方に出向していた津和野藩士・堀田仁助が自写し、藩侯への帰国土産としたもの。亀井家から奉納された。

（9）古河歴史博物館蔵・写本（鷹見泉石の写し）

古河藩家老だった鷹見泉石が隠居後に自写したもの。

（10）名古屋市立蓬左文庫蔵・写本

尾張家の重臣で海防担当も務めた大道寺氏の用人・水野正信による写しである。水野は筆まめで、数百冊の写本を作ったが、そのなかの1点。粗い写しであるが、実用的には十分だったろう。

（11）長崎市立博物館蔵・写本

渋川景佑（景保の弟、善助の後身）の門人だった大村藩測量方・峰源助が虫干しの際に、渋川家蔵の沿海小図を見て、景佑に願って自写したもの。景佑は「外に出すなよ」といって許したという記録がある。

（12）宮内庁書陵部蔵・写本

平成17年（2005）に河崎倫代氏の案内で実見した。「日本地理測量之図」とセットで保管されているので、2分の1縮小図かと思われたが、普通の縮尺だった。丁寧な写し。特記すべきことはない。

（13）前田尊経閣文庫蔵・写本

幕末に天文方へ出向していた加賀藩士・藤井三郎が制作した写し。河崎倫代氏と同道して確認した。

（14）愛知県稲武町古橋懐古館蔵・稿本・部分（針穴あり）

全図の3分の1以下の断片であるが、丁寧な仕上げ。先祖が本陣をしており、買い求めたものではないかという。交通路であり、この地を伊能隊は測進した。前例がないことなので記憶に残り、旅人が運んだ品を求めたのであろうか。

（15）石川県那谷寺蔵・写本

那谷寺出入りの造園業者からの奉納品。先祖が大聖寺藩の検地奉行をしており、藩侯からの頂戴品であるという。よくできた写本である。河崎倫代氏の案内で実見調査した。

（5）その他

その他の第6次、第7次測量関連の諸図のなかで特筆されるべきものは、第1次九州測量の際に作られた大図21枚、中図1枚、小図1枚が、東京国立博物館の佐々木第2研究室長（当時）によって発見されたことである。

この図の所在は大谷著書に記載されていた。鹿児島大学増村教授（故人）が探索したが見つからず、筆者も挑戦したが発見できなかった。目録の名称が「九州沿海図」だったので検索できなかったのである。都立中央図書館の伊能小図とよく似た展開だった。

内容としては、浅草文庫の蔵書印があり、堀田摂津守旧蔵品の可能性が高い優秀な伊能図である。図郭が最終本と合わないが、彩色、文字、地図合印のいずれも完璧であり、現存する伊能図のなかでもっとも質が高いと考えられる。本書では大図21枚を参考収載した。

今後への期待

最近の20年間に、数多く報道された伊能図再発見の歴史について概略を述べたが、まだまだ伊能図は国内

外に数多く埋もれていると確信している。

　幕末に日本との交渉が深かった地図先進国のロシアでは、クルーゼンシュテルンの測量によって日本図が作成されており、彼はまた、シーボルトの報告から伊能図の存在を知っていたはずであるが、ロシアからはまだ１枚も伊能図は見つかっていない。

　アメリカについていえば、イタリアですら当時の総領事がわざわざ写本を作って自国へもち帰っているのに対して、幕末日本との接触がもっとも早かったにもかかわらず、明治以降の実用的な模写大図しか渡っていないということは信じがたい。アメリカとロシアには、華麗な大名道具の伊能図が、必ずあるだろうと思っている。

　一方、国内では、旧岡山藩主池田家から流出した伊能図の行方がわかっていない。また、伊能グループは忠敬没後も諸大名の頼まれ仕事に忙殺されて、最終版

の上呈が遅れたという口碑が残っている。唐津藩、島原藩、水戸藩などには、地図が渡された形跡がある。たとえば島原藩では榊原史料館に、藩が支払った地図代金の領収書が残っている。筆者は、島原で藩政関係の地図を多数収蔵する藩主の菩提寺を調査させてもらったが、１枚も発見できなかった。

　江戸東京博物館の「伊能忠敬展」準備中には、伊能の「沿海地図小図」の売り込みが同博物館にあった。筆者もその地図を実見したが、良質な図でなかったので収蔵は薦めなかった。出所はわからない。

　市中に滞留している伊能図の存在は、現在でも十分ありうる。東京大学にあったはずの伊能中図の欠図「関東の部」は、どこへ行ったのであろうか。まだまだ埋もれている伊能図は多いと考えられる。

渡辺一郎

伊能図一覧表

伊能大図　図番号と収録地域

図番号	収録地域	大きさ(cm)縦×横	アメリカ議会図書館	国立図書館	国会図書館	国立歴史民俗博物館	海上保安庁	山口県文書館	松浦史料博物館	京都大学図書館
第1号	色丹島	102.3×177.7	○				□			
第2号	国後島北部	102.7×167.9	○				□			
第3号	国後島南部	104.4×177.2	○				□			
第4号	羅臼	104.6×139.4	○				□			
第5号	標津	177.2×102.3					■			
第6号	根室	101.9×177.5	○				□			
第7号	網走	102.1×197.9	○				□			
第8号	常呂	101.5×174.0	○				□			
第9号	紋別	177.6×109.2	○				□			
第10号	枝幸	177.4×101.3	○				□			
第11号	頓別	170.3×102.1	○				□			
第12号	稚内	38.5×68.2					■			
第13号	天塩	180.5×102.2					■			
第14号	利尻・礼文	180.2×101.5					□			
第15号	天売・焼尻	104.7×142.4	○				■			
第16号	留萌	177.1×101.9	○				■			
第17号	増毛	175.0×102.0	○				■			
第18号	石狩	101.1×177.4	○				□			
第19号	夕張岳	102.9×175.2	○				□			
第20号	積丹	100.5×194.5	○				■			
第21号	岩内	155.0×104.5	○				■			
第22号	厚岸	101.5×170.2	○				■			
第23号	釧路	102.2×174.8	○				■			
第24号	十勝川河口	154.5×103.9	○				■			
第25号	広尾	165.1×102.6	○				■			
第26号	浦河	102.2×178.2	○				■			
第27号	門別	102.3×182.0	○				□			
第28号	苫小牧	175.5×102.0	○				□			
第29号	室蘭	169.6×102.5	○				□			
第30号	長万部	103.0×167.6	○				■			
第31号	森	102.8×147.1	○				■			
第32号	函館	104.4×162.5	○				■			
第33号	瀬棚	192.2×103.1	○				■			
第34号	江差	100.3×189.0			○		■			
第35号	奥尻島	100.1×122.1			○		■			
第36号	松前	103.6×160.0	○				■			
第37号	渡島大島	99.8×156.8	○				□			
第38号	鰺ヶ沢	183.0×101.8	○				■			
第39号	青森	182.2×104.5	○			☆	■			
第40号	野辺地	176.1×110.9	○							
第41号	大間	104.2×159.2	○				■			
第42号	八甲田山	108.6×105.5	○				□			
第43号	弘前	135.9×108.7	○				■			
第44号	八戸	134.2×110.7	○				■			
第45号	久慈	183.2×103.2	○				■			
第46号	宮古	177.8×110.1	○				■			
第47号	釜石	174.1×111.5	○				■			
第48号	石巻	174.5×104.2	○			□	■			
第49号	二戸	173.8×108.6	○				■			
第50号	盛岡	177.1×105.0	○				■			
第51号	一関	181.3×103.5	○				■			
第52号	仙台	176.4×113.0	○				■			
第53号	白石	107.8×163.3	○	○			■			
第54号	原町	157.0×104.8	○	○			■			
第55号	いわき	176.9×105.5	○	○			■			
第56号	福島	177.9×104.9	○		○		■			
第57号	日立	178.5×105.0	○	○			■			
第58号	銚子	182.8×103.8	○	○			■			
第59号	深浦	179.2×103.6	○				■			
第60号	能代	104.5×190.5	○				□			
第61号	森吉山	103.8×106.0	○				■			
第62号	秋田	104.2×130.7	○			□	■			
第63号	本荘・大曲	103.1×163.1	○				■			
第64号	横手・湯沢	103.3×181.1	○				■			
第65号	新庄	167.2×112.9	○	○			■			
第66号	山形	148.2×104.5	○	○						
第67号	会津若松・米沢	175.8×102.2	○				■			
第68号	白河	154.8×99.0	○							
第69号	宇都宮	173.6×99.9	○	○	○					
第70号	酒田	182.8×101.7	○			□	■			
第71号	温海	103.5×147.4	○				□			
第72号	村上	178.4×100.4	○							
第73号	新潟	148.8×101.2	○	○		☆	□			
第74号	出雲崎	136.6×99.7	○				□			
第75号	佐渡	97.2×178.1	○			■	■			
第76号	長岡・柏崎	102.9×190.0	○	○			■			
第77号	湯沢	120.4×107.6	○	○						
第78号	渋川	104.1×177.1	○	○						
第79号	三国峠	105.9×136.7	○				■			
第80号	糸魚川	105.4×176.4	○			□	■			
第81号	長野	124.0×103.0	○	○	○					
第82号	魚津	168.6×103.3					□			
第83号	富山	102.2×183.2				□	■			
第84号	七尾	104.8×177.5				□	■			
第85号	輪島	103.6×180.6				□	■			
第86号	金沢	105.7×136.9					□			
第87号	草加・古河・小山	174.9×104.3	○	○						
第88号	熊谷・浦和・川越	176.0×104.5	○	○						
第89号	船橋	103.3×162.0	○	○						
第90号	東京	103.6×178.4	○	○			■			
第91号	木更津	104.8×177.3	○	○						
第92号	館山	106.5×186.5	○	○			■			
第93号	横浜・横須賀	131.5×110.0	○	○						
第94号	高崎・秩父	173.7×103.6	○	○						
第95号	軽井沢・富岡	104.5×175.5	○	○						
第96号	松本	166.6×104.4	○	○			■			
第97号	大月	105.6×150.6	○	○						
第98号	甲府	146.4×104.3	○	○						
第99号	小田原	108.7×99.8	○	○			■			
第100号	富士山	103.5×178.5	○	○			■			
第101号	熱海・三島	100.9×155.8	○	○						
第102号	下田・大島	104.6×186.9	○	○						
第103号	新島・神津島・式根島	128.7×103.9	○	○			■			
第104号	三宅島・御蔵島	103.3×150.1	○	○						
第105号	八丈島	177.3×103.7	○	○			■			
第106号	青ヶ島	160.2×102.5	○	○						
第107号	静岡	184.2×98.7		○						
第108号	飯田・伊那	163.6×104.3	○	○						
第109号	木曽福島	185.2×102.6	○							
第110号	中津川	198.0×103.7	○							
第111号	浜松	115.8×197.5	○							
第112号	高山	145.9×103.7	○							
第113号	郡上八幡	104.4×155.0	○							
第114号	犬山	105.0×165.3	○							
第115号	名古屋	104.2×166.4	○							
第116号	豊橋	106.5×179.3	○							
第117号	鳥羽	143.7×96.8					■			
第118号	岐阜・大垣	151.4×105.5	○							
第119号	白山	103.0×133.0	○							
第120号	福井	177.3×109.3	○				■			
第121号	敦賀・小浜	105.5×182.0	○				□			
第122号	舞鶴	126.0×105.8	○				□			
第123号	宮津	123.0×105.0	○			☆	□			
第124号	豊岡	104.8×168.8	○							
第125号	彦根	104.0×122.6	○							
第126号	堅田・園部	104.8×147.2	○							

図番号と収録地域	大きさ(cm) 縦×横						
第127号　福知山	103.4×129.7	○					
第128号　和田山	105.6×168.0	○					
第129号　桑名	100.0×181.2	○		■			
第130号　津・松阪	108.2×131.1	○		☆■			
第131号　尾鷲	103.0×153.5	○		■			
第132号　新宮	179.1×103.6						
第133号　京都	39.0×72.0			■			
第134号　奈良	147.0×102.8	○					
第135号　大阪	153.0×97.5	○		□			
第136号　篠山・三田	102.8×146.4	○					
第137号　神戸・明石	112.7×157.3	○	○	□			
第138号　和歌山・洲本	102.4×149.0	○		□			
第139号　有田	129.8×103.1	○					
第140号　田辺	102.5×155.2	○					
第141号　姫路	162.0×107.2	○					
第142号　徳島	175.3×103.5	○		□			
第143号　鳥取	160.2×105.5	○					
第144号　津山	104.0×155.0	○		□			
第145号　岡山	102.3×162.6	○	○				
第146号　高松	102.1×162.2	○		□			
第147号　小松島	103.5×157.8	○					
第148号　室戸	146.6×103.0	○		☆□			
第149号　安芸	146.3×102.4	○					
第150号　倉吉・新見	201.5×103.7	○		☆□			
第151号　倉敷	197.2×103.8	○					
第152号　観音寺	181.8×102.3	○					
第153号　隠岐島後	149.4×105.8	○					
第154号　隠岐島前	103.7×143.4	○					
第155号　松江・米子	127.7×101.8	○		□			
第156号　東城	180.0×102.5	○		■			
第157号　福山・尾道	71.3×41.0			□			
第158号　新居浜	113.5×103.6	○					
第159号　高知	142.9×103.1	○		□			
第160号　須崎	154.0×104.2	○		□			
第161号　宿毛	104.7×180.5	○		☆□			
第162号　出雲	149.9×104.2	○		□			
第163号　三次	174.9×103.4	○					
第164号　今治	60.5×32.0			■			
第165号　大田	124.6×101.4	○		□			
第166号　温泉津	181.4×104.4	○		☆□			
第167号　広島	181.8×103.4	○					
第168号　松山	104.4×132.0	○					
第169号　柳井	104.6×177.5	○			○	◇	
第170号　八幡浜・大洲	103.8×183.8	○		□			
第171号　宇和島	103.7×147.2	○		□			
第172号　浜田	186.4×102.2	○		□			
第173号　岩国	168.6×103.7	○				◇	
第174号　益田	104.8×188.5	○		□		◇	
第175号　徳山	182.9×104.5	○		☆□		◇	
第176号　山口	182.2×103.8	○		□		◇	
第177号　川棚	157.8×90.4	○		□		◇	
第178号　小倉	141.5×104.2	○		■			
第179号　中津	100.8×162.7	○		☆□			
第180号　日田	161.4×100.0	○			○		
第181号　大分	101.4×178.6	○			○		
第182号　豊後竹田	102.0×154.0	○					
第183号　佐伯	179.6×102.5	○			○		
第184号　延岡	130.4×102.5	○		■			
第185号　宮崎	181.2×103.0	○		□			
第186号　宗像	99.5×119.0						
第187号　福岡	103.0×155.9	○		☆□			
第188号　佐賀・久留米	101.5×156.6	○		☆■			
第189号　唐津	110.1×176.7	○		□		☆◇	
第190号　佐世保	94.5×177.6	○					
第191号　壱岐	98.0×76.0			□		◇	◆
第192号　対馬	208.4×102.7	○		■			◆

図番号と収録地域	大きさ(cm) 縦×横						
第193号　熊本	104.4×184.8	○		☆●			
第194号　椎葉	104.0×138.4	○					
第195号　八代	102.8×123.2	○		☆●			
第196号　島原	142.0×77.2	○		●			
第197号　小林	178.5×104.5	○		□			
第198号　飫肥	130.5×76.1	○		□			
第199号　都城	170.8×104.6	○		☆□			
第200号　人吉	104.5×151.2	○		●			
第201号　大村	76.7×179.4	○		●			
第202号　長崎	103.7×148.1	○		☆●		☆◇	
第203号　天草下島	147.0×99.2	○		●			
第204号　平戸	161.3×85.4	○		□		◇	◆
第205号　崎戸	60.3×96.1	○					◆
第206号　小値賀	146.9×97.9	○		□		☆◇	◆
第207号　福江	88.4×135.0	○		□			
第208号　阿久根	106.0×196.3	○		●			
第209号　鹿児島	183.9×102.4	○		□			
第210号　串木野・枕崎	186.6×101.5	○		□			
第211号　山川	96.6×168.0	○		□			
第212号　甑島	101.6×80.4	○		□			
第213号　種子島	161.6×77.0	○		□			◆
第214号　屋久島	99.0×127.9	○		□			◆

九州沿海図（大図）

図番号と収録地域	大きさ(cm) 縦×横	東京国立博物館
第1図　小倉・下関	165.8×78.0	◇
第2図　中津	160.4×94.3	◇
第3図　大分	166.5×100.5	◇
第4図　臼杵	87.5×77.5	◇
第5図　佐伯	135.0×78.0	◇
第6図　延岡	129.5×78.5	◇
第7図　宮崎・高鍋	158.2×72.0	◇
第8図　飫肥	181.6×101.0	◇
第9図　志布志	136.0×111.2	◇
第10図　鹿児島	242.0×124.9	◇
第11図　都城	97.3×72.0	◇
第12図　枕崎・串木野	159.0×99.5	◇
第13図　川内・阿久根	146.6×77.3	◇
第14図　長島	97.3×71.8	◇
第15図　甑島	97.8×96.8	◇
第16図　八代	137.5×109.1	◇
第17図　人吉	196.0×71.5	◇
第18図　熊本	179.0×93.2	◇
第19図　天草諸島	177.8×165.0	◇
第20図　阿蘇	162.3×77.8	◇
第21図　豊後竹田	133.5×71.5	◇

伊能中図（本書収載）

図番号と収録地域	大きさ(cm) 縦×横	日本写真印刷株式会社
第1図　北海道東部	191×159	◇
第2図　北海道西部	251×159	◇
第3図　東北	223×159	◇
第4図　関東	280×159	◇
第5図　中部・近畿	248×159	◇
第6図　中四国	234×159	◇
第7図　九州北部	177×159	◇
第8図　九州南部	167×160	◇

伊能小図（本書収載）

図番号と収録地域	大きさ(cm) 縦×横	東京国立博物館
第1図　北海道	161.4×178.1	◇
第2図　東日本	250.0×163.0	◇
第3図　西日本	206.0×162.6	◇

◇ 副本　◆ 稿本　○ 模写図　● 模写図（集成接合図）
□ 伊能図式（縮小）　■ 平面図式（縮小）　☆ 部分図

※海上保安庁海洋情報部および山口県文書館所蔵の伊能図は、各図番に示された範囲や大きさと異なることがある。

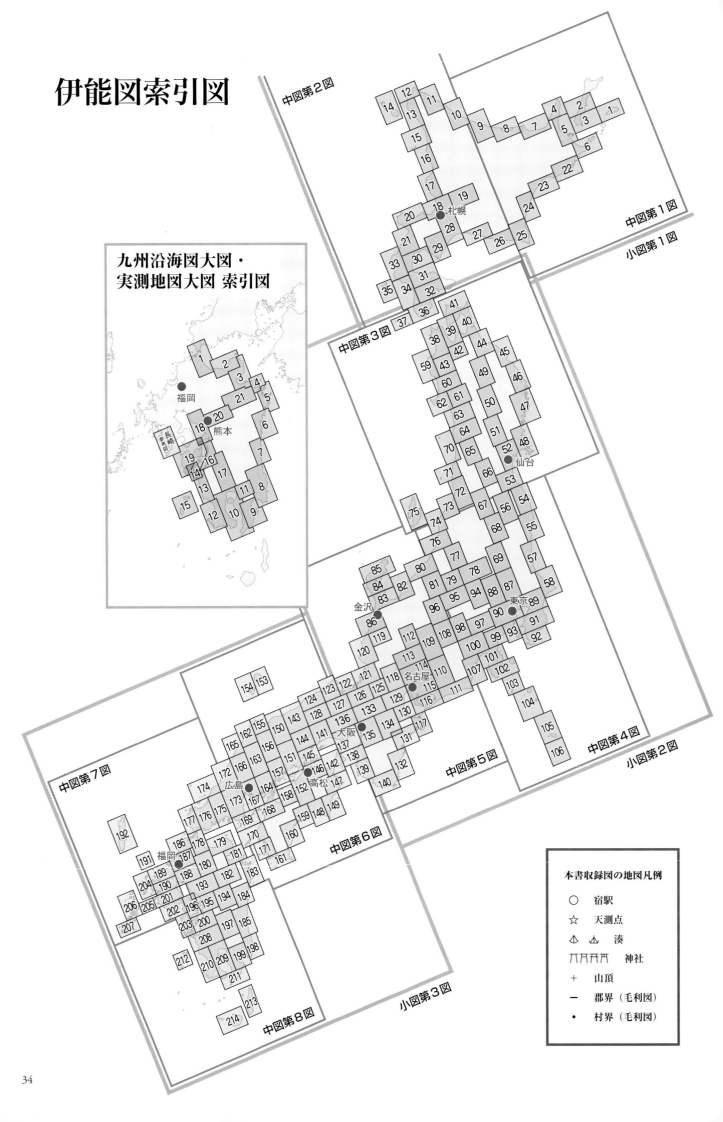

伊能図の意義

　伊能図は、統一的な方法で全国を実測して作られた
はじめての日本地図として、日本の地図作成史上、大
きな意義をもっている。江戸時代にどのように利用さ
れたかについては詳しいことがわかっていないが、明
治に入ってからは国土の基本的な地図として目ざまし
く利用された。伊能図そのものに直接ふれることがで
きたのは政府部内の者に限られたであろうが、伊能図
をもとにした官版の地図が相次いで刊行され、それら
を介してその影響は広く民間地図にも及んでいる。

　こうした明治初期の利用の広がりは伊能図の意義を
もっとも雄弁に語っており、もし伊能図の存在がなか
ったら、日本の近代地図作成事業進展のあゆみははる
かに遅いものになったであろうといわれるほどである。
ここでは伊能図について、まず利用の実績を概観し、
そのうえで全体としての歴史的意義を考えてみたい。

利用の軌跡

1　伊能図の刊行

　明治時代に伊能図の価値が高く評価され、広範に利
用されたことはよく知られているが、幕府時代には秘
図の扱いで、ほとんど利用されなかったといわれてき
た。確かに民間の地図にその影響が広がることはなか
ったが、幕府内部では少なくとも幕末期には、伊能図
を利用する動きが見られる。天保国絵図改訂時に佐渡
において伊能図（伊能勘解由製作絵図）が利用された記
録、江戸湾海防用に大図の湾岸部分を写し、砲台、陣
屋、湾内の水深などを記入した地図の存在（早稲田大
学図書館ほか）といった部分的な利用のあとが明らか
にされているが、幕府時代の伊能図の評価や利用につ
いては、なお調査が必要である。安政6年（1859）に
刊行された松浦武四郎の「東西蝦夷山川取調図」は、
箱館奉行村垣淡路守の命により、蝦夷地開拓のための
山川地理調査に携わった武四郎が江戸帰着後に作成、
在府の奉行堀織部正の命により出版した地図である。
経緯度1度で切図とした、26枚組（首・尾巻とも28枚）
の詳細な北海道全図であるが、北海道の輪郭は伊能・
間宮の「蝦夷地沿海実測図」によっており、伊能図が
ほかの地図に利用された最初のものであったとされる

（秋月、1999）。

　万延元年（1860）には海軍奉行、文久元年（1861）に
は外国奉行の要請に応じて、蕃書調所において「御
国測量図」（伊能図）の写本が作成された（「開成所事務」
(1) 東京大学史料編纂所蔵）。

　伊能図が広く参照可能となったのは、慶応元年
（1865）頃（高木、2001）の『官板実測日本地図』（「畿
内 東海 東山北陸」「山陰 山陽 南海 西海」「蝦夷諸島」「北
蝦夷」の4枚組、木版、3色刷）の刊行以後である。この
図は伊能小図をもとに、伊能図には含まれない北蝦夷
（サハリン）、エトロフ、無人嶋（小笠原諸島）、琉球嶋
（沖縄諸島）や、蝦夷地の内部などを、別の資料で補っ
て編集された。これらの追加情報の付加や山頂に集ま
る方位線を、その痕跡である方位データだけ残して消
去するなど、編集による改変が大きく、伊能図そのも
のの刊行とはいいがたい面もあるが、大部分の海岸線
や記載事項は伊能図によるものである。この図は大学
南校によって明治3年（1870）に再版されている。次
いで、明治4年には、川上寛（冬崖）の編集による『大
日本地図』が刊行された。川上寛は、安政4年（1857）
から、前記の「御国測量図」写本を作成した蕃書調所
絵図調役に出仕していた。「小図（『官板実測日本地図』）
の旧版が慢滅したので、その縮小、改訂版を新たに作
り、実測録とともに官刻し、世に公刊する」という内
容の序がある。縮尺は表示されていないが、86万4000
分の1の銅版、色刷図である。

2　明治期刊行の諸地図と伊能図

　以上の伊能図直系といえる刊行図に対し、行政、軍
事両面から国土の正確な地図が必要とされた明治初期
には、直接、間接に伊能図を基礎とした数多くの日本
全図や地域図が刊行された。いずれも地図の骨格は伊
能図により、内陸部や最新情報は府県からの資料など
で補っている。官製図だけでなく、民間の刊行図にも
伊能図の影響は大きい。これらは『官板実測日本地
図』『大日本地図』をはじめ、次にあげるような各種
の官製地図をその情報源としている。

『日本全図』（宮本三平、43万2000分の1、文部省、明治10
年、東部・西部の2枚組）、『小学必携日本全図』（高橋不

二雄編、中村熊次郎〈刊〉、縮尺表示なし、明治10年）（図1）、『実測畿内全図』（内務省地理局、21万6000分の1、明治11年、大日本全図第1号）、『大日本国全図』（内務省地理局、縮尺表示なし、明治13年）、『山口県管内図』（山口県〈刊〉、10万8000分の1、明治17年）などは、それぞれ凡例で、伊能図に他の資料を補って作成したことを述べている。

明治10年（1877）の西南戦争により、九州の地図を備える必要に迫られた陸軍省参謀局は、関係地域の測図を迅速に行なうとともに、伊能中図と同縮尺で、内陸部をほかの資料で増補した『九州全図』『西海道全図』などを急遽作成した。その後、同じ明治10年に『大日本全図』（116万分の1）、明治11年から12年にかけて、第1軍管～第6軍管の「軍管図」（各21万6000分の1）を作成した（『陸地測量部沿革誌』大正5年刊、第5・第6軍管図は未確認）。第6軍管図は前記の『九州全図』がこれにあてられたといい（清水、2002）、第5軍管の一部にあたる『四国全図』も作成されている。陸軍系の地図は、地図上には伊能図によるという記載はないが、沿革誌の記事や、縮尺、経緯線の状況などから伊能図の利用が明らかである。軍管図については、伊能中図を基本に、天保国絵図その他の図を参照して編纂したものであることが、沿革誌中に見える。

西南戦争当時には修史館も、『肥後日向大隅薩摩四州図』『熊本傍近図』を作成、伊能図による（文化中伊能小図、中図）ことを記している。

明治17年（1884）5月、陸軍参謀本部（旧参謀局）は、さきに内務省が着手していた大三角測量を受けついで、国土の基本図の骨格となる三角測量全体を管轄することになった。そして、あらたに測量局を設置して、全土の地図作成を本格的に開始するとともに、当面の一般図の需要にこたえるため、輯製20万分の1図の編集・刊行にとりかかった。この輯製20万分の1図のシリーズは明治23年（1890）までに、本州、四国、九州の全図幅の製版が完了している。これは現在の20万分の1地勢図（国土地理院）の前身にあたるもので、正式な測量の進行にともなって順次20万分の1帝国図に切替えられ、さらに現在の20万分の1地勢図へと続いている。輯製20万分の1図と伊能図のかかわりは、『陸地測量部沿革誌』や、輯製20万分の1図の図式表の注記に記されており、各府県調製の地図、土木局の河川図、地質局の地形図などと伊能図を、校訂参酌して作成したとしている。輯製20万分の1図の各図葉は、経度1度、緯度40秒の多面体図法の切図として近代図の枠組みをもっており、そこに利用されることによって、伊能図は近代における国土の基本図シリーズにも

痕跡をとどめたことになる。

3　海図・水路誌と伊能図

海軍の海図・水路誌作成にも、伊能図は大きな役割を果たした。伊能図は、幕府の海防上の必要性との合致という背景のもとに実現したものでもあり、海図関係では、すでに幕末期から伊能図への関心が高かった。安政2年（1855）、長崎に海軍伝習所が開設された折、伝習所総督の永井岩之丞（尚志）が江戸から伊能小図を取り寄せたこと、佐賀藩でその写しを作ったことを、佐野常民（旧佐賀藩伝習生として伝習に参加）は、のちの明治15年（1882）9月、東京地学協会における講演で述べている（『東京地学協会報告』第4巻第4号、1882・9）。また、その後、蕃書調所が海軍奉行用の伊能図写本を作成したことも前記のとおりである。時間的に接近しすぎてはいるが、文久元年（1861）にイギリスの測量艦アクテオンに引き渡され、現在、英国グリニッジの国立海事博物館に保管されている小図がこの図である可能性もないとはいえない。

長崎海軍伝習所1期生として、航海測量伝習のため幕府天文方から派遣され、その後、幕府軍艦方の士官となった福岡金吾（久右衛門）は、慶応3年（1868）に幕府の命を受けて、全土の「周海測量」計画を策定した（「海軍歴史上」巻の16、第5～9条〔『勝海舟全集』8所収、講談社〕）。この計画は日本近海海図の整備を急務とし、港泊地以外の海岸線については、伊能図を校正・増補して利用することによって、時間・費用を節約するよう提言している。計画中には測量（経緯度）対象地点、沿海里程が列記されているが、これも伊能図および輿地実測録を原拠にしたものであろう。時代の流れによって、この測量計画は実行されずに明治を迎えることになったが、海岸測量を目指した伊能図の実用性がここに表われているといえる。

明治期の海軍水路局（現・海上保安庁海洋情報部）も、こうした流れをひいて、伊能図の利用に積極的であった。明治4年（1871）、イギリスの測量艦シルヴィアとともに北海道沿岸測量を行なった日本の測量艦「春日」の艦長、柳楢悦の手記で、日本の水路誌の草分けといわれる「春日紀行」（手稿・活字翻刻本『新しい道史』第40—42、1970）には、イギリス製の地図と伊能図を校訂して「第1北海道校正図」としたとの記事があり、近代の目による伊能図利用の早い例として注目される。明治14年（1881）に、柳楢悦（水路局長）によってまとめられた「全国海岸測量十二ヵ年計画」にも、伊能図を利用して作業の効率化をはかることが織り込

まれている。

水路部で伊能図が模写されたことについてはすでに述べたが、水路誌にも伊能図利用の足跡が残っている。明治13年（1880）に立案された『寰瀛水路誌』は、世界の水路事情を早急に把握する必要から、各国水路誌の翻訳を中心に、全100巻の水路誌刊行を目指したもので、明治18年（1885）に刊行された第1巻は日本近海にあてられた。その上巻「大日本総記、本州東岸」の編集縁起の部分には、日本近海の海域別の編集資料が列記されており、ほかの資料と合わせて「伊能氏実測地図ヲ参照ス」、「伊能氏実測地図ヲ以テ之ヲ補フ」といった表現が散見する。

海洋情報部に現存する伊能大図の模写図には、測量用の標柱などの位置が書き込まれた図もあって、これらの図が水路測量の場面で作業計画用の基礎資料として、実際に利用されたことがわかる。また、明治23年（1890）改版の海図第95号「日本（本州・九州及四国）附朝鮮」には、収録区域中の未測部分は伊能忠敬の実測地図で補ったということが明記されている（今井、2004）。

なお、模写図作成以前の明治8年（1876）にも、水路権頭・柳楢悦の名で、地理頭・杉浦　譲に宛てた「肥前国五島村々之図（伊能忠敬実測）」3舗の貸出し依頼と杉浦からの承諾の文書があり（「水路寮江地図貸渡御回答案」ほか、明治8・2〜7〔内務省文書〕）、伊能図が初期の水路測量ないし海図作成の基礎資料としても利用されていたことがわかる。

このように、調査用の貸借のあとを残す文書は、水路関係以外のものも断片的に残っている。急速な近代化を目指すこの時代にとって、伊能図の「実測による科学的な地図」という認識は、大きな意義をもつものであっただろう。「伊能氏ノ実測図」「伊能氏実測小図」「伊能忠敬実測中図」など、実測を明記する当時の文書中の伊能図の呼称に、そうした反響がうかがわれる。

日本の地図作成史と伊能図

伊能図が描く日本の海岸線の精確さは、しばしば現代の地図や衛星画像と対照して強調され、時代に傑出した地図という評価は広く語られていることである。しかしあらためて、日本の地図作成史のうえでの意義を、技術、日本地図としての枠組み、また世界の中での位置づけなどの面から考えてみよう。

1　技術上の成果と限界

（1）測量方法

精確さをもたらした伊能忠敬の測量方法の概要は、弟子の渡辺（旧姓尾形）慎による『伊能東河先生流量地伝習録』（手稿、『伊能忠敬の科学的業績』所収）に紹介されている。伊能測量の特色について、保柳睦美は、「（1）道線法（トラバース）をきわめてていねいに実施したこと、（2）その上に交会法を無数に利用して、諸地点の位置を補正していること、（3）地表を球面とし、天体観測によって諸地点の緯度を測定したこと、（4）測量の結果は細かく野帳に記入しておき、現地では地図を描かず、地図作成はすべて室内の作業によったことなど」とまとめている（保柳、1980）。

道線法とは、海岸や道路の曲線を細かく屈曲しながら続く直線の集合とみなし、直線部分の長さ（距離）と方位によって、屈曲点の位置をとらえ、これらを記録しながら連続的に測り進む方法である。「遠山仮目的」ともいわれる交会法は、位置のわかっている複数の地点から共通の目標（遠近の山や島、岬、堂塔、立木など）を見通してその方位を記録し、各地点から目標への方位線の交点によって目標の位置を知るとともに、地図作成の際に問題となる測定や記録の誤りの検出・補正に用いる方法である。道線法を基本とし、交会法で位置を補正する方法は、土地測量の方法として目新しいものではないが、データ精密化のために加えられたさまざまな工夫と、天文観測にもとづく位置データの取得が、伊能隊の測量の大きな特徴である。

精確なデータの取得はこの測量事業の原目的であり、機器の精密化・高機能化に心血を注ぐとともに、距離測定には間縄または鉄鎖を用い、測定値の読み取りは読み手を替えて反復し、見返り測量、また半島の根元や島・内陸部の横切測量、一周して元の地点につなぐ測量（まわり検地の方法、起点・終点の一致を確認する）などによる、測定誤差の排除が追究された。坂道の水平距離は象限儀で測定した傾斜角から、割円八線対数表（三角関数表にあたる）の余弦を用いて算定された。西欧で用いられていた高度な測量機器の入手が望めない鎖国下にあって、国内で入手可能な機器の精密化については、高橋至時とともに暦作御用として天文方に出仕し、忠敬とも深いかかわりをもった間重富の助力が大きく、江戸浅草の大野弥五郎・弥三郎父子など、優れた技術者が開発・製造に貢献した。室内の作業では、こうして得た各地点のデータに、前記の交会法や天文観測による位置のデータなどを合わせて、地図

（下図）が作られた。量地伝習録には、全体としての位置の誤差を防ぐための工夫をこらした精密な図化作業の手順が記されており、用紙の伸縮にも配慮がなされている。

（２）緯度と経度

　測量行程の止宿先で、晴天でさえあれば実施された天体観測データと、江戸での暦学修業中に蓄積された自宅の天測データとの対比によって、日本列島各地点の緯度がはじめて測定され、これを用いることによって、伊能図は近代地図に向かって大きく一歩を踏み出すものとなった。測量データの精密化だけでなく、地表を球面とし、天体観測によって諸地点の緯度を測定したことは、国絵図をはじめ、これを基礎とする従来の地図と伊能図の決定的な違いである。こうして伊能図は緯度の測定において近代地図に大きく近づいたが、地点間の経度差の測定には力が及ばなかった。「大日本沿海実測録」には、経度のデータは含まれていない。経度差は観測値ではなく、地点間の距離と方位角から八線表を用いて得られる距離の東西分として算出された。

　伊能図は京都を通る子午線を中度（中央経線、前半は江戸が中度）とする。長崎のグリニッジ経度はクルーゼンシュテルンによってほぼ正確に測定されて（文化元～２年〔1804～05〕）おり、そのデータを介して日本列島は世界図上の位置づけをほぼ確定したことになる。これは、日本の地図作成史にとっての、伊能図の最大の意義というべきであろう。海岸線の正確さとともに、諸地点の経緯度が明らかな地図ということは、海外での評価にもつながるものであった。

　伊能測量より約100年前の享保年間に、遠望術（交会法）を使って日本全図の編集をした数学者の建部賢弘は、広域の地図を正確に集成するには、遠望術だけでは不十分で、候極験食、すなわち天測による経緯度データの取得が必要なことに着目はしたが、その実現は非現実的なものと考えていた（近藤守重「好書故事」巻37〔『近藤正斎全集』第３巻所収、1976〕）。また、安永８年（1779）初版の長久保赤水の日本図は、諸資料の編集による優れた日本図で、経緯線が入っているように見えるが、実際は度数の記入された緯線はともかく、経線は緯度１度分と同じ長さに刻んだ方格線であると考えられている。

（３）地図の作成

　地表を球面ととらえ、緯度・経度を測定はしたが、球面上の地表をどのように地図に表わすかということは、伊能図にとっての難題であった。緯度・経度のデ

ータに基づく地図とは、本来、一定の地図投影法で平面上に展開した緯線・経線上に、位置データが確認されている各地点を記入することによって描いていくものである。しかしこの時代の日本では、その理論はまだほとんど理解されていなかった。さらにいえば、忠敬は地球が球体ではなく楕円体であることを知ってはいたが、作業は球体として進められた。

　このように忠敬にとってのハードルは、一つは経度の測定、もう一つは地図投影法の問題であった。伊能図の経緯線は、中度線（直線）に１度ごとの緯線を直交させ、各緯線上の経度１度にあたる地上距離（緯度が高くなるほど短くなる）によって、中度から東西に度数を刻み、それを南北に結んでいくもので、伊能図上に見られるように緯線に斜交する経線となる。しかし、伊能図はこうしてできた経緯線網の上に各地点をプロットしていったのではなく、距離と方位にもとづいて平面として描かれた地図に、あとからの計算による経緯線網をかぶせるという手順になっている。すなわち、地図は球面の展開図として描かれたものではない。さらに、最終上呈図編集にあたっては、江戸を中度とした前期の地図と京都中度の後期の地図の接合にも問題が残った。それらを克服するために、大きな苦心があったようである。東西両端地域（北海道と九州）における経度の東偏が伊能図の欠陥とされるのも、このあたりがおもな原因とされている。

２　統一的な方法による全国測量

　日本の公的な地図作成体制にとっても、伊能図は新しい方向を提示するものであった。

　伊能図は、一つのチームが統一的な方法で測量して作成したはじめての全国地図であり、その結果として、日本列島の海岸線を従来にない正確さでとらえている。伊能図は幕府の直轄事業として完成に至ったものであり、いわゆる官製図の系譜に連なる地図である。一方、同じく国土を対象とする官製図として幕府がそれまでに整備してきた国絵図とは、作成の目的に違いがある。伊能図の意義の一端はその違いのなかに見ることができる。

　伊能測量開始の動機は、暦算の基礎として、緯度１度に相当する子午線の弧長を正確に知ること（地球の大きさを知るため）、そのために諸地点の地球上の位置（緯度と経度）と、それら相互の距離を精密に測ることであった。これは、日本列島の海岸線および諸地点間の距離を正確に把握したいという当時の幕府の要求とも重なり合うが、従来の国絵図では用を果たせなかっ

たものである。したがって、地図の目的をかなえるため、精度が最大のポイントとなるのは当然のことであった。

江戸幕府は慶長、正保、元禄、天保の4回にわたって全国的な国絵図の徴集を行ない、元禄までの各回には、提出された国絵図を集成して日本全図を作成している。元禄期の日本全図は、別に国境縁絵図を作って集成に万全を期したが、その結果は思わしくなかった。そのため、その十数年後にあたる享保年間にさきの元禄国絵図を用いて再度、日本全図が編集された。作業の中心を担ったのは前述の数学者、建部賢弘である。伊能図よりおよそ100年前のことである。しかし、その後の天保国絵図による日本全図編集は行なわれなかった。日本列島の形については、すでに伊能図で明らかにされていたためともいわれている。

国絵図の主要な目的は、国・郡の境域と域内の村、山川、寺社などの配置、道路とその里程を明らかにし、国・郡の生産力を把握することであり、隣国との境界は問題となるが、絶対的な位置は問われていない。国絵図も当然測量にもとづいて作成されるもので、道線法と交会法が基本であることは確かである。ただし、個別の国絵図の測量・作成経過については部分的にしか知られていない。幕府は国絵図の様式統一のために基準を定め、担当各藩に通達していたが、これらは絵図の表現内容や形式に関するもので、測量の方法や精度についてはふれていない。担当各藩においては、藩政上の必要からもそれぞれ測量術について一定の技術水準を保つ努力はしていたはずであるが、そうはいっても国による精度の不均一は避けがたかったであろう。国絵図の目的にとっては、ある程度の測量誤差は許容範囲内であり、域内の地理情報を充実させることにむしろ重点があったといえよう。

こうして徴集された国絵図の集成による日本図と、精確さを掲げた実測の成果である伊能図の違いは、優劣というより、地図自体の目的の違いの反映と見るべきだろう。実測を重視し、海岸線を正確にとらえた伊能図は、実測ということを徹底させるため、測量の及ばなかった地域は空白のまま残している。その点で、領域内をあまねく埋める国絵図とは対照的で、一般図として使うには不足がある。出版や明治期の利用の際にも、国絵図を含む各種の資料との併用が必要であった。伊能図も後期の測量地域では既存の国絵図などを利用して測量コースを綿密に組み立て、できるだけ未測地を解消する努力が払われた。

同じ官製図ながら、伊能図は国絵図とは別系統の地図である。これは伊能図以後に、天保国絵図が作成されていることからも明らかだといえよう。幕府が伊能図のような国土の形状や正しい位置関係をとらえることを目的とする地図の作成を必要とした背景には、緊張感が高まってきた対外関係への意識があったとみられる。これは、基本図を整備して国土を正確に把握するという近代国家のありかたにも通じるものといえる。地図作成のための直営の技術者集団を編成して、継続的なものにはならなかったとはいえ、一貫した方法で全国測量に取り組む、測量・地図作成機関ともいうべき体制を作ったこと、使い分け可能な大・中・小図という体系的な構成をとっていることなどにも、近代への移行のきざしがみえる。

こうした地図の構想は、幕府にとっての海防という対外関係の課題と、享保時代以降の測量術の体系化と普及、天文暦学研究の発展を背景とした優れた技能集団との出会いによって可能となった質的な変化ともいうべきもので、日本の地図作成史上の一つの画期となった。

なお、全国測量を担ったのは幕府天文方であり伊能隊であったが、同じ時期に、測量と地図作成に通じた多彩かつ優れた技術者が全国各地で活躍していたことも強調しておきたい。それらの人々と伊能隊のさまざまな接触や交流も、測量日記や地域に残る文書や手記に記録されている。この時代の日本には、伊能測量の基盤が十分に整っており、変化は起こるべくして起こったものといえるだろう。

3　世界のなかの伊能図

伊能図は遠くヨーロッパにも伝えられた。シーボルトが高橋作左衛門の地図としてもち帰った写しは、シーボルトの著書『日本』（1832～51）の分冊として刊行された『海陸地図帳』（1840刊）所収の「日本人の原図及び天文学的観察による日本帝国」（*Karte vom Japanischen Reiche nach Originalkarten und astronomischen Beobachtungen der Japaner*）の基礎資料となった。文化元年（1804）から翌2年にかけて、ロシアの訪日全権大使レザノフに随行するとともに、世界周航調査の司令官として長崎に来航、日本近海の測量と調査を行なった水路学者クルーゼンシュテルンは、シーボルトから見せられた伊能図について、海岸線、緯度、経度が精確で、自分の観測結果とも符合しており、日本人が天文学でなしとげた進歩に関する証明になるという内容の書簡をシーボルトに書き送っている。

文久元年（1861）に、幕府の許可を得て日本近海の

測量を行なったイギリスの測量艦アクテオンの艦長ウォードは、案内（兼監視）役として乗艦していた日本士官が地名確認などのためにもち込んだ伊能図（小図）の精確さに感嘆し、駐日公使オールコックを通じてこれを幕府から譲り受け、イギリスにもち帰った。現在、グリニッジの国立海事博物館に保管されている3枚ぞろいの小図である。この図がイギリス版の海図、日本近海（2347号）の改訂（1863刊）、および瀬戸内（2875号）の資料となり、これらの海図に日本政府の資料によることが明記されていることは、海外における伊能図の評価の例として、しばしば語られるところである。のちの慶応3年（1867）に、勝海舟が作成し、刊行した『大日本国沿海略図』は、この海図が原拠で、序文中に「……観英国所刻東洋測量図……」とある。伊能図の逆輸入ということになる。

　ただし、シーボルトの場合は、高橋作左衛門の地図として、またイギリスの場合は日本政府の地図として利用されており、いずれも伊能忠敬の地図という扱いにはなっていない。　伊能忠敬の時代、すなわち19世紀後半には、ヨーロッパでは経度測定のためのクロノメーター（船舶に積載可能な精確なゼンマイ時計）が実用化され、六分儀や経緯儀を用いた高い精度の天文測量が可能になるとともに、基線測量にもとづく近代的な三角測量が行なわれるようになっていた。アジアにおける近代測量の端緒としては、伊能測量より約100年前、18世紀初頭の中国におけるイエズス会の宣教師による測量、また、1760年代のインドで伊能測量と同様の測量を行なったJ・レンネルや、これに続くW・ラムトンによる三角測量などがあげられる。しかし、いずれも現地人によるものではない。伊能測量の方法は当時のヨーロッパの水準には及ばないものであったが、最新の情報を入手することが困難な鎖国下の日本で、外国人の手によってではなく、独自に行なわれた国土の測量として、また、技術の限界をカバーする細心の配慮によって実現させた精確さによって、世界の測量・地図作成史のうえでも特筆すべき意義をもっている。

4　伊能図以後

　測量および地図作成という技能集団を新たな雇用も含めて編成し、藩領を超えて全国的な作業を展開した従来にないシステムは、めざましい成果を残した。しかし、近代図に向かって継続的に発展し、近代的な地図作成の体制に直結する道をたどることにはならなかった。その理由はさだかでない。文政11年（1828）のシーボルト事件によって、一時的にせよ地図がタブー視されたかもしれないこと、なにより、高橋景保の獄死、下河辺林右衛門、門谷清次郎、永井甚左衛門など、伊能測量の経験を蓄積し、技術を継承・発展させる力をつけた人材の連座・追放などが合わさった結果かもしれない。

　目に見える進展は見られなかったにしても、測量行程のなかで地方の測量家との間で交わされた測量や儀器の改良などについての技術交流が、国土の測量技術の発展に果たした役割についても、広い視野での検討が必要であろう。

　「大日本沿海実測録」に収録されている伊能忠敬「大日本沿海実測全図序」（文案は久保木清淵）は、「翼くは更に後人に命じて焉を補正し、則ち其の集大成に庶づかんことを」（原文は漢文、保柳『伊能忠敬の科学的業績』の訳文による）と結んでいる。この願望がかなうには明治期まで、なお50年を超える時間が必要であった。

文献

秋月俊幸『日本北辺の探検と地図の歴史』（1999年）北海道大学図書刊行会〔355—364〕
今井健三「伊能図と水路部」『地理』所収（2004年）99（1）〔50—52〕
清水靖夫「近代での伊能図の動き――軍管図」『伊能忠敬研究』所収（2002年）29〔11—13〕
高木崇世芝「『官板実測日本地図』論考」『伊能忠敬研究』所収（2001年）27〔20〕

主要参考文献

保柳睦美編著『伊能忠敬の科学的業績』（改訂版）（1980年）古今書院
東京地学協会編『伊能図に学ぶ』（1998年）朝倉書店
永原慶二〔他〕編『講座・日本技術の社会史』（1986年）日本評論社
川村博忠『近世絵図と測量術』（1992年）古今書院
松崎利雄『江戸時代の測量術』（1979年）総合科学出版
岩生成一〔他〕監修『シーボルト「日本」の研究と解説』（1977年）講談社

鈴木純子

本書に収載された伊能大図

本書に収載された伊能大図には、さまざまなものがある。一部の副本を除いてはいずれも明治時代に模写されたものであり、模写した機関の必要に応じて作成されたため、その内容にもそれぞれ違いがあり、出来栄えに多様な差ができている。

本書収載の大図は、アメリカ議会図書館所蔵の模写本（アメリカ大図）、国立国会図書館所蔵の模写本（国会大図）、松浦史料博物館所蔵の副本（松浦大図）、山口県文書館所蔵の副本（毛利大図）、国立歴史民俗博物館所蔵の模写本（歴博大図）、海上保安庁海洋情報部所蔵の模写本（海保大図）である。また、幕府への最終上呈図（「大日本沿海輿地全図」）ではないが、東京国立博物館所蔵の国指定重要文化財である「九州沿海図」を参考として掲載した。

中図は日本写真印刷株式会社所蔵の副本、小図は東京国立博物館蔵の副本を収載するが、ここでは基本図としての大図について解説する。

アメリカ大図

2001年に、本書の監修者・渡辺一郎氏によってアメリカ議会図書館で発見された大図で、明治初期に国土地理院の前身にあたる陸軍の測量機関によって模写されたものである。日本では近代的な三角測量にもとづいた地形図が作成されるまで、明治政府によって伊能図をもとにした地図が作成された。アメリカ大図は、そのために模写されたものと考えられる。

全207図葉のアメリカ大図のうち、北海道の32図葉、紀伊半島の3図葉、第111号「浜松」、第135号「大阪」、および第137号「神戸・明石」（本書では歴博大図を収載）の計38図葉が彩色されている。彩色図は図によって色合いが異なるが、山を緑に、田畑を茶色に、砂浜を黄色に塗るなど、色彩豊かである。とくに北海道の彩色図は、緑の点描などによって湿原なども表現されており、樹木の点景も描かれている。

残りの169図葉は無彩色に近く、測線が朱線で描かれているほかは、海や川を藍色に、海岸を黄色に、城郭や蔓を青色に塗っている程度である。しかし、たとえば海岸の表現も国会大図などに比べると粗雑であるが、暗灰色の干潟なども示され、襞状の線で海蝕崖が

描かれるなど、当時の地形や景観を知ることができる。また、彩色図には緑に塗られた山が描かれているが、無彩色図では山の輪郭線が描かれているのみである。特定の山が描かれ、その名称が記されている場合もあるが、多くは山並みがあるということを表わしているだけである。方位が測られた山には、朱色または墨で山頂に十字印が付けられている。

また、村落表現は黒抹記号で描かれ、簡略化されている。しかし、彩色図と無彩色図のいずれも地名の記載は詳しく、模写時の誤記などがわずかに見られるものの、史料としての価値は高い。北海道以外の彩色図には領主名が記載されており、無彩色図でも時おり見ることができる。城下町では、城郭が描かれていることが多い。城主名の記載がある場合と記載されていない場合がある。これについては、とくに基準があるようには見えない。陣屋や寺社の蔓は多数描かれている。

アメリカ大図には、鉛筆によって描かれたと見られる方眼が引かれ、コンパスを使って描かれた円弧の交差も見られる。方眼には番号が付されており、また、矢印のついた直線で北の方角が示されている。これらは陸軍測量機関が伊能図を正確に模写するために書き入れたか、あるいは模写後の作業で何らかの必要により記入されたものと見られ、伊能大図が明治以降に活用された形跡を物語っている。また、図面の裏側には標題（標記）などが記され、裏映りしているために本巻の図でも確認できる。たとえば北海道の図は「第七軍管北海道之図」と書かれているが、ほかの図では国名や当時の主要地名が記されている。

国会大図

1997年に気象庁において鈴木純子氏によって発見された図で、その後に国立国会図書館に移管されている。旧内務省地理局系統の組織によって模写されたと考えられており、丁寧かつ忠実に模写された優美な彩色図で、43図葉のすべてが本書に収載されている。

国会大図の特徴はすべてが彩色図であるばかりでなく、たとえば村落などは黒抹記号ではなく蔓が集合した家並みの絵として細かく描かれているなど、全体に丁寧で色彩的にも美しく仕上げられていることである。

また、大名の領地、旗本の知行所などの記載も詳しい。城郭や陣屋などの建物は記号化されてはいるが、近代の地図記号とは異なって絵画的である。海岸の地形も絵画的に描かれており、急峻な海蝕崖の表現も詳細である。海岸の松並木や砂浜なども景観がよく表現されていて、犬吠埼の海岸の表現などは圧巻である。

国会大図には多色の方位盤（コンパスローズ）がすべて付されている。また、国名を書いた付箋が貼付されている図もある。

歴博大図

国立歴史民俗博物館所蔵の彩色図で、地理学者・故秋岡武次郎氏旧蔵のものが同博物館に寄贈された。本書には、第34号「江差」、第35号「奥尻島」、第56号「福島」、第137号「神戸・明石」、および第145号「岡山」を収載した。このうち、第34号と第35号は「第七軍管北海道之図」という標題が裏書きされており、アメリカ大図と同じく陸軍測量機関によって模写された図である。第56号は国会大図と同じ系統の図であり、第137号と第145号も国会大図にきわめて近似している。ただしこの2図には、大名・旗本の領分や知行所の記載がない。

海保大図

海上保安庁海洋情報部に所蔵されている図であり、やはり明治期に海軍水路測量機関によって海図作成のために模写されたものである。模写時には、原図の約3分の1に縮小して模写されている。海保大図は加工された模写図とでもいうべき図であるが、第12号「稚内」、第133号「京都」、第157号「福山・尾道」、および第164号「今治」の4図葉については、ほかに代替すべき図がなく、4図とも本書に収載されている。いずれも海保大図のみが現存している図葉である。

これらの4図葉は、その仕様がすべて異なっている（後出の「各図解説」参照）。たとえば、第12号と第133号がほとんど無彩色ではあるものの測線や地名などが忠実に転写され、模写図としては完成しているのに対して、第157号と第164号は彩色図であるが測線や地名が一部省略され、未完成といわざるをえない模写図である。とくに第164号は測線が転写されておらず、伊能大図にはもともと記載されていなかった航路などの情報が加えられている。また山景の描き方も、第12号と第133号ではケバ方式が使われ、第164号でも独特な方法を用いている。そのほか、地名の書体をはじめ、田畑、原野、湿原などの描き方も、ほかの伊能大図とは

まったく違う。

第181号「大分」、第183号「佐伯」、および第185号「宮崎」は原寸で丁寧に模写された図である。第201号「大村」、第206号「小値賀」、第207号「福江」、第209号「鹿児島」、第213号「種子島」、および第214号「屋久島」は、縮小して模写された図である。

毛利大図

山口県文書館の所蔵図で、毛利藩からの要望により贈られ、毛利家に伝わった針突法による針穴のある副本である。最終上呈図の副本であるが、図郭の切り方が異なる。そのため本書では、最終上呈図の図郭に合わせて切り直し、毛利藩領以外はアメリカ大図を補完的に接合した。

毛利大図は総じて彩色された美麗な図で、国会大図などの彩色図と同様の表現が施されているほか、国界、郡界、村界が記号で表示されている。また、全体に淡い色調と穏やかな描法になっており、海岸では海蝕崖の断崖絶壁を示すような表現は見られない。

地名はアメリカ大図に比べると省略されている箇所もあり、宿駅と天測点の記号は記載されていない。さらに、萩領、長府領、岩国領など、本藩と支藩の領地の区別が付記されている。

松浦大図

「実測地図」という標題が付けられている副本で、長崎県平戸市の松浦史料博物館所蔵の図葉である。平戸藩主・松浦静山の依頼によって針突法で作成された図であり、針穴が確認できる。伊能忠敬没後の文政5年（1822）に、高橋景保から平戸藩に贈られたもので、松浦家に伝来されてきた。この「実測地図」は平戸藩領を描いたものであり、佐世保、長崎、平戸、壱岐、五島の5図葉がある。

全体に丁寧に作成された図で、地名などの省略も少なく、彩色も明るい上品な仕上がりになっている。山景は薄緑に近い草色で、田畑は淡い桃色で塗られており、筋交い状の田畑の模様はほかの伊能大図と同じである。海や河川の色は明るい藍色で、家並みは黄色の屋根で描かれており、砂浜は黄橙色で、海蝕崖は茶色で表現されている。宿駅と湊は他図と同様の朱色の記号が書かれているが、天測点は記載されていない。「実測地図」は平戸藩領の図であるため、他藩の領地は測線と海岸線のみが描かれており、境界近傍の島や藩の名称などが朱色で書かれている。

5図葉のうち、第191号「壱岐」と第204号「平戸」

を本書に収載したほか、「長崎」を「参考図」として
収載した。

九州沿海図

「九州沿海図」という標題がある地図で、重要文化財
に指定され、東京国立博物館が所蔵している。第1次
九州測量、つまり第7次測量の終了後に、その測量成
果を縮尺3万6000分1の大図21図葉にまとめたもので
ある。九州の6か国（豊前、豊後、日向、大隅、薩摩、肥
後）を収めており、筑前、筑後、肥前は含まれていな
いが、長門の一部が描かれている。浅草文庫の朱印が
あり、幕府に提出したものといわれている。最終上呈
図とは図郭の切り方に相違がある。また、針突法によ
って作成され、針穴がある。方位と隣接図との接合の
ためのコンパスローズが描かれ、図郭外には測線の端
点間の図上距離が、東西南北の座標上での数値で記載
されている。

　彩色の色調は、他図と比べて全体に濃い。とくに山
景は濃緑色であるため、地名などの注記がやや識別し
にくくなっているが、大和絵風の雲霞が描かれ、鳥瞰

的かつ絵画的である。名称が付されている山は、実景
を踏まえて描いているように見える。田畑の彩色はや
や紫の強い桃色であり、筋交い模様が描かれている。
家並みは屋根を黄褐色に塗り、村落の広がりを示して
いる。海岸は、砂浜を黄橙色に、干潟を薄緑色に塗り、
海蝕崖は山景がそのまま海に落ちる形で描き、焦茶色
で岩壁状の表現を加えている。海岸や集落の周辺には
樹木が点景として描かれているが、山には樹木はあま
り見られず、全体に緑色の点描が施されている。海や
河川、湖沼は、ほぼ藍色に塗られている。また、朱色
の測線以外にも、宿駅、天測点、湊、神社の記号が、
他図と同じく朱色で付記されている。

「九州沿海図」は、最終上呈図作成の際のもとになっ
た図と考えられ、もっとも正本に近い豊かな彩色と描
法の完成度をもつとされる。しかし、国会大図、毛利
大図、松浦大図などと比較すると、全体に濃色で暗い
印象を受けるほか、田畑の色調が異なるなどの違いが
見られる。したがって、おそらく最終上呈図は、この
「九州沿海図」よりやや明るく、田畑が茶系統の色で
塗られたものだったのではないかと想像される。

星埜由尚（元国土地理院長・公益社団法人日本測量協会副会長）

本書に収載された伊能大図　43

伊能大図から見る200年前の日本地理

伊能測量は日本各地をめぐって実施されたが、一様な密度で測量が行なわれたわけではない。前半の第1次から第4次までの測量はいわば幕府の補助事業であり、測量隊の態勢はかならずしも十分なものではなかった。したがって、海岸線と奥州街道、東海道、中山道、羽州街道、米沢街道、三国街道、北国街道などの主要街道が測量された以外、内陸部はほとんど測量されることはなかった。一方、第5次から第9次までの測量では、幕府の直轄事業に格上げされて態勢も強化され、九州や中国などでは内陸部まできめ細かく測量されている。そのため、西日本の伊能大図は測線の密度も高く、描かれている情報が多いのに対して、東日本の伊能大図は測線の密度が低く、情報量もとくに内陸部において少ない結果になっている。

しかしながら、伊能大図に描かれている地理情報は伊能忠敬の測量調査に対する科学的姿勢を反映し、国土に関する客観的で正確な情報として、当時の日本の自然や社会を知るために地理的にも歴史的にも非常に興味深い内容をもっている。

北海道地方

北海道は、伊能忠敬の第1次測量と間宮林蔵の測量の成果によりまとめられており、内陸部の測量は石狩と黒松内の地溝帯のみにすぎない。海岸部も、知床半島、根室半島、亀田半島は基部だけの測量であり、北方四島も国後島の南部が測量されただけで、北海道地域の全貌が明らかにされているわけではない。

しかし海岸部の地理的表現は詳細であり、とくに岩礁からなる海蝕崖の表現は綿密に描かれており、礼文華峠、襟裳岬、知床半島、積丹半島から渡島半島などの急峻な海岸の様子を知ることができる。一方、砂浜海岸では、アメリカ大図では幸いにして彩色されているため、高燥な台地や段丘上の原野と低地に広がる湿原の自然地形がよく表現されている。たとえば、サロベツ原野、オホーツクの海岸、十勝川河口部の潟湖や湿原の発達状況などが詳細に表わされている。また、十勝川、天塩川、石狩川などの大河の河口部の表現も、河川改修がまだ行なわれていなかった時代の自然河川の自由な流路の状況が描かれている。ことに間宮林蔵は、船を使用して石狩川を測量したため、測線が河道の中に引かれており、蛇行の状況を詳細かつ高い精度で把握することができ、貴重な資料である。

北海道地方における大図の特徴としては、海岸を刻む小河川の名称を数多く採集して表示していることが挙げられる。さらにアイヌ地名を調査して、その多くを記載している。これらの地名はカタカナで表記されているが、和人が多く居住していた函館や松前などの地域では、当時から漢字で地名を表記していたようである。しかし現在に至るまでの間に、そのほかのカタカナ地名も漢字表記に変えられている場所が多くなった。全体に、本州に比べて地名の表記密度は低いが、宿駅の記号が付された地名もかなり奥地まで存在し、江戸後期の交通事情を推し量ることも可能である。具体的に見ると、道南の函館や松前周辺では漢字表記を含めて地名密度が高いが、十勝川の河口部周辺やサロベツ原野などでは地名がきわめて少なく、当時の人口の分布状況を反映している。

東北地方

東北地方の大図は、北部ではアメリカ大図を、南部では国会大図を収載した。東北地方は、第1次から第3次までの測量によってまとめられている。北海道とともに測量態勢の不備や寒冷地であるため、関東以西に比べてかならずしも十分な測量調査はできていない。

そのため、とくに三陸沿岸ではリアス海岸のきわめて急峻な地形に阻まれ、測量期間の制約もあって、海岸線から内陸部側に深く入り込んで測量している地域もある。やむをえず遠望などによってスケッチ風に描かれた海岸も数多くある。しかし、そのような場合でも、海中に間縄を通して海岸線の形を描いたために、必要な要点は押さえられている。したがって、精度がよいとはいえないが、リアス海岸の海岸線の出入りの要所は正しく把握されている。一方、下北半島、津軽半島、男鹿半島は、岬の先端部などで測線が至らない場所もあるが、海岸線はかなり詳細に測量されている。日本海沿岸で特筆できるのは、陸化する以前の象潟が描かれていることである。測量は1804年（文化元年）の象潟地震の直前であり、鳥海山の噴火（1801〜1804

年）とともに貴重な地理的記録である。

　また、東北地方の内陸部は、奥州街道をたどる測線と、白河から分かれて会津から米沢に抜けて羽州街道を秋田までたどる、２本の測線が縦断する。しかし、これらを横断して連結する測量が行なわれなかったため、東北地方の内陸部は空白部が多く情報量が少ない結果となった。わずかに八甲田山、岩木山、岩鷲山（岩手山）、早池峰山、駒ヶ岳、鳥海山、月山、磐梯山などの山が、交会法によって測量され、位置が求められている。

　測線の経路を見ると、現在の主要交通路と異なって、白河から会津に抜ける経路や会津から檜原大峠を通って米沢へ抜ける経路が、当時の主要街道であったことなどがわかる。また、猪苗代湖や八郎潟のような大きな湖から、男鹿半島の一の目潟、二の目潟、三の目潟や、十三湖、下北半島の湖沼など、小さな沼沢まで描かれている。ただし、湖岸線は測量されていないために不明瞭である。

関東地方

　本書に収載された関東地方の大図は、国会大図である。伊能測量はつねに江戸が出発点であり、五街道などの主要街道と海岸線をたどって測量された。これらの測線は、伊能忠敬の最晩年の第10次江戸府内測量の成果によって最終的に連結された。第90号「東京」では、江戸城を周回する測線から四谷御門などで分岐して、それぞれの地方に測線が延びている。これらの測線は、東部には奥州街道と房総半島に向かう測線のみであるが、北部や西部には、中山道、東海道、甲州街道、大山街道に向かう測線が延び、とくに関東地方西部は測線の密度がきわめて高い。このように、関東地方の東西では測線密度が対照的である。

　関東平野のうち、荒川に沿った地方は、多数の村落名など非常に多くの地理情報が記載されているが、利根川流域では、これに比較すると少ない。また、荒川は上流から河口までほぼ連続して描かれているが、利根川は河口部と上流部が描かれているのみで、伊能忠敬の郷里である佐原周辺は測量されていない。群馬県東部、栃木県、茨城県、千葉県はとくに内陸部の情報がきわめて少ない。ただ、筑波山、日光周辺の山々、那須岳などが顕著な目標となるため、各地からその方位が測られている程度である。

　しかし国会大図は、きわめて色彩豊かな表現が施されているばかりでなく、各村の領主名が細かく記載されている。また、絵画的に描かれた城郭や社寺などの

ほか、集落の家並みと広がる田畑、点在する樹木などの装飾的な表現から、当時の関東西部の城下町や農村集落の景観を把握できる。さらに、大名・旗本の領地が細分されて入り組んでいる様子と、多数の領主がいる相給の村が多かったことを地図上で把握できる。

中部地方

　東海道、中山道、甲州街道、北国街道、伊那街道などが測量され、日本海沿岸と太平洋沿岸の測線が、内陸の測線によって連結されている。能登半島や伊豆半島、知多半島、渥美半島などは、くまなく測量されている。日本海沿岸が基本的に海岸線のみの測量であるのに対して、太平洋側では、海岸線ばかりでなく東海道や富士山麓、浜名湖、濃尾平野などが縦横に測量調査されている。内陸部は、松本や甲府などを結節点として、木曽川、天竜川、富士川、千曲川、犀川などの大河に沿って測量が行なわれ、岐阜から高山、さらに野麦峠を越えて松本につながる測線もあり、密度の高い測線網が形成されている。

　伊能測量から200年が経過し、現在では大きく変貌した伊勢湾沿岸や三河湾沿岸のかつての姿が記録されている。伊勢湾に注ぐ木曽川河口部の三角州一帯における河川の分流の様子や干潟が描かれ、「新田」と付いた数多くの地名は、洪水防御の歴史を物語る。第111号「浜松」はアメリカ大図のうちでもっとも美麗に模写された図で、浜名湖の湖岸は詳しく測量され、現在の湖岸線と比較すると湖沼面積の縮小が著しいことがわかる。また、木曽川、天竜川、信濃川、千曲川などの大河の河道を測線が横切るか、あるいは河道と並行する場合は、河幅や流路も描かれている。

　国会大図に描かれている富士山は、きわめて美しく、また写実的に描かれている。富士山はその標高と姿形から顕著な山であり、富士山が見えるじつに多くの地点からその方位が測られている。山麓の測線密度も高く、とくに富士山信仰と関わる浅間神社の記載が多い。一方、中部地方は日本の屋根であり、3000m級の多くの高山のうち、鳳凰三山、北岳、駒ヶ岳、御嶽、乗鞍岳などが描かれている。ただし、飛騨山脈、木曽山脈、赤石山脈などの未測量地域は空白のままである。

近畿地方

　近畿地方では、東海道、伊勢街道、伊賀街道など、名古屋と京都、大阪、奈良を結んでさまざまな経路で測量され、測線が描かれている。また、敦賀から近江琵琶湖沿岸を経由して京都に達する測線、若狭湾沿岸

伊能大図から見る200年前の日本地理　45

を経由して豊岡に達する測線、豊岡と京都・姫路・鳥取を結ぶ測線などが、高い密度で複雑に測線網を形成している。とくに琵琶湖周辺の近江盆地、京都と大阪周辺、姫路周辺、豊岡と和田山周辺などが詳細に測量されている。さらに、京都盆地や奈良盆地では、社寺に向かう測線が数多く引かれており、社寺の記載数もほかの地域に比べてきわめて多い。

　一方、紀伊半島では海岸線の測量のみであり、近畿北部と南部では測線の密度に大きな違いがある。紀伊半島の内陸部では奈良から吉野山に至る測線が描かれているだけで、半島を横切る測線は設けられていない。

　第132号「新宮」、第135号「大阪」、第139号「有田」、および第140号「田辺」は、彩色されたアメリカ大図である。そこでは南紀海岸の砂浜に沿った松林や潟湖などが色彩豊かに描かれている。大阪城も壮麗に描かれている。また、第137号「神戸・明石」は彩色された歴博大図で、明石城や岸和田城が大きく描かれているほか、六甲山地の山々が描示されている。第133号「京都」は海保大図の模写図で、ほかの大図と異なり、山の表現がケバ方式であるなど、かなり編集加工された図である。しかし地名の記載はもっとも多く、とくに社寺の記載が多いのが特徴である。やはり京都という地域の特性を表わしているといえる。また、無彩色に近いアメリカ大図に描かれた琵琶湖沿岸の近江八幡付近にある沼沢地や京都の巨椋池、淀川の河口部などにより、この200年の地形の変遷が知られる。

中国・四国地方

　中国・四国地方の測量は、伊能忠敬が幕臣に取り立てられ、伊能測量が幕府直轄事業となった第5次測量以降に行なわれている。四国地方は海岸線と、川之江から高知を横断する横切測線のみであるが、中国地方は山陽と山陰を結んで内陸部も高い密度で測線が引かれている。また瀬戸内海の島々も、大きい島ばかりでなく、かなり小さな島に至るまで測量している。

　中国地方の大図の特徴は、社寺の記載が詳しいことである。とくに出雲地方では多数の神社が記載され、社殿まで到達している測線も多い。瀬戸内海の沿岸では、児島湾や広島湾など、埋め立てなど人工改変が進む以前の海岸線が描かれている。

　収載した中国・四国地方の大図は、大部分がアメリカ大図であるが、現在の山口県にあたる防長2国については毛利家伝来の彩色図である。毛利大図は前述のとおり、天測点が省略されて、地名も省略が多いが、村境が記号で示されている。このため、当時のそれぞ

れの村の地理的な領域を把握することができる。また、第145号「岡山」は彩色された歴博大図で、完成度も高い。第157号「福山・尾道」と第164号「今治」は彩色された海保大図で、模写が未完成であり、ほかの伊能大図と比較すると編集加工が著しい。残念ながら現在のところ、この地域はほかに模写図などが発見されていないのでこれらの図を収載したが、利用にあたっては注意が必要である。

九州地方

　九州地方の大図は、第7次および第8次の測量により作成された。本巻の大部分はアメリカ大図であるが、松浦大図の一部も収載した。測量地域は、九州本土から対馬、壱岐、五島、種子島、屋久島まで及んでいる。

　九州の測量では、本土を横断する多数の横切測線が見られ、とくに北部と西部の測量はきわめて詳細に行なわれている。筑紫平野、佐賀平野、筑豊地方の測線密度はもっとも高く、したがって地名の記載も非常に多い。また、阿蘇谷、日田から高千穂、椎葉、久住、耶馬渓など、また八代から人吉、霧島などの山岳部の測量も行なわれ、高い峠を越えている。対馬、壱岐、五島、天草などの島々も測線が縦横に通っており、周辺の小島を含めて詳細に測量している。

　北部と西部はまた、福岡、小倉、久留米、佐賀などの大藩の城下町を中心に多数の地名や城郭が記載されており、人口の多い開けた地域であることを示している。さらに筑後川の河口や有明海の沿岸の干潟など、海岸の地形も当時の状況がよくわかる。とくに、唐津、平戸、佐世保周辺などの海岸と島、島原の九十九島などの多島海の小さな島々まで測量され、名称が付せられているのは驚異的である。対馬の浅茅湾、五島列島の入り組んだ海岸も細かく表現されており、対馬と壱岐では神社の詳しい記載も特徴的である。一方、阿蘇、霧島、桜島などの火山が描かれ、阿蘇の高岳や桜島は噴煙を上げている。

　第191号「壱岐」と第204号「平戸」は、松浦家伝来の彩色図である。第202号「長崎」についても、図郭が異なるが参考図として松浦大図を収載した。これらの図は平戸藩領のみの図であるが、前述のようにきわめて完成度の高い副本である。

　また、第7次測量の成果をまとめた「九州沿海図」も参考として収載した。「九州沿海図」の表現は当時の景観を彷彿とさせるものがある。

　　　　　　　　　　　　　　　　　　　星埜由尚

凡　例

本書各図の仕様

　本書に収載した伊能大図の原図の大きさは各図さまざまであるが、平均してほぼ畳一畳の大きさである。本書では、これを縮小し、A4判（縦297×横210ミリ）に収まるように分割した。各図の図域を無駄なく収載することを目指したため、原図の縮尺が3万6000分の1で統一されているのに対して、本書での各図の印刷縮尺は約8万分の1～約12万分の1と一定しておらず、平均しておよそ10万分の1、つまり原図の約3分の1の縮尺となっている。また、各図の向きは北を上にした。各図内の分割では、つながりが分かるよう接合部に重複を作った。

　本書は、日本写真印刷株式会社による最新の高精細印刷で行なわれている。微少な点の密度により、画像がもつ細部、微妙な風合いや質感を忠実に再現するとともに、網点による線切れを解消し、細やかな墨文字や微細な描線を鮮明に表現した。また、印刷の表現領域の拡大で、とくに淡い緑色、黄橙色、紫色を、滑らかで濁りの少ない色調で再現することができた。

「各図解説」について

　各図の解説においては、図域、測量次数、測線の状況、海岸や河川・湖沼の地形的特徴、各町村の特徴的な事項などを記述し、宿駅、天測点、湊の数を記載したり、社寺の所在などにも触れた。本解説は、あくまで本書に収載した伊能図の副本や模写本にもとづいており、焼失した伊能大図正本とは表現その他において異なるものであって、多少なりとも記載内容の誤りや省略があり、加工もありうることは当然である。したがって、本書の地形や景観の解釈、宿駅、天測点、湊などについても、そのような制約のなかでの記述であることを理解していただく必要がある。解説の記述内容にはさまざまな疑問や批判もあろうかと思う。しかしながら、伊能図の全貌がようやく明らかになった現在、収載した地図の限界を踏まえたうえで、読図による約200年前の日本の地理をあえて描いてみたものである。地理的な国土史研究はもとより、広く日本史の基礎史料の一助になれば幸いである。

　大図の各図に付されている「第○号」という図番は、保柳睦美著『伊能忠敬の科学的業績』所収の「伊能大図番号一覧図」によった。ただし、四国室戸地方の第148号と149号は、模写の際に入れ違えたと思われる番号をそのまま使用した。また、第110号は模写図には第108号と記入されている。なお、従来の伊能大図索引図は図郭の単なる接続図であったので、日本地図の上に図郭を展開した索引図（中図・小図を含む）を新たに作成した（34ページ参照）。

　図番に続く図名は、編集で新たに付したものである。また、各解説の冒頭には、原図に付けられた原標題（たとえば〔第七軍管北海道之圖〕）、および所蔵機関を記載した。さらに、解説内の地名表記は、原図においては旧字体や異体字などさまざまな手書きによる漢字が用いられているが、本書第7巻「各図地名索引」と「地名総索引」とは異なり、すべて現代常用漢字の字体を用いて記述した。

「各図地名索引」「地名総索引」

　本書第7巻では、収載した伊能大図236図、伊能中図8図、伊能小図3図に記載されている約4万項目以上の総地名を整理し、大図の号数順に分けた「各図地名索引」とすべてを五十音順に並べた「地名総索引」を掲載した。ページごとに検索でき、例えば「3-33」は「第3巻33ページ」を表す。「各図地名索引」は分野別に、国名、郡名、地名、社寺、山・峠、河川・湖沼、岬・海岸、島に分類し、それぞれ表記上の五十音順に並べた。地名のなかには、町村名や集落名以外にも、ほかの分類項目に整理できない名所・旧跡や関所などが含まれている。また原図で、宿駅、天測、湊の記号が付いた地名には、それぞれその記号を付した。一方、「地名総索引」には読み仮名を振り、大図の号数を入れた。

地名等の読み仮名

　地名等の読み仮名については、北海道を除く全国の地名等のうち町村・集落名は、天保年間に幕府の命により作成された『天保郷帳』に記載されている地名を整理した滝澤主税氏編著『地名研究必携』に従った。

伊能大図に記載されている町村・集落名は、大部分はこの『天保郷帳』収録の地名と一致しているが、記載文字が異なる場合があり、また測量調査の誤り、さらに模写時の誤転記などの可能性もある。しかし、このような不一致があっても、『天保郷帳』の地名と明らかに同定できるものについては『地名研究必携』のふりがなを採用した。一方、『天保郷帳』には見られない町村・集落名については、『全国地名読みがな辞典』、『角川日本地名大辞典』、『日本分県地図地名総覧』などのほか、「国土地理院地形図」における地名の読み仮名を参考にし、全国の市町村への問い合わせも行なって可能なかぎり正確を期した。その結果、大部分の読み仮名は判明したが、わずかながら未判明の読み仮名もあり、それらについては、ほかの地名の読み仮名などを参考にして常識的と考えられる範囲で執筆者の判断によった。今後の研究や調査で正否を含めて明らかにされることを期待するものである。

また、国名と郡名については、『角川日本地名大辞典』によった。社寺については神社本庁編纂の『神社名鑑』をおもに参照した。

「地名総索引」では、人文地名である国名、郡名、地名および社寺には読み仮名を付したが、自然地名である山・峠、河川・湖沼、岬・海岸、および島については不明な読み方も数多くあり、常識的な読み方で記載順序を整理して、読み仮名は付していない。

地名等の表記・整理基準

地名等の片仮名を含む漢字表記については、原図の手書き文字の字体にできるだけ忠実に活字化した。したがって、旧字以外にも俗字や略字などの異体字も区別して記載してある。しかし一部では、極端な俗字や判読しづらいもの、手書き文字の活字化の限度などもあるため、若干の誤差がある字体にしたものもある。

また、原図での地名表記に用いられている文字には、模写時などに生じた可能性のある誤字や脱字が一部に見られ、明らかに誤字や脱字と考えられる場合は〔　〕内に補記した。さらに、地名自体の俗名、別名、旧名などは、読み仮名を含めて（　）内に記載した。

その他の記載における整理基準は、以下のとおり。
○「各図地名索引」および「地名総索引」では、同一のページのなかに同一表記で同一読み仮名の地名等が複数ある場合は、それぞれ1項目として示した。

○虫食いや極小文字、その他の事情により判読不能の文字は□で表示するか項目から除外した。
○大名や旗本の領分、知行所等は、地名の後の（　）内に記した。また、原図で島名に付記された帰属村名等も（　）内に記した。
○地図のなかで一つの地名等が隣接の頁にまたがっている場合は、判読可能なほうの頁または両方の頁に含めた。
○町名の「町」の読み仮名は、とくに「ちょう」と読むことが明らかな場合以外は「まち」とした。
○古城や古城跡などは「山・峠」の分類に含めた。また、蝦夷（北海道）地域の大図において、海側に書かれている地名のうち、「○○川」と書かれているもの以外は、島を除いて海岸地名に分類した。
○蝦夷地域の大図では、片仮名表記上で促音と考えられる字も、すべて原図どおりに大文字で表記した。
○山口県文書館所蔵の毛利図において「同村○○」と記載されている地名は、省略せずにすべて正規の町村名にして記した。

参考文献

『地名研究必携』滝澤主税編著　日本地名研究所　2003年
『全国地名読みがな辞典』〔第4版〕　清光社　1998年
『新版 日本分県地図地名総覧』人文社編集部編　人文社　2006年
『角川日本地名大辞典』全47巻・別巻2　「角川日本地名大辞典」編纂委員会　角川書店　1986年
『伊能忠敬の科学的業績──日本地図作製の近代化への道』保柳睦美編著　古今書院　1974年（改訂版　1980年）
『江戸開府400年記念特別展　伊能忠敬と日本図』東京国立博物館編集　東京国立博物館　2003年
『図説 伊能忠敬の地図をよむ』渡辺一郎　河出書房新社　2000年
『アメリカにあった伊能大図とフランスの伊能中図』アメリカ伊能大図展実行委員会編　（財）日本地図センター　2004年
『日本の島ガイド SHIMADAS』（財）日本離島センター編集　（財）日本離島センター　2004年
『新日本山岳誌』日本山岳会編著　ナカニシヤ出版　2005年
「建設省国土地理院の全国20万分の1地図」（財）日本地図センター　1990年
『神社名鑑』神社本庁調査部編集　神社本庁神社名鑑刊行会　1963年

星埜由尚

各図解説

伊能大図

第1号　色丹島

〔第七軍管北海道之圖〕　色丹島のみを描いた図で、間宮林蔵の測量による成果である。対岸から遠望したスケッチ図だが、その位置は対岸の国後島から交会法によって測量されている。ただし島の地形については、海との境が不明瞭なため、あまり正確とはいえない。（アメリカ議会図書館所蔵）

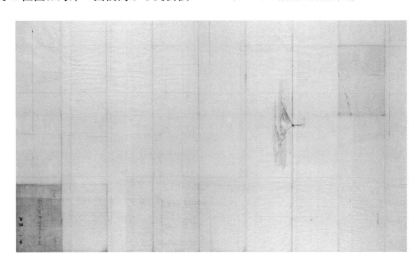

第2号　国後島北部

〔第七軍管北海道之圖〕　国後島は南半部が測量された。この図はそのうちの北部の図で、間宮林蔵の測量成果にもとづく。東岸のチカツフナイ（近布内）と、西岸のチヤシシまで測線が達している。測線はまた、最北端に近いフルカエツフ（古釜布）とニキショロの間を東西に横断している。ニキショロには名称の記載はないが、ニキショロ湖が描かれている。測線に沿った茶色の点描は、段丘上の原野ではなかろうか。ラウシ山は現在の羅臼山で、火山である。海岸は、焦げ茶色で海蝕崖が表現されている。チフカルベツとフルカエツフには宿駅の記号がある。（アメリカ議会図書館所蔵）

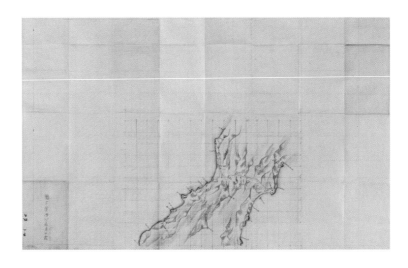

第3号　国後島南部

〔第七軍管北海道之圖〕　国後島南半部のうち、南部の図で、間宮林蔵の測量成果にもとづく。測線は東西両岸の海岸線をたどり、南端部のケラムイ岬まで延びている。ケラムイ岬の半島部東側は測量されておらず、薄い緑色にぼかして塗られており、海岸の湿地帯だったと思われる。トー沼は、現在はケラムイ湖と呼ばれている。東岸のトーブツ（東沸）と西岸のヲタトム（小田富）の間を測線が島を横断する。その付近には茶色の点描また刷毛状に塗られた部分があり、これも段丘上の原野を表現しているのではないかと考えられる。この横切測線沿いに、国土地理院の地形図には東沸湖があるが、描かれていない。海岸は全体に海蝕崖が発達している。クル子山は、現在は泊山と呼ばれている。トーブツなど4か所に宿駅が設けられている。（アメリカ議会図書館所蔵）

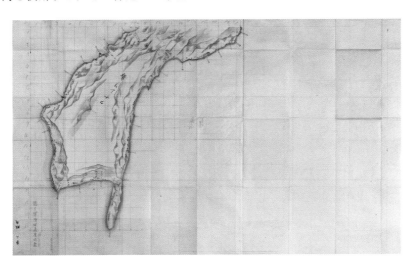

第4号　羅臼

〔第七軍管北海道之圖〕　知床半島の東岸の一部、羅臼を含む地域の図で、間宮林蔵の測量成果にもとづく。知床半島は、急峻な海蝕崖が続くために測量は困難を極め、半島の東海岸はほとんど未測であり、西海岸も現在の北浜付近以北は未測である。ラウシ川の河口に現在の羅臼の市街地がある。海岸に接して山景が描かれ、その背後に茶色と緑色の点描が見られるが、それぞれ海岸段丘の平坦面と、湿性植物の繁茂する湿原を表現していると考えられる。測線の内陸側に焦茶色の崖が描かれているのは、切り立った海蝕崖の道を通ったからであろう。（アメリカ議会図書館所蔵）

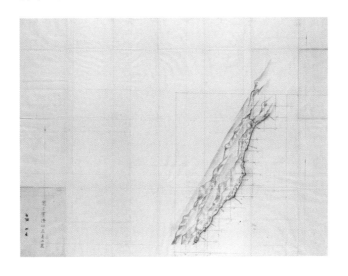

第5号　標津

〔第七軍管北海道之圖〕　知床半島の基部から野付半島を含む標津や別海などの地域の図で、間宮林蔵の測量成果にもとづく。シベツ（標津）をはじめ、宿駅としての機能をもつ村落が点在している。野付半島のノツケにも宿駅の記号が付され、黒抹記号もあるが、現在はそのような集落は見られない。ウエンベツやムイには黒抹記号も見られ、一定の村落であったことを示している。野付半島は、現在の国土地理院の地形図から比べるとかなり幅が広い。茶色と緑色の点描が縞状に描かれており、乾いた原野と湿原が交互に見られたと考えられる。図の北部にあるウエンベツ周辺には、緑色の平坦地に焦茶色の崖が付いた地形が描かれ、海岸段丘であることを示している。緑色に塗られている箇所には植生が見られ、茶色の点描は荒野だったと思われる。（アメリカ議会図書館所蔵）

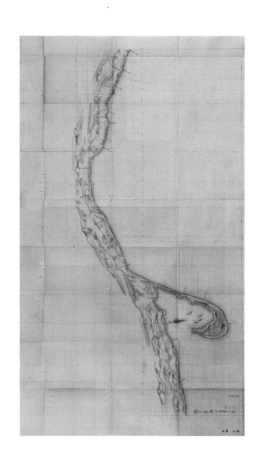

第6号　根室

〔第七軍管北海道之圖〕　根室や別海を含む地域の図で、根室半島の一部と風蓮湖周辺が含まれる。測線は根室半島を子モロ（根室）で横断し、北岸を納沙布岬近くまで踏査しているが、それ以外の半島部は未測に終わっている。伊能忠敬は第1次測量の際に、この図のニシベツ（現・別海町本別海）まで到達した。根室半島は未測に終わったが、間宮林蔵が測量した。その結果、根室半島の東半部は図の上で空白となっている。子モロ（根室）のほか、ハナサキ（花咲）、ヲツチシ（落石）などの地名があり、宿駅でもあったことを示している。フーレントーは現在の風蓮湖であり、周辺に見られる緑色の塗色は、湿生植物が繁茂していた湿原を表わしていると思われる。茶色の点描は乾燥した原野を示しているのだろう。フーレントーの海岸は砂浜であるが、そのほかは海蝕崖が発達している。ヲツチシから西の海岸には、海岸段丘の表現が見られる。ニシベツでは天測が行なわれている。（アメリカ議会図書館所蔵）

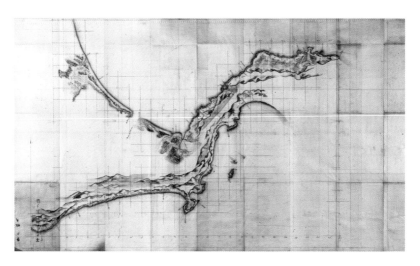

第7号　網走

〔第七軍管北海道之圖〕　斜里、小清水、網走などを含み、能取から知床半島に至る海岸地帯の図で、間宮林蔵の測量成果にもとづく。モコトー湖が描かれているが、現在の藻琴湖より大きい。また、濤沸湖や濤釣沼をまとめて、湖岸線が描かれているようである。シヤリ（斜里）の背後には茶色と緑色の点描が交互に縞状に描かれており、台地上の湿原と高燥な原野を示している。モコトー湖の周囲にも緑色の点描が見られ、湿原が発達していた様子が示されている。アバシリ（網走）とシヤリには宿駅の記号がある。（アメリカ議会図書館所蔵）

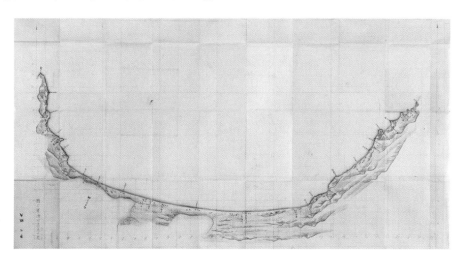

第8号　常呂

〔第七軍管北海道之圖〕　網走、常呂、湧別を含む地域の図で、間宮林蔵の測量成果にもとづく。サロマ湖と能取湖が描かれている。サロマ湖はトキセー湖と表示され、能取湖には名称が書かれていない。トキセー湖は東岸で排水されているが、現在のサロマ湖は砂州で塞がれており、排水口は西に寄っている。一方、能取湖の形は東西に長くなっている。サロマ湖や能取湖の周囲には、湿原や原野が広がっている。ヲン子ナイ、トコロ（常呂）、ユウベツ（湧別）には、宿駅の記号が付されている。（アメリカ議会図書館所蔵）

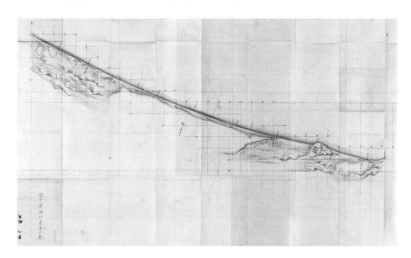

第9号　紋別

〔第七軍管北海道之圖〕　紋別と興部を含むオホーツク海沿岸の図で、間宮林蔵の測量成果にもとづく。モンベツ（紋別）、オコツペ（興部）、サルル（沙留）、サワキ（沢木）など、現存する地名が見られる。このうち、モンベツ（黒丸印）とサルルには宿駅の記号が付されている。図の東南隅に描かれている湖は、隣接する第8号「常呂」から続くコムケ湖である。コムケ湖の周囲や近くの海岸に沿って湿原や原野が広く見られる一方、砂浜海岸が際立っている。オホーツク海に流れ込む小河川が多数記載され、河口部の潟湖が細かく描かれている。（アメリカ議会図書館所蔵）

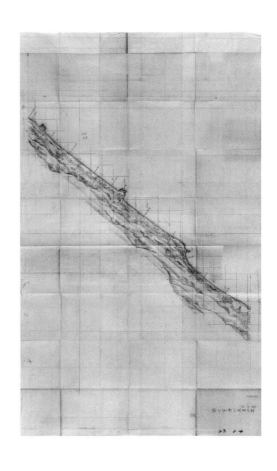

第10号　枝幸

〔第七軍管北海道之圖〕　雄武と枝幸を含むオホーツク沿岸地域の図で、間宮林蔵の測量成果にもとづいている。ヲムウは現在の雄武である。ホロナイ（幌内）やホロベツ（幌別）など、現存地名も多い。宿駅はエサシ（枝幸）のみである。ヲチシベ川は、現在の音標川と思われる。ヲチシベ島と書かれた島があるが、国土地理院の地形図にはゴメ島があり、大図の表現に比べると相当小さい島である。ヲムウから北では海蝕崖が発達しており、海岸に沿って湿原や原野が表現されている。（アメリカ議会図書館所蔵）

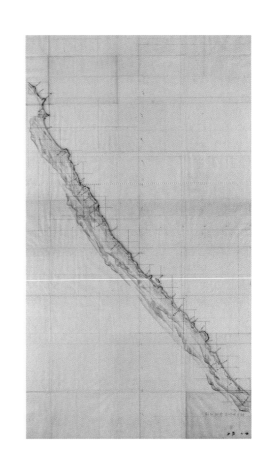

第11号　頓別

〔第七軍管北海道之圖〕　浜頓別と猿払を含むオホーツク沿岸北部の図で、間宮林蔵の測量成果にもとづく。トンベツ川の奥には小さな湖沼が描かれているが、これはクッチャロ湖（大沼）にあたると考えられる。現在のクッチャロ湖と比較すると、かなり小さく描かれている。トンベツ（頓別）、サルブツ（猿払）、ヲニシベツ（鬼志別）などの現存地名が見られ、ヲニシベツには宿駅の記号が付されている。海岸の背後には山景が幾重にも描かれ、その間には茶色の点描が数列にわたって描かれている。これは、数段ある海岸段丘を表現しているものと考えられる。後背の小湖沼も、形の正確さは別として丹念に描かれている。海岸は一部を除き、砂浜海岸である。また、カムイ井ト岬には大きな露岩が描かれている。（アメリカ議会図書館所蔵）

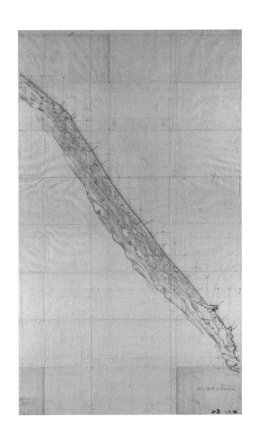

第12号　稚内

〔蝦夷之部北見之内宗谷郡〕　稚内を中心とした宗谷岬などが含まれる図で、間宮林蔵の測量成果にもとづく。旧海軍水路部が海図編纂の必要性から模写・編集した図であり、海岸線と一致する箇所では朱の測線は省略され、測線が海岸線を離れる部分のみ朱線が引かれている。地名は原則として上から下、または右から左に書かれている。そのほか、山もいわゆるケバ式で表わされており、原野や湿原の表現も独特で、元の伊能大図からはかなり加工されている。しかし宿駅の記号などは同じで、チセトマイ、ソーヤ（宗谷）、バツカイベに、記号が付されている。また、シユルシユツ岬（宗谷岬）の周辺の海岸は、岩礁が細かく描かれており、宗谷岬の東の海岸の海蝕崖も写実的で繊細に描かれている。（海上保安庁海洋情報部所蔵）

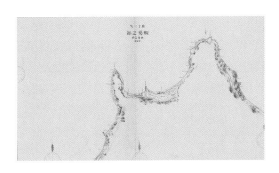

第13号　天塩

〔第七軍管北海道之圖〕　豊富、幌延、天塩周辺の天塩川河口と、サロベツ原野を含む図で、間宮林蔵の測量成果にもとづく。テセウとあるのは現在の天塩町の市街地にあたる。テセウ川が現在の天塩川である。天塩川河口は、南北に長い潟湖のような形状を呈している。テセウより南の河道は、現在では消失している。緑色や茶色の点描は、広大なサロベツ原野を表現している。ワツカシヤクナイには宿駅の記号が付されている。（アメリカ議会図書館所蔵）

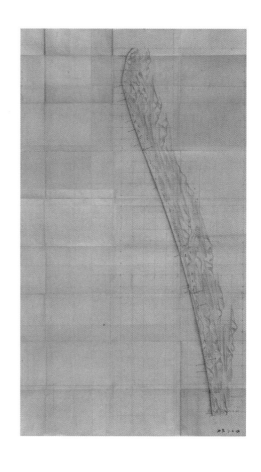

第14号　利尻・礼文

〔第七軍管北海道之圖〕　利尻島および礼文島がスケッチで描かれている。島の位置は対岸から交会法によって測量されており、間宮林蔵の測量成果にもとづく。島の地形は雲海に浮かんでいるように絵画的に表現され、あまり正確ではない。とくに利尻富士といわれる利尻島の地形の特徴は表現されておらず、2つの島であるかのように描かれている。（アメリカ議会図書館所蔵）

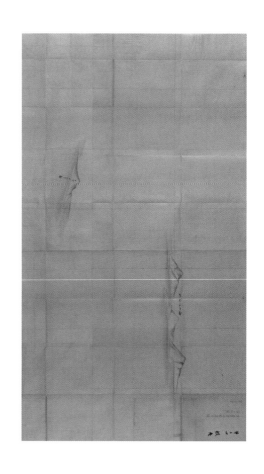

第15号　天売・焼尻

〔第七軍管北海道之圖〕　天売島および焼尻島と、その対岸の初山別、羽幌、遠別を含む地域の図で、間宮林蔵の測量成果にもとづく。天売島と焼尻島は対岸から位置を測量したばかりでなく、島に渡って海岸線を測量しており、多数の地名の記載がある。天売島と焼尻島の海蝕崖はとくに細かく描かれ、それぞれ天測が行なわれている。対岸の北海道本土では、海岸段丘上の原野や海蝕崖が発達している様子が描かれている。宿駅はフレツプのみである。（アメリカ議会図書館所蔵）

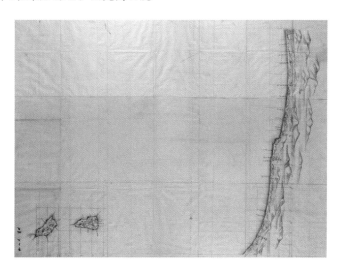

第16号　留萌

〔第七軍管北海道之圖〕　羽幌、苫前、小平、留萌を含む日本海沿岸の図で、間宮林蔵の測量成果にもとづく。ハボロとトママイは、それぞれ現在の羽幌と苫前の市街地である。留萌はルルモツヘと表記されている。ルルモツヘ（黒丸印）、ホンヲニシカ、トママイに、宿駅の記号がある。海岸は砂浜が多いが、羽幌付近の海岸背後の段丘崖やトママイの海岸の岩礁、ヲ子トマフ付近の海岸の露岩などの表現は細かい。海岸背後の海岸段丘上の原野や湿原も随所に見られる。（アメリカ議会図書館所蔵）

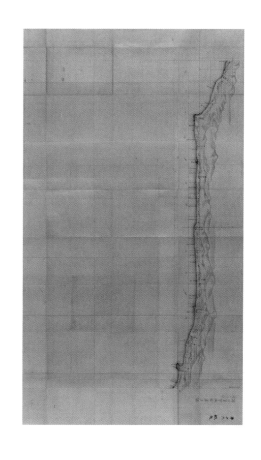

第17号　増毛

〔第七軍管北海道之圖〕　増毛、浜益、厚田を含む増毛山地が日本海に面している地域の図で、間宮林蔵の測量成果にもとづく。海蝕崖が続く海岸が詳しく表現されている。測線は海蝕崖を縫うように通る状況がよく表現されている。ホンマシケが現在の増毛、ハママシケが浜益である。ホンマシケやビシヤンヘツ付近には、海岸段丘や沖積地の原野や湿原が表現されている。シベツ山は、石狩川に沿う測線から交会法によって位置が求められており、一等三角点のあるピンネシリ（1100m）に該当すると考えられる。ホンマシケのみに宿駅の記号がある。（アメリカ議会図書館所蔵）

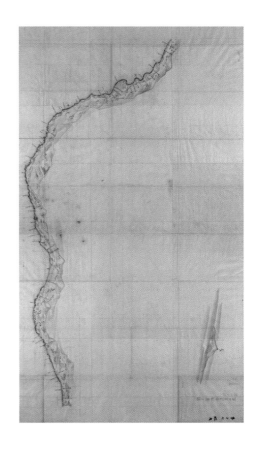

第18号　石狩

〔第七軍管北海道之圖〕　現在の石狩市や江別市などを含む石狩川下流部に広がる石狩平野の図で、間宮林蔵の測量成果にもとづく。間宮林蔵は石狩川の流路を舟で測量したため、測線は川の中を通っており、その著しい蛇行が見事に描かれている。一方、石狩川に沿って無数の山が描かれているが、これは間宮林蔵の測量成果にもとづいて図化された際に、現地を知らない作図者が穿入蛇行と誤解したためといわれている。一方、石狩川と海岸部には緑色の点描が多数描かれており、湿原が広く分布していたことを物語っている。また、海岸や石狩川に沿う茶色の点描部分は、自然堤防や砂丘などの高燥地であろうと思われる。石狩川河口から南西には砂浜海岸が続くが、ヲタシユツ（現・銭函付近）からは積丹半島の海蝕崖が連続する。カムイヘロキ山は、一等三角点のある手稲山（1024m）にあたると考えられる。ヲショロコツとイシカリフトに、宿駅の記号が付されている。（アメリカ議会図書館所蔵）

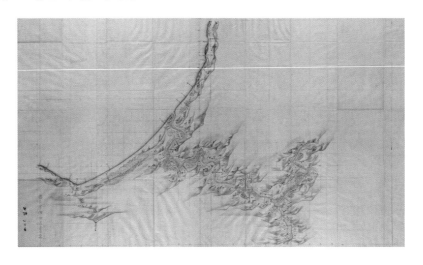

第19号　夕張岳

〔第七軍管北海道之圖〕　ユーハリ山のみの図である。この山は、夕張山地の盟主、夕張岳にあたると考えられ、藍色にたなびく雲の上に顔を出し、風格ある姿に描かれている。夕張岳（1668m）は、一等三角点が設置された山である。伊能中図を見ると、石狩と苫小牧・浦河を結ぶ測線上の各地から、ユーハリ山の方位が測量されている。（アメリカ議会図書館所蔵）

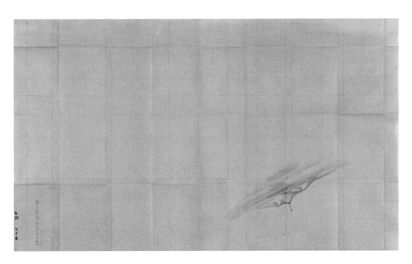

第20号　積丹

〔第七軍管北海道之圖〕　小樽と積丹半島の余市、古平、積丹町、神恵内などを含む地域の図で、間宮林蔵の測量成果にもとづく。ヲタルナイが現在の小樽にあたる。ヨイチ（余市）、フルヒラ（古平）などに茶色の点描部分が広がり、原野が見られる。そのほかは海蝕崖の迫る海岸で、測量も困難を極めたのではないかと考えられ、海岸線と測線が一致しない部分が多い。しかし、測線は海蝕崖を縫うように通過しており、その表現は綿密である。海蝕崖に注ぐ川の名称も詳細を極める。ヲタルナイ、タカシマ（高島）、ウシヨロ（忍路）、上・下ヨイチ、フルヒラ、シヤコタン（積丹）、フローと、多数の宿駅が記載されている。（アメリカ議会図書館所蔵）

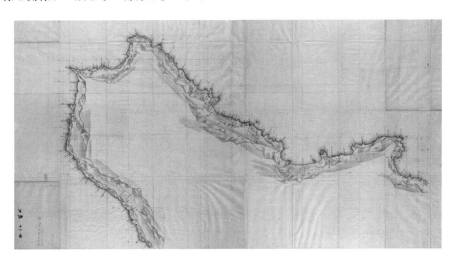

第21号　岩内

〔第七軍管北海道之圖〕岩内、寿都、黒松内を含む地域の図で、間宮林蔵の測量成果にもとづく。ユワナイ（岩内）からシツツ（寿都）に至る日本海の海岸線をたどる測線と、シツツからクルマツナイ（黒松内）を経て長万部に至る横切測線が描かれている。海岸線は海蝕崖と砂浜とが交互に現れるが、海蝕崖では測線が海岸線の内陸側に引かれ、海蝕崖を縫うように通過する。クルマツナイの測線に沿って、シユブト川（朱太川）が連続して描示されている。また、ユワナイの北には湖沼が描かれている（現在は消失）。全体に、海岸に沿って原野や湿原が点在し、シツツからクルマツナイの測線沿いにも湿原や原野の表現が連続している。宿駅は、ユワナイ、シツツ、クルマツナイなど、5か所に記号が付されている。（アメリカ議会図書館所蔵）

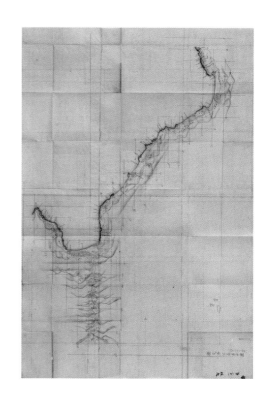

第22号　厚岸

〔第七軍管北海道之圖〕浜中と厚岸を含む地域の図で、釧路から厚岸までの第1次伊能測量では、センボヲシまで海岸線に沿って測量したが、その先は船により厚岸湾、風蓮湖などを通過して、天測のみを行なっており、第一次測量の成果としてまとめた地図にはセンボヲシの先は、測線が描かれていない。厚岸湾から東の海岸の測線は、間宮林蔵の測量によるものである。伊能測量は厚岸からニシベツまで姉別などの内陸を通過し、その成果はこの図には描かれていない。厚岸湾と浜中湾などの砂浜海岸を除くと海蝕崖が発達し、海岸線と測線が一致しない部分が多い。厚岸の湾口部シリバ岬まで測量されているが、その西側では海岸線の測量はできなかったようである。霧多布も、南岸の海岸は測量できていない。また、アツケシトー（厚岸湖）も、海岸部の入り口のみの測量に終わっている。アツケシ（厚岸）には、蝦夷三官寺の一つ国泰寺がある。國泰寺は文化元年（1804）の建立であり、間宮林蔵の測量により記入されている。ケ子ホク島（嶮暮帰島）では砂州も描かれている。アツケシなど4か所に宿駅の記号が付され、天測はアツケシとコンブムイで行なわれている。（アメリカ議会図書館所蔵）

第23号　釧路

〔第七軍管北海道之圖〕　釧路、白糠、音別を含む沿岸部の図で、第1次測量が行なわれた地域である。釧路はクスリと表記されている。シラヌカ（白糠）などの現存地名が見られるが、村落の分布密度は小さい。シラヌカには多数の茶色の黒抹記号が見られ、宿駅の記号も付されているので、比較的大きな村落であったと推測できる。そのほか、クスリ、シヤクベツも宿駅である。海岸に沿って、多数の潟湖や背後の段丘が茶色の点描で表現されている。平滑な海岸線のなかでは、ヲツペ岬の海蝕崖が突出し、大きな岩礁や露岩の様子が焦茶色の塗色で表わされている。現在では、国土地理院の地形図で見てもこのように大きな岬の突出は見られない。また、釧路川の河口は広く、アルトルトー（春採湖）があるが、釧路湿原は描かれていない。天測はクスリのみで行なわれている。（アメリカ議会図書館所蔵）

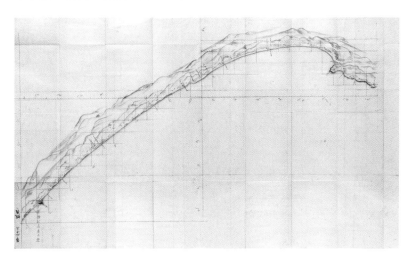

第24号　十勝川河口

〔第七軍管北海道之圖〕　浦幌、豊頃、忠類などの十勝川河口部を含む十勝平野の沿岸部を描いた図で、第1次測量の行なわれた地域である。記載されている地名は少ない。北端部のコンフカルシ岬の突出部は、現在の国土地理院の地形図と比較して大きく描かれている。また、トカチ川が見えるが、現在の十勝川はこの地図ではヲコツナイ川が該当するようである。河口部で網状に分流する様子が描かれている。チヨーブシトー（長節湖）とユートー（湧洞沼）の形は、比較的正確である。十勝平野の海岸段丘の段丘崖が焦茶色で鮮明に描かれ、その上方には原野や湿原が見られる。宿駅の記号はヲコツナイとトーフイに付され、ヲコツナイでは天測も行なわれている。（アメリカ議会図書館所蔵）

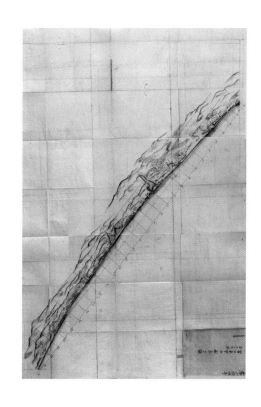

第25号　広尾

〔第七軍管北海道之圖〕　広尾や襟裳岬を含む図で、第1次測量の行なわれた地域であるが、間宮林蔵の測量成果にもとづく部分が大きい。伊能測量隊は襟裳岬を避け、山越えをしており、少なくとも襟裳岬の測線はすべて間宮林蔵の測量成果である。黄金道路で知られる峻険な海蝕崖は、海岸を離れて測線が引かれている。現在、百人浜と呼ばれる襟裳岬東側の海岸は、海岸部に平地が広がっていたことが茶色の塗色によって表わされている。湖沼が描かれているが、現在ではこれに該当するものは見られない。多数の小河川には周囲に茶色の点描があり、原野が示されている。ヒロー（広尾）、サルル、シヨーヤ（庶野）、ホロイツに宿駅の記号が付されており、サルルでは天測が行なわれている。（アメリカ議会図書館所蔵）

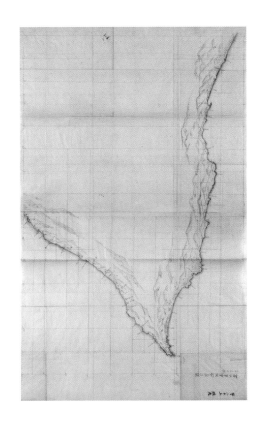

第26号　浦河

〔第七軍管北海道之圖〕　様似、浦河、三石、静内が含まれる日高地方の沿岸南部の図で、第1次測量の成果である。シヤマニ（様似）、ウラカワ（浦河）、ミツイシ（三石）、シツナイ（静内）などの地名が見られ、すべて宿駅でもある。シツナイの位置は現在の東静内付近であり、今の静内市街地とは一致しない。概して平滑な海岸線で、細かい出入りと海蝕崖および小河川を丹念に描いている。海蝕崖の部分では、測線と海岸線は一致しない。ムク子とミツイシで天測が行なわれている。（アメリカ議会図書館所蔵）

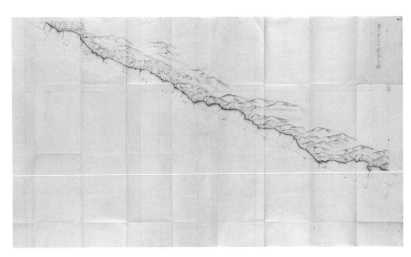

第27号　門別

〔第七軍管北海道之圖〕　新冠、門別、鵡川、厚真を含む日高地方の沿岸北部の図で、第１次測量の成果である。砂浜海岸が多く、平滑な海岸線と測線が一致している。鵡川、沙流川などの河口部には湖沼が描かれているが、現在はそのような湖沼は見られない。また、海岸には広い原野が見られる。モンベツ（門別）とニイカツプ（新冠）に宿駅の記号が付され、ニイカツプでは天測も行なわれている。（アメリカ議会図書館所蔵）

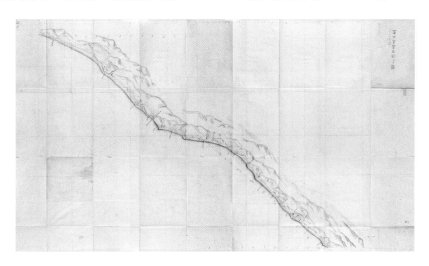

第28号　苫小牧

〔第七軍管北海道之圖〕　苫小牧、白老、千歳を含む勇払平野と千年川（現・千歳川）流域の図で、内陸部は間宮林蔵の測量成果にもとづく。測線は勇払平野の砂浜海岸をたどるほか、ユウブツから内陸に向かって分岐し、石狩川の支流の千年川を船で測量している。第18号「石狩」と同様に、千年川流域も勇払平野も山地のように描かれ、千年川は穿入曲流となっている。千年川の流路上に現れるシコツ湖は、現在では消失している。また、千年川と勇払川（名称は未記載）の間には分水嶺があることが山の向きからも明確に示されている。勇払川には川幅が膨らんだ箇所に湖沼が描かれており、国土地理院の地形図でのウトナイト沼にあたる。ほかにも海岸や千年川や勇払川に沿って、湿原や原野が広く分布している。タルマイ山は一等三角点のある樽前山（1041m）、モンベツ山は恵庭岳（1320m）だと思われる。ユウブツ（湧払）、シラオイ（白老）、ビビイムコ、千年川には宿駅の記号が付されており、ユウブツでは天測が行なわれている。（アメリカ議会図書館所蔵）

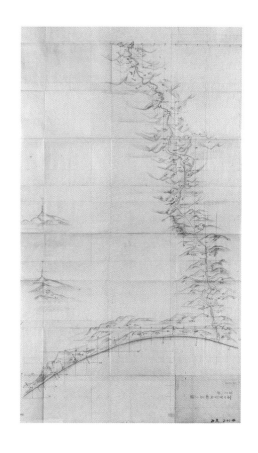

各図解説　大図第25号～第28号　　63

第29号　室蘭

〔第七軍管北海道之圖〕 登別、室蘭の沿岸地域の図で、第１次測量の成果である。室蘭付近など、間宮林蔵の測量成果にもとづく部分が大きいものと考えられる。モロランは室蘭にあたると考えられるが、現在の半島部の市街地ではなく、かつて対岸にあった陣屋町の近辺にその地名が書かれている。半島部も測量されているが、測線は先端部まで達せず、半島南部は測量されていないため、海岸線は不明瞭である。また、海岸に沿って小湖沼、湿原、原野が描かれている。シリベツ山は現在のどの山に同定されるのか難しいが、伊能中図では石狩や渡島半島の方向からも方位を測定しており、羊蹄山（1898m）を指すと考えられる。モロランとホロベツ（幌別）に宿駅の記号が付され、天測も行なわれている。（アメリカ議会図書館所蔵）

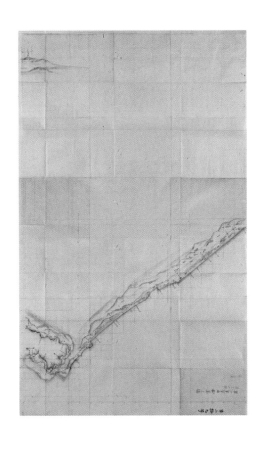

第30号　長万部

〔第七軍管北海道之圖〕 伊達、虻田、豊浦、長万部を含む噴火湾の北岸沿岸部の図である。噴火湾の最北部は礼文華峠の難所であり、測量は困難を極めたらしく、測線は海岸線ではなく内陸を通っている。ウス山（有珠山）（733m）が茶色に塗られているのは、火山で植生のないことが印象に残ったからであろう。一方、ヲシヤマンヘ（長万部）から現在の寿都に抜ける測線が分岐している。この測線は間宮林蔵の測量成果にもとづく。測線に沿って茶色と緑色の点描が広く見られ、原野と湿原が広がっていることを示している。ウス（有珠）、アブタ（虻田）、ヲシヤマンヘなどでは茶色の黒抹記号も多数描かれ、宿駅でもあり、蝦夷のなかでは大きい村だったことを示している。レブンゲ（礼文華）とホロナイにも宿駅の記号が付され、アブタとヲシヤマンヘでは天測も行なわれている。（アメリカ議会図書館所蔵）

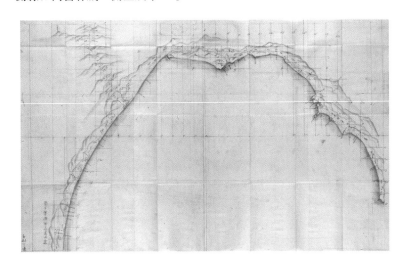

第31号　森

〔第七軍管北海道之圖〕　八雲と森町を含む噴火湾の南岸地域の彩色図である。測線はヤナキハラ（現・森）から海岸を離れ、箱館（函館）に向かっている。そのため、亀田半島は測量されていない。内浦岳は現在の駒ヶ岳（1131m）であり、火山であるために茶色で描かれている。森から箱館に至る測線上に小沼と書かれた湖が描かれているが、位置から見て現在の蓴菜沼であろうと思われる。その南の図の端には、輪郭が不明瞭であるが、隣接図の第32号「函館」に接合する湖沼が描かれており、今の大沼と小沼と考えられる。この測線に沿って緑色の点描や小さな沼が多く描かれ、湿原が多かったことを表わしている。海岸沿いにも緑色や茶色の点描が多く、原野や湿原が広く分布していることを示している。鷲木には天測点がある。（アメリカ議会図書館所蔵）

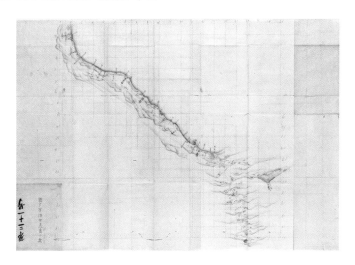

第32号　函館

〔第七軍管北海道之圖〕　函館、上磯、北斗、木古内を含む地域の図である。箱館（函館）から津軽海峡北岸の海岸を通り、木古内から松前に至る測線と、箱館から森に至る測線が描かれている。現在の函館山の陸繋島は周囲を測量されているが、木古内に向かう測線は海蝕崖に阻まれて海岸線を測量できず、内陸側を通過している。図の北端にある大沼は、その形から見て現在の大沼と小沼を併せて表記されている。また、ほかの蝦夷大図に比べて漢字表記の村落名が多いのが特徴的である。集落の黒抹表示で多数の家並みが表現されており、当時においても本州から入植した住民（和人）が居住する人口の多い集落が形成されていたことを物語っている。一方、ナナイハマ（七重浜）に広がる砂浜海岸には、それ以外に地名が見られないが、お

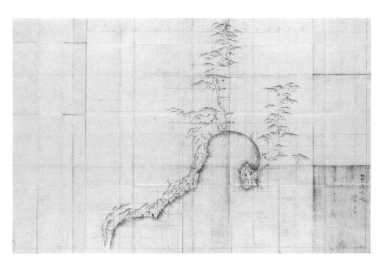

そらく湿原が広がっていて居住に適さなかったのであろう。箱館から木古内への測線上では、ほぼすべての村落が宿駅となっている。天測は箱館のみで行なわれている。（アメリカ議会図書館所蔵）

第33号　瀬棚

〔第七軍管北海道之圖〕　島牧や瀬棚を含む渡島半島の北西部沿岸地域の図で、間宮林蔵の測量成果にもとづく。測線は、セタナイ（瀬棚）付近とトマリ（泊）付近の砂浜海岸を除き、急峻な海蝕崖が続く海岸を通過する。砂浜海岸では測線は海岸線と一致しているが、そのほかの岩石海岸では海岸より内陸側を通過している。トマリ、バラヲタ（原歌）、セタナイなどの現存地名が見られるが、村落の密度は低い。トマリの北の岩石海岸には村落の地名がいくつか見られる一方、砂浜海岸には村落名はない。砂浜海岸の背後は湿原が広がっていたと思われる。セタナイの南側の海岸にあるトシベツ川周辺にも村落は見られず、緑色の点描が多数描かれ、広い湿原であることを示している。図の南端には、太田山という焦茶色の露岩が見られる。セタナイ、スツキ（須築）、フトロ（太櫓）は、宿駅として家並みも多く描かれている。（アメリカ議会図書館所蔵）

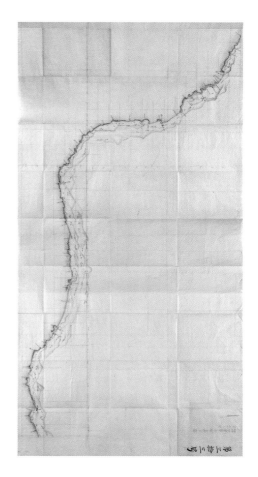

第34号　江差

〔第七軍管北海道之圖〕　上ノ国、江差、乙部、熊石を含む地域の彩色図で、間宮林蔵の測量成果にもとづく。測線は海岸線をたどっているが、上ノ国の南北と乙部の南などに見られる砂浜海岸以外では、内陸側を通過している箇所が多い。こうした地域では、海蝕崖が発達している様子が焦茶色の塗色で示されている。また、泊リ（泊）付近の海岸の背後に見られる茶色の点描は海岸段丘を表現しており、藍色の点描は湿原であろうと思われる。一方、松前から江指（江差）を通過して熊石に至るまでの測線上には、漢字表記の地名が多い。大部分の村落には宿駅の記号が付されており、和人の居住も多く、往来も頻繁だったと考えられる。天測が行なわれているのは江指のみである。この図は秋岡武次郎旧蔵で、「秋岡圖書」の朱印がある。（国立歴史民俗博物館所蔵）

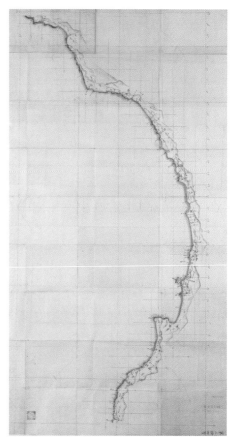

第35号　奥尻島

〔第七軍管北海道之圖〕ヲコシリ島（現・奥尻島）の彩色図で、間宮林蔵の測量成果にもとづく。対岸の北海道本土では多くの地点から島の方角を測量しており、伊能中図には多数の方位線が描かれている。現地に渡ることはなかったために島の形状はスケッチだけだが、位置はこのように測量で求めている。この図も秋岡武次郎旧蔵で、「秋岡圖書」の朱印がある。（国立歴史民俗博物館所蔵）

第36号　松前

〔蝦夷 松前〕松前、福島、知内を含む地域の図で、第1次測量の成果だが、松前以北は間宮林蔵の測量成果にもとづく。ほかの蝦夷大図と比べて、漢字表記の文字が多いことに気づく。松前は松前藩の城下町であり、当時は蝦夷経営の中心でもあったため、古くからアイヌ地名を漢字表記していたと考えられる。福島など和名の地名も見られる。松前には城下の地名が多数記載されており、後背の山にも名称が付いている。福島から知内までは海岸線の測量を中途で断念し、現在、鉄道や道路が通っている内陸側を測量している。センケン山は、現在の大千軒岳（1072m）に該当し、七ツ岳（957m）は現在でも同じ名称である。（アメリカ議会図書館所蔵）

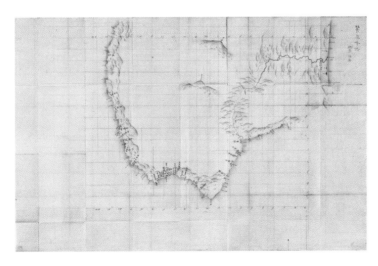

第37号　渡島大島

〔第七軍管北海道之圖〕　渡島半島沖の大島と小島の彩色図で、第1次、第3次、および間宮林蔵の測量成果である。第35号「奥尻島」と同様に、島の位置は、渡島半島と津軽半島から交会法により測量されているが、島の形状はスケッチである。伊能中図では本土側からの方位線が多数引かれている。大島と小島の大きさにはかなりの違いがあり、大島の方がはるかに大きいが、位置のみの測定だったため、この図では同じような大きさに描かれている。（アメリカ議会図書館所蔵）

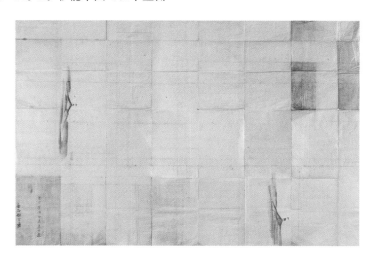

第38号　鰺ヶ沢

〔陸奥　三厩　竜飛岬　十三潟〕　青森県の津軽半島西半の鰺ヶ沢、つがる市、五所川原などを含む地域の図で、第1次から第3次の測量成果である。測線は津軽半島を一周しているが、竜飛岬（竜飛崎）、権現岬（小泊崎）には達せず、岬の基部を横切測線でつないでいる。中世には十三湊として栄えた地域だが、伊能測量当時は寒村だったようで、集落の分布密度は希薄である。鰺ヶ沢だけは多数の黒抹記号が描示され、賑わいを見せている。鰺ヶ沢の村落は測線外側の暗灰色に塗られた部分に位置しているが、これが何を示すのかは不明である。海岸段丘の段丘崖を示しているとも思われる。竜飛岬と権現岬には到達できていないが、地形の表現は正確である。十三潟も湖岸は測量できていないが、形状をよく捉えている。天測は5か所で行なわれており、湊は三厩と鰺ヶ沢と十三町の3か所である。伊能忠敬測量隊は、三厩から蝦夷に渡った。（アメリカ議会図書館所蔵）

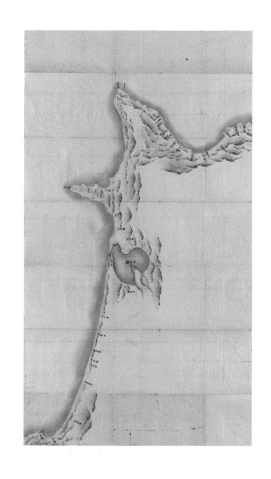

第39号　青森

〔陸奥　津軽之内　九艘泊　小湊〕　青森県の青森市、むつ市、平内などを含む地域の図で、第1次から第3次測量の成果である。測線は羽州街道をたどる測線を併せ、津軽半島の東岸と夏泊半島を通過し、斧形になった下北半島の南側の海岸をたどっている。下北半島の南西部の海岸は海蝕崖が発達し、測線は海岸線を大きく迂回している。夏泊半島でも海岸線を離れる箇所が多く、半島の基部を横切る測線が描かれている。津軽半島東岸の蟹田付近の海岸には、緑色の点描に近い刷毛状に塗った部分があり、海浜の植物が繁茂していたことを示しているのかもしれない。蝦夷松前に向かう街道である津軽半島の測線には宿駅が同じような間隔で設けられている。天測は蟹田と油川のみで、青森には湊の記号がある。（アメリカ議会図書館所蔵）

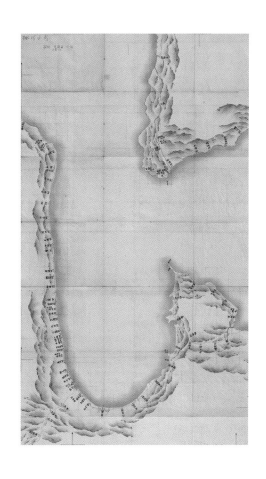

第40号　野辺地

〔陸奥　津軽之内　野邊地　倉内沼〕　下北半島の中南部にあたる青森県のむつ市、横浜町、六ヶ所村、野辺地などを含む地域の図で、第1次および第2次測量の成果である。測線は下北半島の海岸線を周回し、陸羽街道をたどる測線と合流して青森に向かっている。斧形の下北半島の取っ手にあたる海岸は、東西両岸とも長い砂浜が続き、村落は少ない。現在の大湊湾には長い砂嘴が見られ、湾岸には暗灰色に塗られた干潟がある。倉内沼と注記されている沼は現在の小川原湖だと思われるが、地形はかなり異なっている。そのほかのいくつかの沼には名称の記載はない。釜臥山が安渡村の背後に描かれており、一等三角点のある現在も同名の山がある。天測は、野辺地と泊村の2か所のみで行なわれている。（アメリカ議会図書館所蔵）

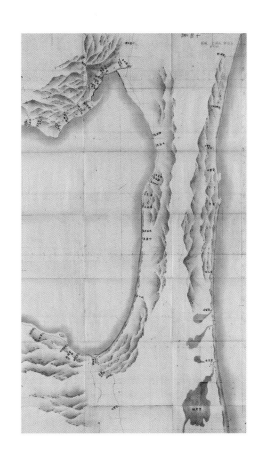

第41号　大間

〔陸奥 外南部之内 佐井 大畑〕 下北半島の最北部にあたる青森県の大間、むつ市、東通村などを含む地域の図で、第2次測量の成果である。半島の海岸線をたどる測線が描かれ、大畑から田名部にかけて半島を横断する測線が分岐している。黄色く塗られているのは砂浜海岸である。一方、福浦村、佐井、大間村、蛇浦村には、測線の内陸側や海岸線の外側が暗灰色に塗られている箇所がある。国土地理院の地形図を見ても大間の海岸には湿地があることから、これらの塗色は海岸付近や海岸段丘上の湿地を表わしているのではないかと考えられる。尻屋崎の先端部が測量されていないのは、やはり海岸段丘が発達しており、段丘上の湿地が測量を困難にしたのではないかと考えられる。この下北半島の最北部でも宿駅が設けられており、天測は2か所で行なわれている。（アメリカ議会図書館所蔵）

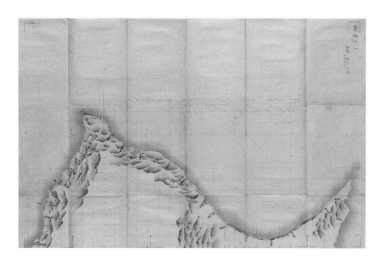

第42号　八甲田山

〔陸奥 津軽之内 八甲田山〕 八甲田山（1584m）と大毛無山（737m）、または三角岳（753m）と考えられる山を、北側から見た姿で描いた図で、第1次および第2次の測量成果である。八甲田山は交会法によって位置が測定されている。（アメリカ議会図書館所蔵）

第43号　弘前

〔陸奥　弘前　出羽　秋田郡〕　青森県の弘前、平川、大鰐、藤崎などの地域を含む図で、第3次測量の成果である。測線は、秋田と青森を結ぶ羽州街道をたどっている。描かれている川は、岩木川の上流部である。弘前は、黒抹記号が多数ある大きな城下町として描かれている。簡素な城郭が描かれ、津軽越中守居城と記されている。岩城山（岩木山）（1625m）が周囲の山から聳えるように描かれ、裾野には雲海状の刷毛模様がある。天測は弘前のみで行なわれている。（アメリカ議会図書館所蔵）

第44号　八戸

〔陸奥　北郡　三戸郡〕　青森県の八戸、三沢、三戸、五戸、現在の十和田市、七戸などの地域の図で、第1次および第2次測量の成果である。陸中海岸からの測線は、下北半島へ至る海岸線をたどる。もう一方の測線は、盛岡から青森まで陸羽街道をたどっている。海岸線の測線は、鮫村付近では海蝕崖のために内陸側を通過するが、それより北は砂浜海岸となっている。湊村に流れているニダイ川は、ニイダ川（新井田川）の誤記であろう。名称が記載されていないが、太く描かれた川が馬淵川で、湊村の中を流れる支流が新井田川ではないかと考えられる。市川村には幅広く描かれた河川または潟湖があり、奥入瀬川と思われる。名久井岳（615m）は、一等三角点のある現在も同名の山である。陸羽街道には宿駅が多数設けられており、天測は2か所で行なわれている。（アメリカ議会図書館所蔵）

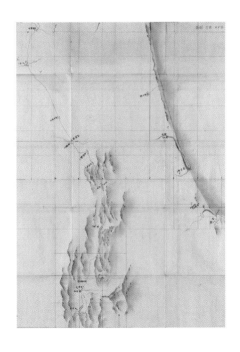

第45号　久慈

〔陸奥　久慈濱〕　岩手県の久慈、普代、野田、種市、青森県の階上を含む地域の図で、第2次測量の成果である。測線は陸中海岸をたどるが、急峻な断崖が連続する海蝕崖が発達した海岸線の測量は困難を極めたため、種市付近を除いて海岸線を離れた測量が行なわれている。海岸線の地形は遠望して描かれたものであり、精度はよくない。種市山は、現在の階上岳（種市岳）（740m）である。天測は3か所で行なわれ、久慈に湊の記号が付されている。（アメリカ議会図書館所蔵）

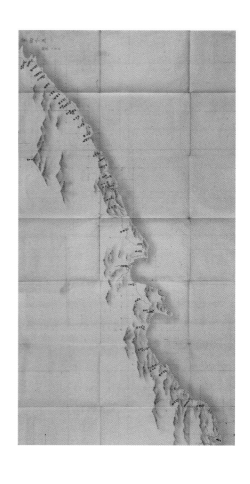

第46号　宮古

〔陸奥　宮古〕　岩手県の宮古、山田、岩泉、田野畑を含む地域の図で、第2次測量の成果である。測線は海岸線とは離れており、海岸線も明瞭には描かれていない。一部で海が藍色に塗られているが、その描き方は曖昧である。この図は伊能大図の中でも、海岸線の精度にもっとも欠ける地図である。図の左端に早池峯山（1917m）が描かれている。また、村落の分布密度も小さく、人口の少ない地域であることを示している。天測は5か所で行なわれている。（アメリカ議会図書館所蔵）

第47号　釜石

〔陸奥　大槌　氣仙沼〕　岩手県の釜石、大船渡、陸前高田、大槌、宮城県の気仙沼を含む地域の図で、第2次測量の成果である。この地域は三陸のリアス海岸であり、測量も困難であった。そのため、測線は大部分が海岸線から離れており、海岸線と一致する測線はわずかに見られる程度である。測線はリアス海岸の湾奥部の村落をつなぐようにたどっており、半島部ではその基部を横断しているのみで、海岸線の形は船からの遠望によって描いている。そのため、精度はよくない。あちこちでリアス海岸の断崖がスケッチ風に描かれており、この模写図の元図には海蝕崖の様子が彩色されて表現されていたものと想像される。海中測量も随所で行なわれており、とくに唐丹湾では湾を横断して縄を張っている。また、綾里村には唐船番処の注記があり、外国船の見張り所があったと見られる。天測は4か所で行なわれており、湊は気仙沼に1か所だけ記号がある。（アメリカ議会図書館所蔵）

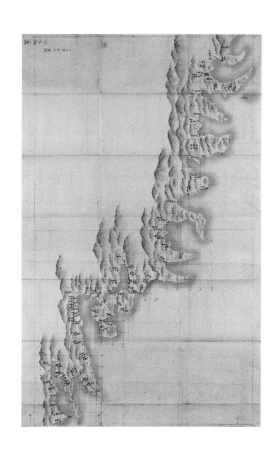

第48号　石巻

〔陸奥　十三濱　金花山〕　宮城県の石巻、女川、現在の南三陸町を含む地域の図で、第2次測量の成果である。石巻の海岸は仙台平野に面する平滑な砂浜海岸で、測線は海岸線と一致している。石巻からリアス海岸が続き、海蝕崖が発達しているため、海中測量を行なった箇所が多く、海岸線の内陸側を測量している場合も多い。牡鹿半島は鮎川浜と新山浜を結び、半島の先端部は測量されていない。そのため金花山（金華山）も測量されず、大まかな輪郭が描かれているのみである。そのほかの半島や島も測量されず、概略の輪郭のみが描かれている場合が多い。一方、北上川は、旧・北上川と追波湾に注ぐ現・北上川が描かれている。万石浦はやや細長く描かれているが、北畔は暗灰色に塗られるとともに、村落記号の黒抹が湖岸に沿って並んでいる。リアス海岸の湾入部に点在する村落は、黒抹記号も数えるほどであり、当時は寒村であったと思われる。天測は6か所で行なわれており、宿駅の記号は石巻村と万石浦の渡波町などに見られるのみである。（アメリカ議会図書館所蔵）

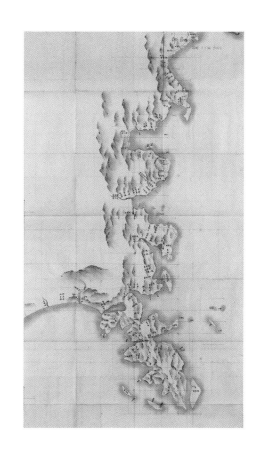

第49号　二戸

〔陸奥　福岡〕　岩手県の二戸、一戸、岩手町、玉山村などを含む地域の図で、第1次および第2次の測量成果である。明治以降は陸羽街道と呼ばれた奥州街道の延長をたどる測線が描かれている。沼宮内から小繋までは、測線は中山街道と呼ばれる道をたどっている。また、北上川の上流部が測線に沿って描かれている。岩鷲山とは現在の岩手山（2039m）であり、独立して聳える火山であるために目標物として格好で、各地からその方位が測量されている。枝垂松や末松山などの名所も記載されている。宿駅は各要所に配置されており、天測は一戸と沼宮内の2か所で行なわれている。（アメリカ議会図書館所蔵）

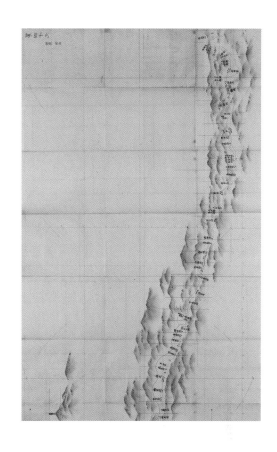

第50号　盛岡

〔陸奥　盛岡〕　岩手県の盛岡、北上、花巻などを含む地域の図で、第1次および第2次の測量成果である。陸羽街道をたどる測線に沿って、北上川が連続して途切れることなく描かれている。ただし、川の名称は記入されていない。北上川の支流が多数描かれ、測線がそれらを横切っている。また、盛岡は多数の黒抹記号が描き入れられており、大きな城下町であることが示されている。城郭は小規模に描かれていて、南部大膳太夫居城と注記されている。天測は盛岡と花巻の2か所で行なわれている。（アメリカ議会図書館所蔵）

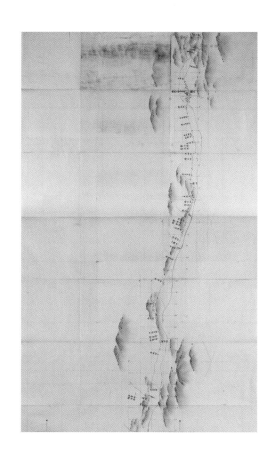

第51号　一関

〔陸奥　一関　駒ヶ岳〕　宮城県の栗原、岩手県の一関、平泉、水沢などを含む地域の図で、第1次および第2次測量の成果である。陸羽街道をたどる測線に沿って北上川が描かれているが、一関から下流では測線から離れる。一関と水沢は黒抹記号も測線の両側に多数描画されており、この地域の中心であることが示されている。一関には田村左京太夫在所と記され、陣屋が描かれている。中尊寺や衣川、高舘など、歴史的な地名も記されている。駒ヶ岳が2つあるが、北の駒ヶ岳は現在の焼石岳の前山にあたる駒ヶ岳（1130m）であろう。南の駒ヶ岳は、位置から見て栗駒山（1627m）ではないかと考えられる。天測は水沢、一関、築館の3か所で行なわれている。（アメリカ議会図書館所蔵）

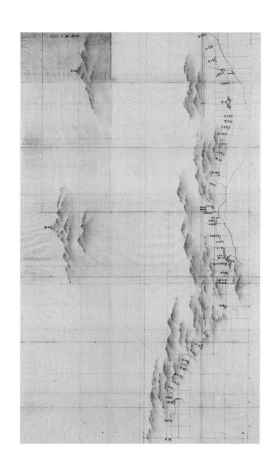

第52号　仙台

〔陸奥　松島　仙臺〕　仙台、およびその周辺の宮城県の岩沼、名取、塩竈、古川などを含む地域の図で、第1次および第2次測量の成果である。海岸線をたどる測線と奥州街道をたどる測線とからなるが、相互を結ぶ測線は描かれていない。松島湾での測量は、測量態勢が十分でなく、時間の制約もあり、海中測量が多く行なわれて、海岸線を正確には測量できていない。それと同様に、松島湾の島々の測量もほとんどされておらず、島の形は遠望によって描かれている。第190号「佐世保」や第204号「平戸」に見られるように、多島海の九十九島での小島に至るまでの丹念な測量の成果と比べると、大きな違いがある。また、奥州街道の測線沿いには宿駅の記号が多数付されている。仙台城は大藩であるため、壮大に描かれており、松平政千代居城と大書されている。仙台の町並みも黒抹記号が測線に沿って数多く描かれており、大きな城下町であることを示している。天測は3か所で行なわれている。（アメリカ議会図書館所蔵）

第53号　白石

　宮城県の白石、大河原、柴田、福島県の桑折、相馬などを含む地域の彩色図で、第1次および第2次測量の成果である。太平洋岸の海岸線をたどる測線と、奥羽街道をたどる測線とが描かれている。砂浜が多い海岸では測線が海岸線とほぼ一致しているが、相馬中村の近くにある原釜村の付近では、内陸側に離れる箇所がある。このあたりには、松川浦などの潟湖が描かれている。松川浦には多数の中州が描かれ、原釜村の北にも大きな潟湖が描かれている。この湖は、現在は存在していない。一方、阿武隈川の河口にも、鳥ノ海と注記された潟湖が描かれている。鳥ノ海と阿武隈川河口の間には、大きな砂州がある。奥州街道の測線には宿駅が短い間隔で配置されている。中村には蔦が多数描かれ、相馬因幡守居城と記されている。天測は大河原と越河の2か所で行なわれている。（国立国会図書館所蔵）

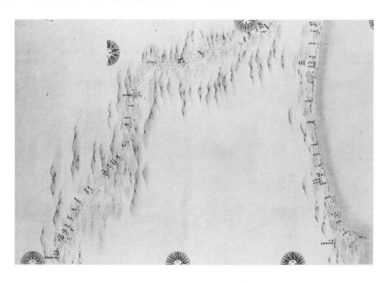

第54号　原町

　福島県の原町、浪江、富岡、楢葉などを含む地域の図で、第2次測量の成果である。測線は海岸線をたどっているが、砂浜海岸以外では海蝕崖を避け、内陸側に迂回している。海蝕崖の表現は、緑色でかなりぼやけた表現になっている。図の北端にあたる磯部村の北には、松川浦の南端部が描かれている。磯部村の南にも潟湖があり、蒲庭村立切にはサヤ川という河口の広がった川幅のある川が描かれているが、これらは国土地理院の地形図には見られない。浦尻村にも海老沢浦という湖が描かれており、これも現在は見られない。天測は小浜村と烏崎村の2か所で行なわれている。（国立国会図書館所蔵）

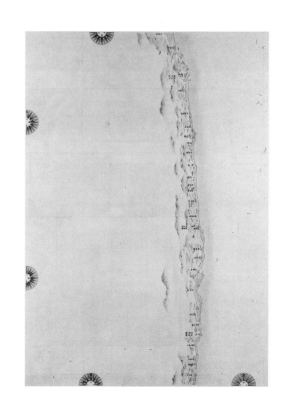

第55号　いわき

　茨城県の北茨城市、福島県のいわき市、広野などを含む地域の彩色図で、第2次測量の成果である。測線は、常陸国と岩城国の海岸線をたどる。砂浜海岸を区切る海岸線から突出した岬では、測線は海蝕崖を迂回している。海蝕崖の描き方は、第58号「銚子」に比べると穏やかで、不明瞭な描き方をしている。また、海岸線の背後には緑色に塗られた山並みが描かれており、海岸段丘の段丘崖を表現しているのではないかと考えられる。関田の付近や上・下仁井田村の付近には、薄い緑色の塗色の上に緑の点描や松並木を描いた箇所がいくつか見られる。田畑ではなく荒野となっていたのだろう。湊の記号は平潟のみである。（国立国会図書館所蔵）

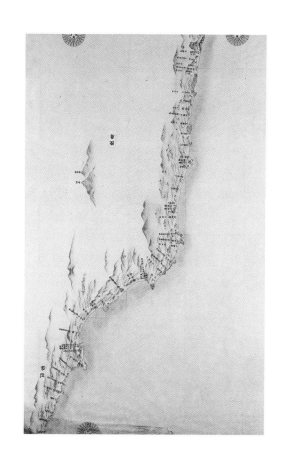

第56号　福島

　福島県の福島市、二本松、本宮、郡山、須賀川などを含む地域の彩色図で、第1次および第2次測量の成果である。奥州街道に沿った測線が描かれており、盛んな往来を反映して、宿駅の記号が付された村落が多数ある。二本松は福島より家並みが広く、城郭が描かれ、丹羽左京大夫居城と記されている。本宮も多数の家並みが描かれている。天測は福島のみで行なわれている。秋岡武次郎旧蔵で、「秋岡圖書」の朱印がある。（国立歴史民俗博物館所蔵）

第57号　日立

　茨城県の日立、高萩、東海村、那珂湊、大洗などを含む地域の図で、第2次測量の成果である。測線は基本的に海岸線をたどっているが、海岸線を避けている箇所もあり、那珂湊、平磯付近、久慈村付近、川尻村付近で海蝕崖が見られる。久慈川と那珂川の河口部が描かれており、測線は河口で途切れている。また、第55号「いわき」と同じように、海岸の背後に緑色の山が描かれており、海岸段丘の段丘崖を示したものと思われる。第58号「銚子」の常陸の海岸には宿駅は記載されていないが、本図では、夏海より北に宿駅が設けられている。仙台に向かう岩城街道（陸前浜街道）に入るためと考えられる。測線は岩城街道をたどってはいない。高鈴山（623m）とカミ子山（神峯山）（598m）は日立市街の背後にある山で、現在も同名である。天測が行なわれているのは1か所のみである。（国立国会図書館所蔵）

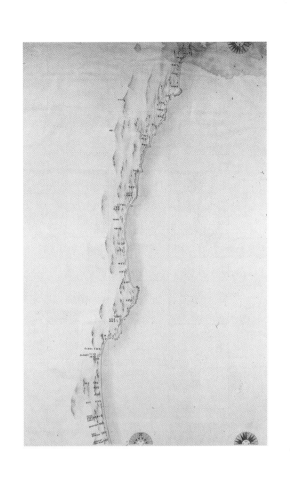

第58号　銚子

　千葉県の旭、銚子、茨城県の神栖、鹿島、鉾田を含む地域の図で、第2次測量の成果である。九十九里浜から犬吠埼を経て、鹿島灘の海岸線をたどる測線が描かれている。九十九里浜と鹿島灘の砂浜海岸は海岸線と測線が一致している。九十九里の海岸には多数の松の木が描かれており、海岸背後にあったかつての松林の姿を彷彿とさせる。九十九里と犬吠埼の間には台地を海が刻み、屏風ヶ浦と呼ばれる海蝕崖となっており、測線は海岸線を離れて台地の上を進んでいる。屏風ヶ浦は、切り立った海蝕崖の状況が写実的に表現されている。犬吠埼も海岸線を測量しているが、岩礁が発達している様子が細かく表現されている。また、利根川の河口には島が描かれ、湊の記号がある。一方、常陸の海岸は村落も少なく、松林もあまり描かれず、常陸原という注記もあり、九十九里と比べると人口の少なかった地域という印象を受ける。薄緑色を浅く塗った上に緑色の点描を加えている箇所が海岸の背後に分布しており、原野ともいうべき土地が広がっていたようである。しかし奥野谷村より北では、村落の密度が高くなる。天測は飯沼村と谷田部村の2か所で行なわれている。このうち谷田部村では、天測点まで測線が分岐して長く延びている。（国立国会図書館所蔵）

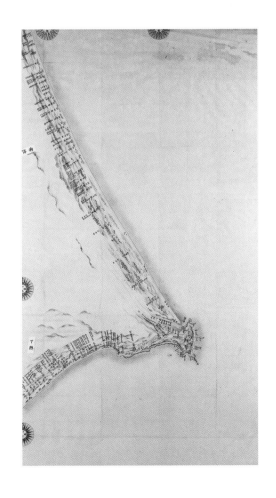

第59号　深浦

〔陸奥　深浦　出羽〕　秋田県の八森、青森県の深浦を含む地域の図で、第3次測量の成果である。測線は、能代道に沿う海岸を進む。一部に黄色に塗られた砂浜海岸も見られるが、岩石海岸が多く、測線は海岸線を避けて内陸側を通るところも多い。舛形山（枡形山）と猪ノ森の注記があるが、このうち舛形山（820m）は一等三角点があって現在も同名の山である。猪ノ森は、国土地理院の地形図によれば、位置関係から見て、現在の飯森山（704m）ではないかと考えられる。天測は5か所で行なわれており、湊は深浦のみである。（アメリカ議会図書館所蔵）

第60号　能代

〔出羽　大館　能代〕　秋田県の能代、北秋田市、大館などを含む地域の図で、第3次測量の成果である。八郎潟の東岸を通過する測線が海岸線をたどる測線と能代で合流し、米代川に沿って羽州街道をたどる。米代川は不連続ではあるが、測線に沿って濃藍色で描かれており、河口には湊の記号がある。海岸はすべて黄色に塗られ、砂浜海岸であることを示している。一方、八郎潟の湖岸線は描かれているが、色は塗られていない。羽州街道に沿って点々と宿駅が設けられている。大館には小さな城郭が描かれ、佐竹持城と記されている。天測は5か所で行なわれている。（アメリカ議会図書館所蔵）

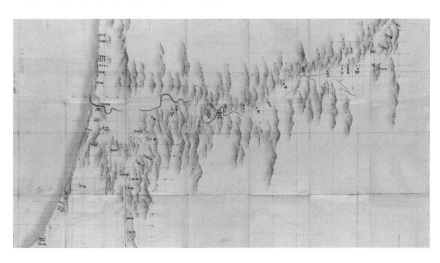

第61号　森吉山

〔出羽　大平山〕　秋田県の森吉山と大平山、およびその周囲の山景が描かれた図で、第3次測量の成果である。森吉山（1454m）も大平山（1170m）も、ともに一等三角点のある山で、この地域で著名な山である。伊能測量においても、これらの山は目標となり、周囲から方位の測量が行なわれている。（アメリカ議会図書館所蔵）

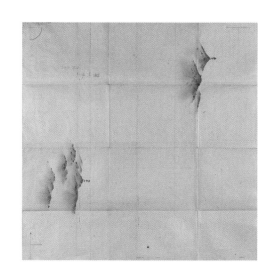

第62号　秋田

〔出羽　八郎潟　久保田〕　秋田県の秋田市、八郎潟、男鹿などを含む地域の図で、第3次測量の成果である。日本海沿岸を南から男鹿半島を周回する測線と、海岸に並行して八郎潟の東西両岸を通過する測線が描かれている。日本海の測線に沿った八郎潟以南の砂浜海岸では、新谷村と大崎村以外に村落は記載されていない。土崎の雄物川河口は袋状になっており、湊の記号がある。測線はこの河口で川を渡らず、対岸とはつながっていない。同様に、八郎潟でも測線が途切れている。八郎潟は湖岸線から離れて測線が走っており、湖岸は暗灰色に塗られ、干潟となっていたことを示している。一方、男鹿半島を周回する測線でも、大庭間村と〔青砂村〕賀茂村の間は測量できなかったため、つながっていない。また、男鹿半島の西岸も測量できず、測線は内陸側を通っている。これらの部分は海蝕崖の様子が遠望によって描かれている。一ノ目潟、二ノ目潟、三ノ目潟が描かれているが、湖岸は測量されていないため、それぞれの大きさはあまり正確ではない。久保田（現・秋田市）は黒抹記号が数多く描かれ、大きな城下町であったことが知られる。城郭も樹木に囲まれて壮大に描かれており、佐竹右京太夫居城と大書されている。天測は4か所で行なわれている。（アメリカ議会図書館所蔵）

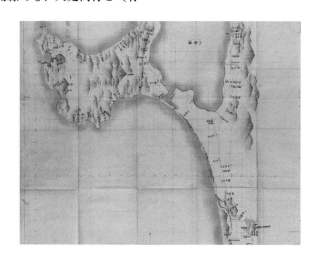

第63号　本荘・大曲

〔出羽　本庄　厨川〕　秋田県の大仙市、由利本荘市などを含む地域の図で、第3次測量の成果である。羽州街道をたどる測線と、日本海の海岸線をたどる測線が描かれている。羽州街道には多数の宿駅が設けられている。測線に沿って描かれる川は雄物川であるが、名称は記入されていない。図の北西には海老沼という沼が描かれているが、現在は消失している。日本海に面した海岸は黄色に塗られており、砂浜海岸であることを示している。本庄（本荘）には城郭が描かれ、六郷佐渡守居城と書かれている。天測は3か所で行なわれている。（アメリカ議会図書館所蔵）

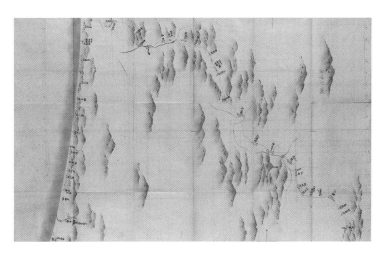

第64号　横手・湯沢

〔出羽　横手　皆瀬川　象潟　鳥海山〕　秋田県の横手、湯沢、仁賀保、象潟を含む地域の図で、第3次測量の成果である。羽州街道を通る測線と、日本海に沿う海岸線の象潟を経由する測線とが、図の東西に描かれている。羽州街道の測線に沿った横手には城郭が描かれていないが、佐竹右京大夫持城という記載がある。日本海の海岸線の測線には、象潟が周囲を測量されて描かれている。象潟は、測量の3年後に発生した象潟地震による地盤の隆起で陸化したが、この図では水をたたえた潟湖となっている。象潟の周りには陸にも水面にも小さな丸印が多数描かれている。これはおそらく露岩であろう。一方、鳥海山（2236m）は、伊能測量当時は火山活動が盛んな時期で、噴煙を上げている。鳥海山も独立峰で、よい目標となるため、周囲から方位を測量されている。天測は、羽州街道では下院内と横手の2か所、日本海沿岸では、象潟（汐越村）の1か所で行なわれている。（アメリカ議会図書館所蔵）

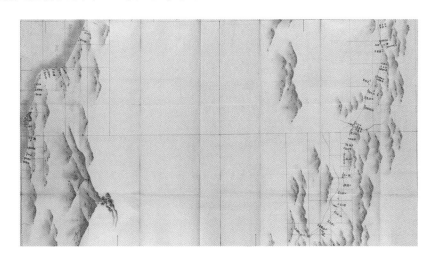

第65号　新庄

　山形県の新庄、尾花沢、金山などを含む地域の図で、第3次測量の成果である。測線は、山形盆地から新庄盆地へと羽州街道をたどり、最上川の支流を多くの地点で横断する。村山郡と最上郡の境界付近で測線に接近して描かれている川が最上川である。測線は盆地から盆地へとその都度、猿刎峠、主寝峠、雄勝峠などの峠を越えている。新庄には彩色されていない城郭が描かれ、戸沢冨壽居城と記されている。また、月山（1984m）と葉山（1462m）が描かれている。天測は、新庄、金山、及位の3か所で行なわれている。（国立国会図書館所蔵）

第66号　山形

　山形県の山形市、南陽、上山、天童、東根、村山などを含む地域の図で、第3次測量の成果である。米沢から羽州街道に入り、山形と楯岡を通る測線が描かれている。宿駅が多数あり、城下町は山形と上ノ山（上山）であり、城郭が描かれている。それぞれ秋元左エ門佐居城、松平山城守居城と書かれている。二口越と笹谷峠が峰として描かれており、蔵王山（1841m）が二口越と笹谷峠より小さく描かれているのは、奇異である。竜山とあるのは、位置から見て蔵王温泉近くの瀧山（1362m）と思われる。虚空蔵山は、現在の白鷹山（994m）と見られる。白鷹山には頂上に虚空蔵がある。天測が行なわれているのは上山と宮崎の2か所のみである。（国立国会図書館所蔵）

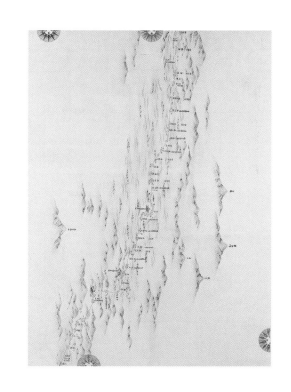

第67号　会津若松・米沢

　福島県の会津若松、喜多方、山形県の米沢を含む地域の図で、第3次測量の成果である。白河と会津若松を結ぶ茨城街道の測線と、会津若松から米沢に向かう米沢街道の測線がつながっている。第68号「白河」に接合して猪苗代湖が描かれているが、湖岸の測量が行なわれていないため、湖岸線は不明瞭である。会津若松と米沢の間は、塩川から大塩川に沿って測線が引かれており、檜原（桧原）から檜原大峠を越えて綱木に出る。檜原は現在では桧原湖畔に位置するが、当時、桧原湖は存在しなかった。檜原大峠は、国土地理院の地形図には檜原峠と記されており、標高約1100mである。また、有名な盤梯山（磐梯山）（1819m）が独立して大きく描かれていないのは、測量当時は明治23年（1890）の大噴火の前で、桧原湖などの形成以前だからであろう。一方、米沢と若松には城郭が描かれ、それぞれ上杉弾正大弼居城、松平肥後守居城と記されている。天測は若松と米沢の2か所で行なわれている。
（国立国会図書館所蔵）

第68号　白河

　栃木県の那須、福島県の白河、須賀川などを含む地域の図で、第1次から第3次までの測量の成果である。奥州街道をたどる測線と、白河から会津若松に向かって分岐して茨城街道を通る測線が描かれている。この図は、ほかの国立国会図書館所蔵の図に比べて、全体に濃緑色である。白河には小さな城郭が描かれ、松平越中守居城と記されており、町並みの広がりも大きい。図の北端に見える藍色に塗られた湖は、猪苗代湖である。湖岸の秋山村まで、会津若松に向かう測線から分岐して測線が延びている。湖岸の測量は行なわれていないため、湖岸線は不明瞭である。会津若松に向かう測線には宿駅の記号が付されている村落が多い。那須山と月山という山が描かれているが、これらは位置関係から見て、総称・那須岳（1917m）のうちのいずれかの山を描いているのであろう。天測は4か所で行なわれている。（国立国会図書館所蔵）

第69号　宇都宮

　栃木県の宇都宮、石橋、氏家、喜連川、大田原などを含む地域の図で、第1次から第3次までの測量の成果である。測線は奥州街道をたどる。測線に沿って、図の南端の小金井から宇都宮まで松並木が描かれている。宇都宮より北の街道新田や白沢でも、測線の両側に多数の松並木が描かれている。宇都宮と太田原（大田原）には城郭が描かれ、それぞれ戸田能登守居城、太田原飛騨守居城と記されている。喜連川には喜連川佐兵衛督在所とあり、佐久山には福原内匠在所とある。いずれも、陣屋は描かれていない。奥州街道の宿駅は、ほぼ等間隔に記号が付されており、天測は喜連川と図の北端にある越堀の2か所で行なわれている。（国立国会図書館所蔵）

第70号　酒田

　山形県の酒田や遊佐などを含む地域の図で、第3次測量の成果である。庄内平野の砂浜海岸の海岸線をたどり、測線は海岸線と一致している。吹浦村から北の鳥海山の山麓が直接日本海に面するところでは、緑色と茶色を刷毛で塗ったように海蝕崖が描かれ、測線は海岸線の内陸側を通過する。また、最上川の河口部には湊の記号があり、酒田はその河口からやや内陸にあって、測線は町中まで延びている。酒田から湯浜村までは、隣村への距離が長い。飛島と男神島の位置は、対岸から交会法によって求められているが、男神島にあたる大きな島は現存していない。国土地理院の地形図で見ると、ほぼ男神山の位置にあたるのは御積島であり、オカミ島という島もある。天測は吹浦村のみで行なわれている。（国立国会図書館所蔵）

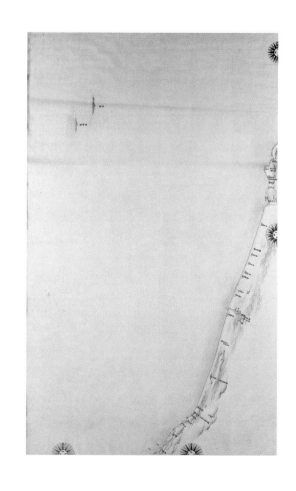

第71号　温海

　新潟県の山北、山形県の温海などを含む地域の図で、第3次測量の成果である。測線は海岸線をたどるが、岩石海岸が多い地域であり、海岸線の突出部では測線は内陸側に迂回している。海蝕崖は緑色の刷毛で塗ったように描かれている。海岸の村落は、松の木に囲まれて描かれている。伊能中図を見ると、粟島は本州の対岸から方位を測量されており、遠く佐渡からも見通され、その位置が定められている。粟島のどの地点を見通したのか不明だが、2つの山頂を見通しており、その地形は遠望によるスケッチである。天測は寒川村1か所のみである。（国立国会図書館所蔵）

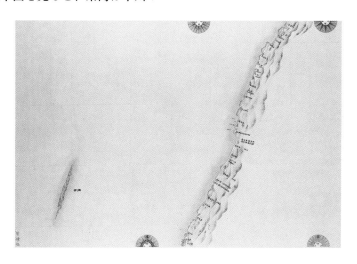

第72号　村上

　新潟県の村上や岩船を含む地域の図で、第3次測量の成果である。新潟県北部の荒川河口から桑川村までの短い海岸線の測線を描いている。岩舟には大きな潟湖が描かれているが、現在は消失している。村上には家並みは見られず、樹木に囲まれて城郭が描かれて、内藤豊前守居城と記されている。瀬波には河口が砂州でふさがれた川が描かれており、名称はないが現在の三面川にあたる。また飯豊山（2105m）のほか、鷲巣山、鴻鷲山と名付けられた独立した山が描かれている。それぞれ、現在の国土地理院の地形図と対照すると、朝日山地の前山である鷲ヶ巣山（1093m）と光兎山（966m）にあたるのではないかと考えられる。前山にしては、飯豊山と比較しても名山風に描かれている。（国立国会図書館所蔵）

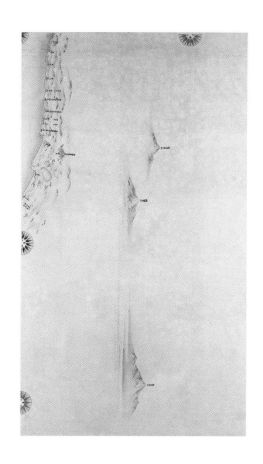

第73号　新潟

　新潟県の新潟市や胎内市などを含む地域の図で、第3次測量の成果である。越後平野の北部で日本海に注ぐ荒川から新潟まで、日本海の海岸線と一致する測線が描かれている。信濃川と阿賀野川の河口部が描かれており、信濃川には中州が見られ、湊の記号が書かれているが、阿賀野川には中州は描かれていない。新潟と信濃川を挟んだ対岸の沼垂町には、家並みが多数描かれている。一方、日本海に沿った測線では村落の分布密度は小さく、村落間の距離は長い。海岸には緑色に塗られ、松の生えた小山が描かれており、砂丘を表現しているものと考えられる。また、馬下山と記された堂々とした山が描かれている。現在のどの山に比定できるのか未詳であるが、一等三角点のある松平山（954m）かとも考えられる。天測は太郎代浜のみで行なわれている。（国立国会図書館所蔵）

第74号　出雲崎

　新潟県の長岡、燕、出雲崎などを含む地域の図で、第3次および第4次測量の成果である。日本海の海岸線をたどる測線と、長岡と寺泊を結ぶ測線が描かれている。測線は海岸線とほぼ一致しているが、一部の岩石海岸では内陸側へ迂回している。また、寺泊や出雲崎では測線が細長く連続する村落の中を通っており、村落が海岸に面している様子が表現されている。ほかの海岸の村落は小さく点在しており、とくに角田浜以北では、村落間の距離が広がる。長岡と寺泊を結ぶ測線は信濃川に沿い、大川津村で信濃川と離れて寺泊に向かう。この測線は、現在の信濃川の大河津分水路とほぼ同じ経路をたどっている。角田山（482m）、国上山（313m）、弥彦山（634m）は、現在名と同じである。弥彦山は有名な山であるが、特別な描かれ方はされていない。与板には井伊兵部少輔居城と記され、陣屋が描かれている。天測は寺泊と地蔵堂の2か所で行なわれている。（国立国会図書館所蔵）

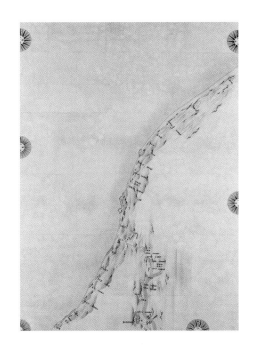

第75号　佐渡

〔佐渡〕　佐渡全島を描いた図で、第4次測量の成果である。測線は、佐渡の海岸を周回している。国中平野の海岸は黄色く塗られて砂浜が多いが、ほかの地域は岩石海岸が多く、海蝕崖が発達しているため、測線が海岸線と一致しない箇所も多い。とくに外海府海岸では、測線が内陸側に描かれている場所が多い。夷町と湊町（現・両津）には加茂湖が大きく描かれている。湖岸の測量は行なわれていない。金北山（1172m）が大書されており、佐渡島内ばかりでなく対岸の越後からもその方位が測量されている。佐渡金山の相川に至る両津からの測線には宿駅の記号が付された村落が多く、金山への往来が盛んであったことを物語っている。新町（現・真野）付近には順徳院陵の注記があり、測線もそこまで延びている。天測は10か所で行なわれており、湊は5か所あって、すべて越後に向いた海岸にある。（アメリカ議会図書館所蔵）

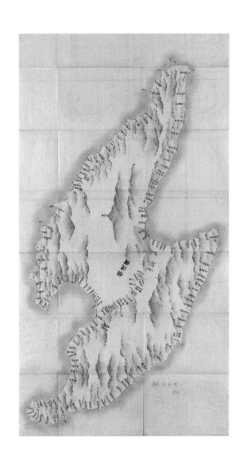

第76号　長岡・柏崎

新潟県の長岡、小千谷、柏崎などを含む地域の図で、第3次および第4次測量の成果である。信濃川に沿って長岡から寺泊を結ぶ測線と、日本海の海岸線をたどる測線が描かれている。信濃川は途切れている部分もあるが、幅広く大河として描かれている。長岡城は壮大な城郭として描かれ、牧野備前守居城と記されており、城下町の家並みの広がりも大きい。海岸線は砂浜海岸が続き、ほぼ測線と一致するが、鯨波と鉢崎の間と椎谷の岬では焦茶色に塗られた岩石海岸となっており、測線は海岸線のやや内陸側を通過する。鋸山（765m）、米山（993m）、男神山（757m）などは、現在の山名と同じである。天測は4か所で行なわれている。（国立国会図書館所蔵）

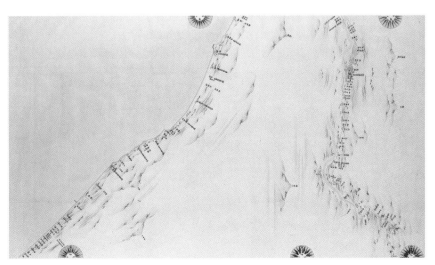

第77号　湯沢

　新潟県の湯沢、六日町や塩沢町など南魚沼市を含む地域の図で、第4次測量の成果である。三国街道をたどる測線が描かれている。三国峠から越後に下る測線は、清津川の峡谷を避け、標高1000mを超える二居峠と、標高700mを超える荒戸峠（現・芝原峠）を越える。湯沢から北の測線は、信濃川支流の魚野川に沿っている。飯士山（1112m）、牛岳（1962m）、金城山（1367m）、八海山（1778m）、駒ヶ岳（2003m）は、それぞれ国土地理院の地形図で現在の山名に同定することができる。牛岳（牛ヶ岳）は、巻機山の支峰である。宿駅は測線に沿って同じような間隔で設けられている。（国立国会図書館所蔵）

第78号　渋川

　群馬県の渋川や月夜野を含む地域の図で、第4次測量の成果である。測線は利根川沿いではなく、三国街道を通って子持山の西にある標高約700mの中山峠を越えている。そして、中山からさらに標高約800mの不動峠を越え、三国峠へ向かっている。赤城山、中禅寺山、日光山、野尻山の4山が、それぞれ独立して大きく描かれており、すべて周囲の測線上の地点から方位を測量されている。中禅寺山は、現在の男体山（2486m）である。日光山は、現在の女峰山（2483m）と思われる。野尻山は位置から見て、現在の白根山（2578m）ではないかと考えられる。天測は2か所で行なわれている。（国立国会図書館所蔵）

第79号　三国峠

　群馬県の新治、新潟県の湯沢町浅貝地区が含まれるほか、長野県の飯山の一部が描かれている図で、第4次測量の成果である。測線は三国街道に沿い、標高約1300mの三国峠を越えている。利根川最上流部の支流（現・西川、赤谷川）が測線に沿って描かれている。猿ヶ京村には関所がある。四座の山の名称が記されているが、高社山（1351m）は第81号「長野」にも記載されている。菅平山は現在の岩菅山（2295m）、笠山は笠ヶ岳（2076m）、白峯山は白根山（2160m）、または本白根山（2171m）に同定できるだろう。（国立国会図書館所蔵）

第80号　糸魚川

　新潟県の上越（高田）、糸魚川、妙高を含む地域の図で、第3次および第4次測量の成果である。日本海の海岸線をたどる測線と、長野からの北国街道をたどる測線が描かれている。海岸線をたどる測線は、ほぼ海岸線と一致しているが、名立駅付近や能生の東の鬼伏村では海岸線を離れている。また、妙高山（2454m）と焼山（2400m）が独立して大きく描かれている。一方、北国街道に沿っては宿駅の間隔も短く、高田は城下町として多数の家並みが測線沿いに描かれている。高田城は非常に大きく描かれており、榊原式部大輔居城と記されている。糸魚川には、松平日向守在所と書かれた陣屋が描かれている。天測は4か所で行なわれている。（国立国会図書館所蔵）

第81号　長野

　長野県の長野市、千曲、須坂、中野、飯山、信濃町などを含む地域の彩色図で、第3次および第8次の測量成果である。北国街道をたどる測線と、松本と長野を結ぶ測線が描かれ、屋代付近と長野付近で枝分かれする測線は、飯山まで延びて行き止まりとなっている。千曲川は南北に途切れることなく描かれており、黄色の塗色で河原を表現している。犀川との合流点は川幅が広くなり、特異な形の中州が描かれている。飯山と松代には大きな城郭が描かれ、それぞれ本多豊後守居城、真田弾正大弼と付記されている。また、家並みの広がりも大きく、社寺の甍が多数描かれている。一方、須坂には堀淡路守在所とあり、陣屋が描かれている。善光寺の堂宇が描かれ、門前の家並みも長く連なる。長野から北へ向かって吉村まで家並みが連続しており、北国街道の往来も賑やかだったと思われる。また、野尻湖が描かれているが、測量はされていない。そのため、湖岸の形は実際とはやや異なる。飯綱山（飯縄山）（1917m）、黒姫山（2053m）、斑尾山（1382m）などの名山も描かれている。天測は3か所で行なわれている。
（国立国会図書館所蔵）

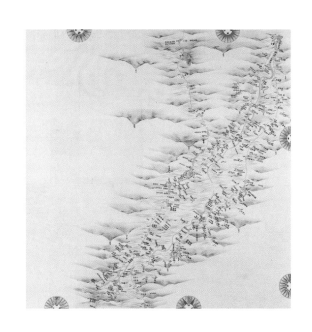

第82号　魚津

〔越後　親不知　越中　立山〕富山県の滑川、魚津、黒部、入善、朝日、新潟県の青海などを含む地域の図で、第4次測量の成果である。測線は、親不知から常願寺川河口に至る海岸線と一致している。常願寺川や黒部川など、飛騨山脈を刻む急流河川が多く、測線が多数の川を横断している。北陸道の宿駅が数多く設けられており、越中・越後の国境近くにある市振には関所もある。天測は泊町と生地の2か所で行なわれている。
（アメリカ議会図書館所蔵）

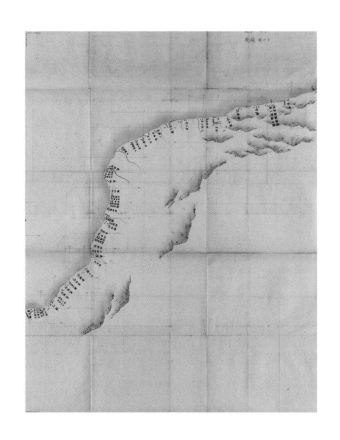

第83号　富山

〔能登南界 加賀北界 越中 富山〕 富山県の富山市、新湊、氷見、石川県の羽咋、宝達、高松などを含む地域の図で、第4次測量の成果である。富山湾から能登半島を一周して金沢に至る海岸線をたどる測線と、邑知潟の地溝帯を通って七尾と今浜を結ぶ測線、さらに富山に分岐する測線が描かれている。海や川はとくに濃い藍色で描かれている。神通川、射水川（庄川、小矢部川）、放生津潟、邑知潟（名称は記載されていない）、蓮潟などがある。蓮潟は、現在の河北潟である。そのほかの潟湖は、現在ではすべて消滅したか、または縮小している。また、宝達山（637m）は一等三角点のある山で、現在も同名である。富山には城郭が描かれ、松平出雲守居城とあり、城下の広がりも大きい。天測は5か所で行なわれており、湊は神通川河口と射水川河口に記号がある。（アメリカ議会図書館所蔵）

第84号　七尾

〔越中 能登 能登島〕 能登半島南部にあたる石川県の七尾、穴水、志賀などを含む地域の図で、第4次測量の成果である。能登半島の海岸線をめぐる測線と、七尾と今浜を結ぶ測線が描かれている。また、能登島を抱く七尾湾の複雑な海岸線を測量している。所口（現・七尾）付近は黄色に塗られた砂浜であるが、ほかの海岸線は暗灰色で、海蝕崖が発達している様子が示されている。一部では海中測量も行なわれている。七尾湾以外の能登半島の東西両岸でも、海蝕崖が発達している。天測は富山湾側の10か所で行なわれており、湊は所口と福浦湊の2か所である。（アメリカ議会図書館所蔵）

第85号　輪島

〔能登 金剛崎 輪島湊〕 能登半島北部にあたる石川県の輪島、珠洲、能登町を含む地域の図で、第4次測量の成果である。測線は、能登半島を一周している。測線は海岸線の大部分と一致しているが、一部では海蝕崖に阻まれて内陸側を通っている。また局所的だが、海中測量が行なわれているところもある。法竜山とは、一等三角点がある現在の宝立山（471m）である。鷲巣山は、位置から見て現在の鉢伏山（544m）ではないかと考えられる。天測は3か所で行なわれており、湊は輪島、小木湊、宇出津の3か所である。（アメリカ議会図書館所蔵）

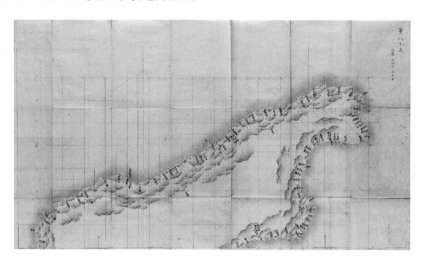

第86号　金沢

〔加賀 金澤 宮腰〕 石川県の金沢、松任、小松、加賀などを含む地域の図で、第4次測量の成果である。測線は海岸線を通っており、黄土色に塗られて砂浜海岸であることがわかる。金沢は百万石の大藩でもあり、大きな城郭が描かれている。城下の町は黒抹記号が多数描示され、その大きさを示している。宮腰から分岐した測線が、内陸の金沢まで直線状に延びているのが目立つが、その間には、なぜか村落が一つも記入されていない。宮腰には湊の記号があり、現在は金石と呼ばれている町で、金沢港の一部となっている。天測は5か所で行なわれている。（アメリカ議会図書館所蔵）

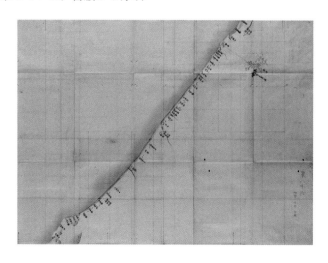

第87号　草加・古河・小山

　埼玉県の草加、春日部、幸手、茨城県の古河、栃木県の小山などを含む地域の図で、第1次から第3次までの測量成果である。奥州街道をたどる測線と、岩槻から熊谷に至る測線が描かれている。宿駅は測線に沿って家並みが長く連なり、宿場町の様相をよく示している。栗橋を流れる川は現在の利根川であるが、房川という注記がある。また、古河城は城郭の半分が描かれており、土井大炊頭居城と書かれている。残りの半分は隣図の第88号「熊谷・浦和・川越」に描かれている。一方、岩槻城は大岡主膳正居城と記されている（第88号を参照）が、小藩であるにもかかわらず大きく描かれている。また、筑波山（877m）が大きく写実的に描かれている。筑波山は関東平野に聳える独立峯であるため、富士山と同じように多数の地点からその方位が測られている。天測点は草加と粕壁の2か所のみである。（国立国会図書館所蔵）

第88号　熊谷・浦和・川越

　埼玉県の熊谷、行田、東松山、坂戸、川越、鴻巣、上尾、大宮、浦和などを含む地域の図で、第3次、第4次、第7次、第8次、および第9次の測量成果である。測線は熊谷と江戸を結んで、4本並列している。それぞれ、岩槻から行田にある忍城下を通る測線、浦和、大宮、上尾、鴻巣を経由して中山道を通る測線、荒川に沿う測線、川越と松山町を通過する測線、さらに秩父へ分岐する測線、八王子と川越を結ぶ測線などが、四通八達している。東日本では、第90号「東京」と並んで、測線密度がもっとも高い図である。荒川は熊谷から下流が連続して描かれており、蛇行がよく表現されている。川越城は壮大に描かれ、忍城はそれに次ぐ。川越には喜多院の堂宇が描かれ、これらの堂宇をめぐって孤立した測線が描かれている。さらに、これらの城下町は家並みの広がりも大きく描かれており、大きな町であったことが示されている。図の北東隅に描かれている城郭は古河城である。一方、中山道の宿駅は、測線に沿って家並みが長く連なって描かれている。荒川に沿った測線には、多くの新田や入会、砂場、秣場などが細かく記載されている。また、天領である

御料所、大名領分、旗本知行所などが複雑に分布しており、一つの村が多数の領主をもつ相給の村も多い。天測は3か所のみで行なわれており、少ない。（国立国会図書館所蔵）

第89号　船橋

　千葉県の千葉市、船橋、習志野、市原のほか、九十九里町、山武市などを含む地域の彩色図で、第2次測量の成果である。東京湾岸の測線と九十九里浜の海岸線をたどる測線とが描かれている。東京湾岸の測線に沿って、行徳、船橋、検見川、稲毛など、現在も鉄道駅の名称にもなっている地名が見られる。これらの村落は現在と比較すると、家並みの広がりも狭い小さな村落だったことがうかがえる。千葉も、地名としてはわずかに千葉新田が見られるのみである。海岸に沿って村落が連続しているが、現在の海岸線は当時のはるか沖に移動して埋め立て地となっていることは、他言を要しない。海岸の背後には、緑色に薄く塗られた点描を施された部分があり、おそらく海岸段丘上が秣場や茅場となっていたのではないかと考えられる。この図には伊能忠敬が生まれた九十九里の小関村が記載されている。小関村（現・九十九里町小関）には記念の銅像と公園がある。天測は2か所のみで行なわれている。
（国立国会図書館所蔵）

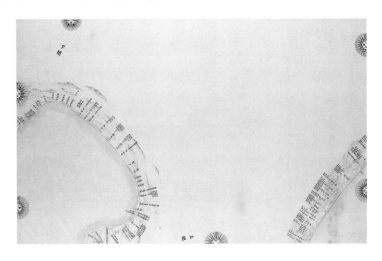

第90号　東京

　東京都の23区、および八王子、町田、調布、府中、立川、日野、昭島、神奈川県の川崎、横浜、相模原、さらに埼玉県の川口、新座、千葉県の市川などを含む地域の図で、第1次から第4次までと、第7次から第10次までの測量成果である。測線は、江戸から東海道、大山街道、甲州街道、中山道、日光街道、川越街道など、各地に向かって四通八達している。主要街道の測量成果は第10次の江戸府内測量によって結びつけられ、将軍の居城である御城の堀を廻って各御門をつないでいる。各街道には村落が連なっており、御料所、大名領分、旗本知行所と細分されており、人口も集積していたことが読みとれる。海岸部には佃島以外の島は見られず、多摩川の河口もまったく自然の三角州である。荒川と中川は、河口から上流にかけて連続して描かれ、

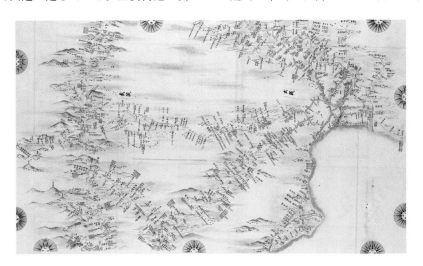

測線は川に沿っている。荒川（隅田川）に架かる大川橋、両国橋、大橋、永代橋も描かれている。永代橋の横から分岐している測線の先は、伊能忠敬の隠宅である。江戸の社寺は詳しく記載されており、とくに駒込や浅草などには、多数の社寺が測線に沿って並んでいる。また、近在の各村の社寺も多数記載されており、門前まで測線が延びている箇所も多い。記載されている地名は700を超え、第133号「京都」とともに、もっとも多い。天測は川崎と王子村の2か所で行なわれている。（国立国会図書館所蔵）

第91号　　木更津

　千葉県の木更津、富津、御宿、一宮などを含む地域の図で、第2次測量の成果である。海岸部の測量のみの図であるが、鹿野山が描かれている。木更津の北で海岸線が東京湾内に膨らむ部分は、図には描かれていないが小櫃川の三角州である。その海岸線付近には黄色の砂浜の上に青い点描も見られ、干潟だったと思われる。富津洲は、その先端までは測線が及んでいない。富津付近の砂浜海岸でも、測線は海岸線のやや内陸側を通過している。一方、九十九里では測線と海岸線は一致しているが、南の岩石海岸では海岸線を外れ、海蝕崖が緑色と茶色で絵画的に表現されている。鹿野山（379m）は近代測量史上重要な基準点が設けられた山で、伊能測量においても東京湾の沿岸からその方位が測られている。天測は8か所で行なわれている。（国立国会図書館所蔵）

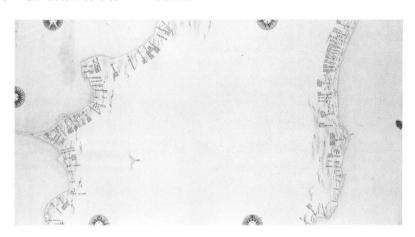

第92号　　館山

　房総半島南部にあたる千葉県の館山、富浦や白浜や和田、鴨川などを含む地域の図で、第2次測量の成果である。海岸線を測量しているが、岩石海岸となっている箇所では測線はやや内陸側を通過し、海蝕崖がその外側に濃い緑色で絵画的に描かれている。また、大名や旗本の領分・知行所が複雑に分布しており、この

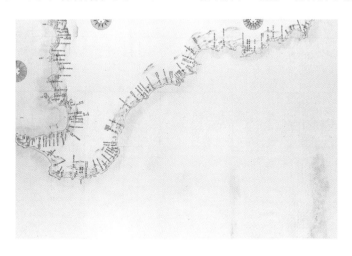

なかで、安房国朝夷郡川口村と千田村を知行所としている旗本の津田山城守は、佐原の領主でもあった。一方、勝山と北条は小大名の在所であり、陣屋などは描かれていないが、酒井大和守在所、水野壹岐守在所と記されている。天測は7か所で行なわれている。（国立国会図書館所蔵）

第93号　横浜・横須賀

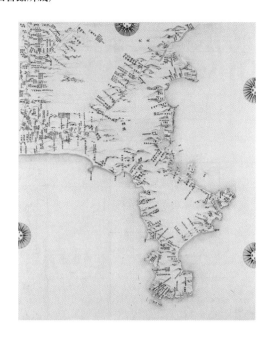

　神奈川県の横浜、横須賀、逗子、鎌倉、藤沢、茅ヶ崎、厚木などを含む地域の図で、第2次、第4次、第5次、第8次、および第9次の測量成果である。東京湾から三浦半島と相模湾に至る海岸線と、東海道をたどる測線のほか、大山街道の測線、相模川に沿う平塚と八王子を結ぶ測線などが描かれている。東海道の測線が保土ヶ谷で分岐し、海岸をたどる測線となっている。現在の横浜の本牧、磯子、金沢のあたりは海蝕崖が発達し、測線は内陸側を通過している。海蝕崖は緑色で、刷毛で塗ったように写実的に描かれている。また、横浜村には大きな砂州が見られる。三浦半島でも、横須賀付近では海岸線から離れ、岬の基部を横切って測量しており、岬の先端部では測線がつながっていない箇所も散見される。鎌倉の鶴岡八幡宮には測線が分岐して延びており、その両側には松並木を描いている。東海道の宿駅は、神奈川、保土ヶ谷、戸塚などで、家並みが測線の両側に長く連なっている。また、相模川は途切れずに連続的に描かれ、下流では馬入川と注記されている。江島（江の島）では狭い島に測線が数本見られる。六浦には米倉丹後守在所と注記されている。天測は5か所で行なわれており、西浦賀と三崎のみに湊の記号が付されている。（国立国会図書館所蔵）

第94号　高崎・秩父

　埼玉県の秩父、寄居、深谷、本庄、群馬県の高崎、藤岡などを含む地域の図で、第3次、第4次、第7次、および第8次の測量成果である。熊谷から中山道をたどる測線と並行して、軽井沢に至る測線が描かれ、高崎からは越後に向かう三国街道に沿う測線が分岐する。川越から秩父を廻って熊谷に至る測線も描かれている。どの測線も主要街道であるため、宿駅記号が付された村落が多数見られる。荒川は、熊谷と秩父の間で一部途切れているが、上流の大宮から連続して測線に沿って描かれている。秩父の周辺には多数の社寺が見られる。一方、中山道の測線は利根川の支流を多数横切る。神滝川とあるのは、神流川の誤記と思われる。河岸は黄橙色で太く塗られており、砂礫の河原を表現しているのだろう。また、高崎は家並みの広がりも大きく、松平右京亮居城と記されているが、城郭は描かれておらず、蔵が描かれているのみである。吉井宿には松平直之丞在所、小幡には松平宮内少輔在所とある。天測は4か所で行なわれている。（国立国会図書館所蔵）

第95号　軽井沢・富岡

　碓氷峠を挟んで、群馬県の富岡、安中、長野県の軽井沢、佐久、上田、東御市、小諸などを含む地域の図で、第3次、第7次、および第8次の測量成果である。中山道と並行する測線が追分で合流し、ふたたび中山道と北国街道に分かれている。また、噴煙を上げている浅間嶽（浅間山）（2568m）のほか、妙義山（1104m）、荒船山（1423m）、立科山（蓼科山）（2530m）など、著名な山が描かれている。立科山は、北国街道や中山道から方位が測量されている。さらに、碓氷川、依田川、千曲川などの流路が、測線に沿って連続的に描かれている。城郭では、小諸城、上田城、安中城が描かれ、それぞれ牧野大蔵居城、松平伊賀守居城、板倉伊予守居城と、城主名が記載されている。そのほか、七日市と岩村田の大名陣屋も記入され、それぞれ前田大和守在所、内藤叔之丞在所と書かれている。中山道の宿場は、それぞれ家並みが測線に沿って両側に一列に描かれている。妙義神社まで長い測線の分岐も見られ、門前町である妙義町も測線に沿う長い家並みが描かれている。天測は9か所で行なわれている。（国立国会図書館所蔵）

第96号　松本

　長野県の松本、諏訪、千曲、麻績などを含む地域の図で、第7次と第8次測量の成果である。中山道をたどる測線と、甲府から諏訪、諏訪から伊那に抜ける測線、松本と長野を結ぶ測線が、描かれている。諏訪湖では測線が湖岸を一周しており、諏訪から伊那に抜ける測線に沿って、天竜川が描かれている。松本から木曽に抜ける中山道沿いには木曽川が、図の東北隅を走る北国街道をたどる測線には千曲川が、それぞれ描示されている。また、諏訪湖の南岸には、測線から湖にはみ出すように緑色の塗色と点描があり、湖岸の葦原を表現しているようである。諏訪湖のほとりの高嶋には葦原に囲まれた城郭が描かれ、諏訪因幡守居城と注記されている。諏訪春宮、諏訪秋宮、上諏訪宮の社殿が描かれ、上諏訪宮には神宮寺の塔も描かれている。さらに、下諏訪と上諏訪には温泉と付記され、上諏訪

では温泉まで測線が分岐している。一方、松本城は樹木に囲まれて大きく描かれ、松平丹波守居城と記されており、城下の家並みの広がりも大きい。天測は5か所で行なわれている。（国立国会図書館所蔵）

第97号　大月

　山梨県の大月、上野原、塩山や勝沼、石和、都留市などを含む地域の図で、第7次および第8次測量の成果である。甲州街道を通る測線と、甲府や大月から富士山麓へ向かう測線が描かれている。甲州街道の測線には、多数の宿駅が短い間隔で設けられている。富士山麓に向かう測線にも、宿駅の記号が付された村が多い。甲州街道の測線から、甲斐一宮浅間社に向かう長い測線が分岐している。仙湖と記されている湖は、現在の河口湖のことである。河口湖は東側の湖岸は測量されているが、全周は測量されていないため、実際の形よりも丸く寸胴に描かれている。三奇橋の一つである猿橋も注記がある。天測点は2か所のみである。（国立国会図書館所蔵）

第98号　甲府

　山梨県の甲府、韮崎、北杜市、南アルプス市、市川大門、鰍沢などを含む地域の図で、第7次および第8次の測量成果である。甲州街道をたどる測線と、甲府や韮崎と富士宮を結ぶ測線が描かれている。富士川の上流は釜無川となり、笛吹川は描かれていない。鳳凰三山が描かれているが、鳳凰岳と書かれているのが現在の地蔵岳（2764m）で、地蔵岳とは現在の薬師岳（2780m）であろう。また、白根岳とは北岳（3193m）を指すと思われる。鳳凰三山と白根岳の位置関係には、大きなずれがある。また、金峰山（2599m）も描かれている。府中（現・甲府）の城郭は御城と記され、石垣までが一つ一つ細かく描かれている。甲府には多くの寺院が描かれ、測線も門前まで延びている。天測は3か所で行なわれている。（国立国会図書館所蔵）

第99号　小田原

　神奈川県の小田原、箱根、平塚、伊勢原などを含む地域の図で、第2次、第5次、第8次、および第9次測量の成果である。測線は、海岸線と並行する東海道のほか、大山街道、小田原から御殿場に抜ける箱根裏街道、熱海から伊豆に抜ける街道をたどって描かれている。小田原から西に向かう測線にはすべて関所があり、箱根のほかに矢倉沢村、仙石原村、根府川村にも、御関所と記されている。箱根の蘆湖（芦ノ湖）は周囲が測量され、湯本村、塔ノ沢、蘆ノ湯など、温泉と付記されている地名が多く、当時から大きな温泉場であったことがわかる。また、小田原の城郭は大きく描かれ、大久保加賀守居城と表示されている。大山町には、阿夫利神社、大山寺、不動堂などと記載されており、大滝とは現在の洒水の滝であると思われる。道了権現と最乗寺には測線が分岐して延びている。さらに足柄峠には、金時礫石、虎（御）前石など、伝説にもとづ

く名所の記載もある。東海道や大山街道などには多数の宿駅の記号のある村があり、盛んな往来を示している。天測は7か所で行なわれている。（国立国会図書館所蔵）

第100号　富士山

　静岡県の富士宮、富士市、御殿場、裾野、山梨県の南部、身延、山中湖などを含む地域の図で、第5次と第7次から第9次までの測量成果である。測線は、富士宮を中心に富士山麓を四通八達している。御殿場と甲府を結んで篭阪峠（篭坂峠）を越える測線と、甲府と静岡を結んで身延山を通過する測線などが描かれている。富士山（3776m）が大きく描かれており、きわめて印象的な図である。富士山は屹立する独立した火山であるため、さまざまな方角から測標として利用された。伊能忠敬は、富士山などの目標をさまざまな地点から見通してその方位を測定することにより富士山頂の位置を決め、交会法によって測定の誤差の消去に努めた。富士山の姿は、山頂部の積雪を白くあしらい、山襞や裾野の原野などを絵画的に描いているほか、1707年の噴火から約100年後の宝永山が描かれている。信仰の対象であった富士山を廻る冨士浅間社が数多く見られ、測線が分岐している神社もある。また、人穴や白糸滝など富士山をめぐる名所にも測線が延びている。身延山には身延町門前の集落が描かれており、久遠寺奥ノ院と身延七面山も記載されている。上吉田村（現・富士吉田）、御殿場村、大宮郷（現・富士宮）などは、家並みの描き方から見て、当時も大きい集落であったことがわかる。山中湖は周囲を測量していないが、形を目視で捉えたのであろう。一方、愛鷹山（1504m）、

天守嶽（天子ヶ岳）（1330m）、身延七面山（1989m）など、現在でもよく知られた山が描かれている。身延山を通る測線、甲府と御殿場・沼津を結ぶ測線には、宿駅が数多く設けられている。天測は8か所で行なわれている。（国立国会図書館所蔵）

第101号　熱海・三島

　伊豆半島北部にあたる静岡県の熱海、伊東、沼津、三島などを含む地域の図で、第2次および第9次測量の成果である。真霍寄（現・真鶴岬）から伊豆半島東海岸では、海岸線の測量が行なわれているが、西海岸は切り立った海蝕崖で測量が困難だったと見え、測線は海岸線の内陸側にとられている箇所も多い。海岸線の測線のほか、狩野川に沿って伊豆半島を縦断する横切測線がある。そのほか、東海道を通る測線、三島から御殿場に向かう測線なども見られる。また、熱海村、伊豆山、宮上村湯ケ原（現・湯河原）などには、温泉と記されている。現在、伊豆高原と呼ばれている地域には、大池（現・一碧湖）などの湖が描かれ、天城山（1405m）を構成する山々も描かれている。沼津には大きな城郭が描かれ、水野出羽守居城と記されている。東海道の宿場である原の西、浮島が原にあたるところには広沼と記された沼があり、その周囲が測量されている。天測は20か所で行なわれており、きわめて多い。湊は伊豆半島東岸に3か所ある。（国立国会図書館所蔵）

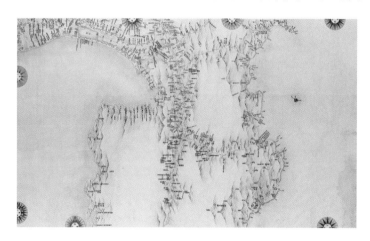

第102号　下田・大島

　伊豆半島南部にあたる静岡県の下田、南伊豆町、および伊豆諸島のうち大島と利島を含む図で、第2次および第9次測量の成果である。測線は海岸線に沿うほか、下田から伊豆半島中央部を縦断する横切測線がある。伊豆半島東岸では測線がほぼ海岸線をたどるのに対して、海蝕崖が発達した西海岸では、測線が全線にわたって海岸から内陸部へ離れており、妻良村と大浦村の間は測線が途切れている。南端の石廊崎まで測線が延びているが、岬の名称は記載されていない。全体に、海蝕崖の表現は現実の地形に比べて穏やかである。

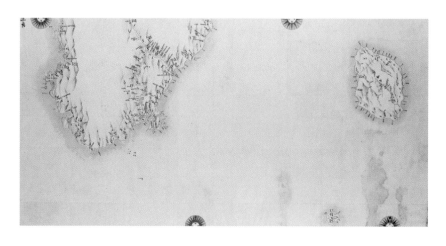

天領である下田から三島へ向かう測線には、宿駅の記号が付されている。大島は周囲が測量され、さらに島を横断する横切測線が描かれている。三原山（764m）などの火山は茶色に描かれ、植生のない様子を示している。海岸も一部で茶色に塗色され、露岩であることを示している。利島には、小さな島であるにもかかわらず社寺の名称が記載され、測線が分岐している。天測は伊豆で3か所、大島と利島で1か所ずつ行なわれている。（国立国会図書館所蔵）

第103号　新島・神津島・式根島

伊豆諸島の新島、式根島、神津島の図で、第9次測量の成果である。3島とも、島の周囲と、島を横断する横切測線が描かれている。新島は砂浜海岸が長く連なるが、ほかの2島も含めて焦茶色に塗られた海蝕崖の海岸があり、海中測量が頻繁に行なわれている。とくに式根島の東南部では、測線が海にはみ出しており、〔伊豆〕神津島にも同様の測線のはみ出しが見られる。新島の若郷周辺では、測線が異常に多く描かれている。また、神津島の中央とタコ浜（多幸浜）の背後には茶色に塗られた部分があり、火山の露岩や砂礫が露出している様子を表わしている。3島の周辺にある小島のうちでは、地内島のみが測量されている。鵜渡根（鵜渡根島）とヲンハセ（恩馳島）は、交会法によって位置が測定され、遠望により描かれている。天測は新島で2か所、神津島で1か所行なわれている。（国立国会図書館所蔵）

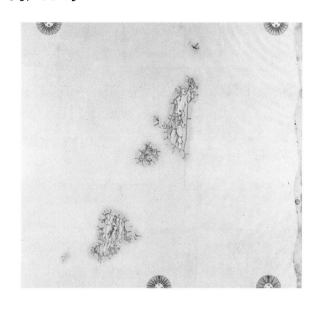

第104号　三宅島・御蔵島

伊豆諸島の三宅島および御蔵島の図で、第9次測量の成果である。〔伊豆〕三宅島は、周囲の海岸線と、中央を横断する横切測線が描かれている。これらの測線から分岐する朱線が数多く見られるが、これらは海蝕崖を刻む小河川と考えられる。模写時に青線で描くべきところを朱線で描いたのであろう。中央に聳える雄山（775m）は、中腹以上には植生がない様子が描かれている。一方、御蔵島は、周囲の海岸線を廻る測線が描かれ、2つの集落にも短い分岐測線が延びており、河川や湖沼を青色で描いている。また、はるか離れた大ノ原（三本岳）と藺灘波島の位置は、三宅島、御蔵島のほか、神津島、新島、八丈島などから交会法によって測定され、遠望によるスケッチとして描かれている。天測は三宅島内の3か所で行なわれている。（国立国会図書館所蔵）

第105号　八丈島

　八丈島、およびその属島の小島を描いた図で、第9次測量の成果である。測線は、〔伊豆〕八丈島を一周する海岸線に沿うものと、島を横断する横切測線、および島の南西部を海岸線と並行するものがある。また、島の最高峰で八丈富士と呼ばれている西山（854m）にも、測線が延びている。伊能中図を見ると、この西山から三宅島と御蔵島の方位を測量していることがわかる。八丈島はまた、西山と、東山とも呼ばれる三原山（701m）の2つの火山からなるが、山景の描き方はかならずしも実際の地形を表わしてはいない。島を横断する横切測線に沿って多数の家並みが見られ、その近辺にもっとも人口が集中していた地域であることを示している。（国立国会図書館所蔵）

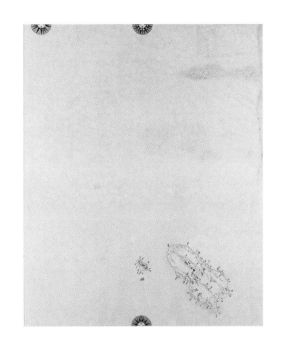

第106号　青ヶ島

　八丈島とその属島の小島から交会法によって位置が測定されて描かれた図で、第9次測量の成果である。したがって、測線はない。島の形は八丈島からの遠望によってスケッチしたものである。島は断崖に囲まれ、4つの山からなっている。（国立国会図書館所蔵）

第107号　静岡

　静岡県の静岡市、清水、藤枝、焼津などを含む地域の図で、第4次、第5次、および第8次測量の成果である。駿河湾の海岸線と東海道を測量し、蒲原と江尻の間は双方の測線がきわめて近接している。奥津（現・興津）で分岐する測線は、第8次の測量によるものである。安倍川（安部川）や大井川の広い河口が描かれ、分流している状況が示されている。三保松原は大きな砂嘴で、松の点景が多数描かれ、現在は存在しない潟湖も描かれている。図の左上には、御前崎が描かれ、岬の岩礁や先端に点在する岩が沖御前まで連なっている。東海道の宿場は家並みが測線に沿って連なり、宿場らしく描かれている。駿府城は御城とだけ書かれているが、大きく豪壮に描かれている。一方、藤枝の田中城は小さく簡略である。興津の清見寺も多数の甍が描かれている。天測は10か所で行なわれている。（国立国会図書館所蔵）

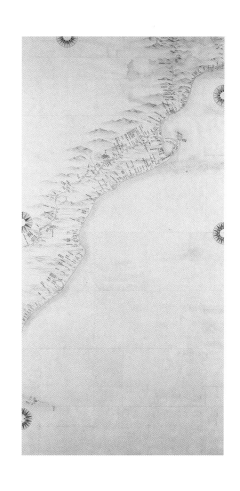

第108号　飯田・伊那

　長野県の伊那谷のうち、伊那から飯田までの地域と、高遠や茅野の一部などを含む地域の図で、第7次測量の成果である。測線はその河岸段丘の上を通っている。天竜川は測線が近い宮田町以北では連続的に描かれているが、測線が天竜川から遠ざかる宮田町以南では部分的に描かれている。飯田と高遠には城郭が描かれ、それぞれ堀大和守、内藤大和守と城主名が記載されている。測線が通る三州街道には宿駅が多数あり、松島村、木下村（現・箕輪町）、上穂町、赤須町（現・駒ヶ根市）、飯島町など、家並みが広がった町の様子を示している。高遠から金沢に抜ける測線は、標高約1300mの金沢峠を越えている。赤石山脈の前山が描かれ、名称も表示されているが、2つある戸倉山のうち南のほうは、伊那富士といわれている戸倉山（1681m）であると思われる。（国立国会図書館所蔵）

第109号　木曽福島

〔飛騨　美濃　信濃　福島〕　長野県の木曽谷と岐阜県の恵那郡の一部、旧高根村などを含む山岳地域の図で、木曽川に沿って中山道を通っている測線は第7次測量の成果で、そのほかは第8次の測量によるものである。中山道の宿駅は、奈良井から妻籠まで8駅を数える。福島には木曽代官の山村甚兵衛陣屋があり、大きな蔦の絵が描かれている。岐阜県の高山から分岐する測線は野麦峠（1670m）を越えていて、伊能測量の最高到達点である。中山道の測線も、奈良井と藪原の間の鳥居峠（約1500m）を越えている。乗鞍岳（3026m）、御嶽（3067m）、駒ヶ嶽（2956m）のうち、御嶽と駒ヶ嶽は、ほかの山と異なってごつごつした異様な姿に描かれている。天測は、妻籠を除く中山道の宿駅7か所を含め、10か所で行なわれている。（アメリカ議会図書館所蔵）

第110号　中津川

〔信濃　根羽村　馬籠〕　岐阜県の中津川、岩村、長野県最南部の下伊那、愛知県の新城などを含む、木曽山脈の南端部と三河高原一帯の図である。中山道を通る測線が中津川を通過し、中津川からは下呂へ向かう測線が分岐しているが、これは第8次測量の成果によるもので、そのほかは第7次測量の成果である。岩村へ分岐する測線は、分岐して行き止まりとなっている。苗木と岩村は、それぞれ1万石と3万石の小藩であるが、城持ち大名で小さな城郭が描かれている。それぞれ遠山刑部少輔居城、松平能登守居城と城主名が記載されている。一方、伊那からの測線は三州街道に沿っており、根羽村で新城町と豊川に抜ける測線と、挙母（現・豊田市）へ向かう測線とに分かれる。この図の測線は山中での測量であるために細かい屈曲が見られ、困難な測量だったと思われる。また、山本村には近藤左京陣屋、新城町には菅沼新八郎在所と記載されており、交代寄合の旗本の陣屋であろう。天測は馬籠と駒場村の2か所のみで行なわれている。（アメリカ議会図書館所蔵）

第111号　浜松

〔遠江　三河〕　静岡県の浜松、島田、掛川など、東海道の要所と浜名湖を含む図で、アメリカ大図のなかでもっとも美麗なものの一つである。海岸線は第4次、東海道および浜名湖は第5次、浜松から気賀街道（姫街道）は第6次の測量成果による。海岸の測線には分岐が多く、それぞれ天測点と結ばれている場合が多い。天領、大名領分、旗本知行所の記載も詳しい。また、天竜川と大井川は、流路を藍色で、河原を黄橙色で塗り分け、測線は川を横断している。海岸も黄橙色で塗られ、砂浜が続く海岸であることを示している。浜名湖と左鳴湖（佐鳴湖）は、湖岸線をくまなく測量している。浜名湖の湖岸線は、現在では大きく変わっていることがわかる。浜松、掛川、横須賀の3つの城郭が描かれ、それぞれ天守閣らしきものが描かれているが、それぞれ姿は異なっている。交代寄合の旗本の在所も、気賀町の近藤縫殿助、宮一色村の秋本隼人正、大谷村の近藤豊太郎の記載がある。コンパスローズは、輪郭と方位のみが描かれている。天測は13か所で行なわれている。（アメリカ議会図書館所蔵）

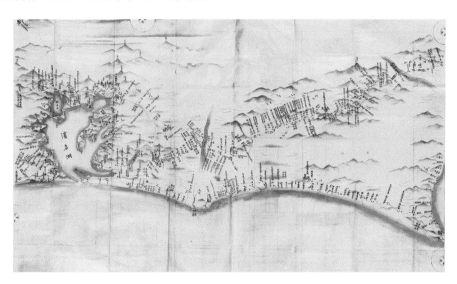

第112号　高山

〔飛驒　髙山〕　岐阜県の高山を中心として、小坂や古川などを含む地域の図で、第8次測量の成果である。下呂で分岐して高山へ向かう測線は、高山町からさらに古川町方村まで達して行き止まりとなっている。下呂からの測線は飛驒川に沿っており、飛驒川は途切れることなく描かれているが、名称は記載されていない。また、古川町方村までの測線は宮川に沿っており、宮川は高山町からさらに上流まで描かれ、名称も記載されている。この間では、標高約700mの宮峠を越えている。高山町から分岐する測線は、野麦峠を越えて木曽谷に達する。いずれの測線においても、宿駅の記号のある村が多数見られる。高山町は天領でもあり、御郡代陣屋の表示があって、社寺の記載も多い。黒抹記号のほか、甍が数多く描かれており、社寺や役所などの大きな建物が多かった様子がうかがえる。天測は4か所で行なわれている。（アメリカ議会図書館所蔵）

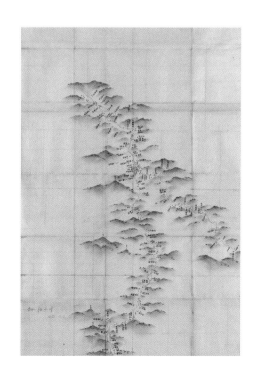

第113号　郡上八幡

〔飛騨　美濃　八幡〕　岐阜県の郡上八幡や下呂などを含む地域の図で、第8次測量の成果である。関から八幡に抜ける測線は長良川に沿うが、川の名称は記載されていない。八幡には城郭が描かれており、青山居城と記されている。八幡から金山村まではいくつかの峠を越えており、測線が細かな折れ線となっている部分もあり、測量当時の苦労が偲ばれる。温泉と付記された湯之島村（下呂）から中津川方面に抜ける測線は、飛騨国と美濃国の国境にある標高約700mの舞台峠を越えている。また、高山に向かう測線には、宿駅の記号のある村が多く、天領高山への往来も多かったと思われる。天測は下呂のみで行なわれている。（アメリカ議会図書館所蔵）

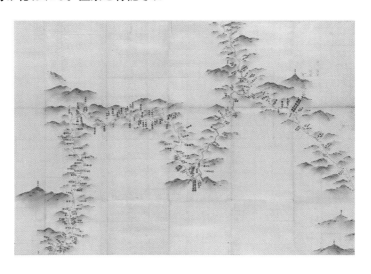

第114号　犬山

〔尾張　犬山　美濃　吉田〕　中山道に沿う岐阜県の恵那、瑞浪、土岐、多治見、美濃加茂、各務原と、愛知県の犬山、小牧、一宮などを含む地域の図で、中山道とその南の測線は第7次、北へ分岐する測線は第8次測量の地域である。犬山を流れる太田川と書かれた川は、木曽川である。宿駅は、中山道の全69次のうち、大井から鵜沼までの7か所が記載されている。鵜沼から名古屋に向かって南下する測線から分岐して小牧山の古戦場に向かう行き止まりの測線が見られるほか、詣でた神社に向かう測線の分岐も見られる。犬山には尾張藩付家老の居城が描かれ、成瀬居城と記されている。現在の国宝、犬山城である。犬山、小牧村、一宮村などで黒抹が多数描示されており、人口の多いことがうかがえる。天測は8か所で行なわれている。（アメリカ議会図書館所蔵）

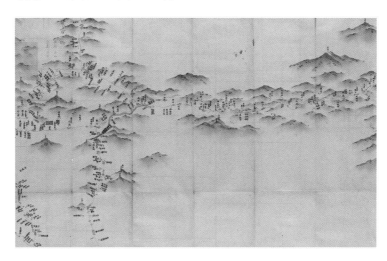

第115号　名古屋

〔三河 刈谷 岡崎 挙母 尾張 名護屋〕　愛知県の名古屋、知多半島北部、岡崎、挙母（現・豊田市）、足助などを含む地域の図で、第4次から第7次測量までの成果による。海岸線は干潟と砂浜からなり、それぞれ暗灰色と黄橙色で塗り分けられている。現在の名古屋港の範囲には、何々新田などと書かれた干拓地の外側に干潟が広がっていたようである。知多半島の西側は砂浜となっているが、東側の三河湾沿岸には干潟が見られる。また、熱田社とあるのは現在の熱田神宮で、熱田は海に面しており、東海道はここから桑名まで海路であった。名護屋（名古屋）周辺は、黒抹記号が測線に沿って切れ目なく描かれており、都市の規模の大きいことを示している。名古屋城は天守閣も大きく壮麗に描かれており、尾州居城と記されている。岡崎も黒抹記号の描示密度が高く、人口の集積度が高いことがわかる。岡崎城が描かれ、本多中務大輔居城と記載されている。矢作川は幅広く明瞭に描かれている。そのほか、刈谷と挙母にも規模は小さいが城郭が描かれ、土井伊予守居城、内藤摂津守居城と城主名が記載されており、奥殿には松平縫殿頭在所と記された陣屋が描かれている。また、足助村と大島村には旗本陣屋がある。猿投社（猿投神社）に達する測線の分岐がある。松平本郷（現・豊田市松平町）は松平家（徳川家）発祥の地であるが、ここにも測線が延びており、父祖松平親氏建立の高月院まで達している。天測は11か所で行なわれている。（アメリカ議会図書館所蔵）

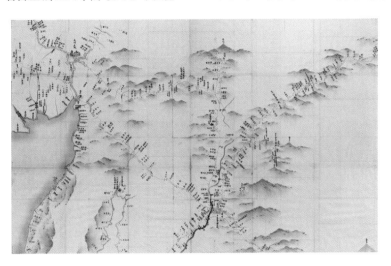

第116号　豊橋

各図解説　大図第113号〜第116号　107

〔三河 吉田 田原 西尾 尾張 知多郡〕愛知県の知多半島および渥美半島、三河湾沿岸の西尾、蒲郡、豊橋、豊川などを含む地域の図で、第 4 次から第 7 次測量までの成果である。三河湾の北岸の一部を除いて、測線は海岸線と一致する。渥美半島の南岸、知多半島の西岸では砂浜が連続するが、三河湾に面する海岸では干潟を示す暗灰色に塗られた箇所も見られる。渥美半島の基部にあたる三河湾には、水中洲と書かれた大きな砂嘴と、その半分程度の規模の砂嘴、および中州が描かれている。規模の小さい砂州のほうは測量されているが、ほかの砂州は測量が困難だったとみえ、輪郭をぼかして描かれているのみである。豊川の河口でも、このような砂州が描かれている。こうした砂州は、現在ではまったく見られない。一方、三河湾には多数の島が描かれているが、実測はされていない。吉田は現在の豊橋で、東京国立博物館所蔵の伊能中図を伝えた大河内松平家の城下町である。図中では、城主名のない城郭が描かれている。西尾には松平和泉守居城と記されており、城郭も松らしき樹木に囲まれている。田原では三宅居城と書かれており、小藩にもかかわらず同じように多くの樹木が描かれている。天測は18か所で行なわれており、天測点まではかならず測線が延びている。湊は三河湾内の 2 か所に記号がある。（アメリカ議会図書館所蔵）

第117号　鳥羽

〔志摩 伊勢 大湊〕三重県の伊勢、鳥羽、志摩半島などを含む地域の図で、第 5 次測量の成果である。この一帯は典型的なリアス海岸で、海岸線が複雑であるが、ほぼ海岸線に沿って測量を行なっている。しかし、とくに海岸線の入り組んだ英虞湾沿岸では、測量が困難だった箇所も多かったとみえ、小さな湾入を海中測量で横切っている場合も多い。そのような箇所は湾入であることを表わすため、測線の内側を藍色で塗色して、海であることを示している。また、島や岬では測線が達せず、海蝕崖が描かれているところもある。志摩半島の突端にある御座岬も、測線は達していない。一方、山田（現・伊勢市）を通り、下之郷村（現・磯部）に達する横切測線があり、外宮と内宮の社が描かれ、朝熊嶽の奥院まで分岐する測線が延びている。奥院とは、伊勢神宮の鬼門を守るといわれる金剛證寺である。宇治と山田には多数の黒抹記号が描かれており、伊勢参りで殷賑を極めていたのであろう。宮川の河口部には広い三角江があり、湊の記号もあって、河口の中州と流路を横断して測量している。天測は13か所で行なわれている。（アメリカ議会図書館所蔵）

第118号　岐阜・大垣

〔近江　伊勢　尾張　美濃　大垣　加納〕　岐阜県の岐阜市や大垣を中心として、木曽川、揖斐川周辺と三重県の最北部などを含む地域で、第4次、第7次、および第8次測量の成果による図である。濃尾平野を測線が縦横に走っている。木曽川は幅広く描かれている。墨俣川と注記されているのが長良川で、揖斐川は伊尾川と書かれている。図の中央部にある高須付近を流れる伊尾川の支川の両側には、青緑色の点描と彩色が見られるが、芦や葭などの生い茂る沼沢地を表わしていると考えられる。下池と呼ばれる大きな池が描かれており、ここでも周りに青緑色の点描と彩色がある。おそらく、池の周りに芦や葭が生い茂っていた沼沢地であろう。伊尾川沿いには多数の池沼が描かれていることから、落堀が多く存在していたものと考えられる。加納（現・岐阜市）と大垣には城郭が描かれ、それぞれ永井出羽守居城、戸田采女正居城と記載されている。下池の近くの今尾村には竹腰在所と記されており、尾張藩付家老竹腰氏の居城である。谷汲山華厳寺などの社寺には、細かく測線が分岐して延びている。養老滝にも測線が延びている。そのほか、高須、揖斐町、高富など、各地域の中心地には測線が分岐している。天測は12か所で行なわれている。（アメリカ議会図書館所蔵）

第119号　白山

〔加賀　白山〕　石川県の白山と富士社山が描かれているだけの図で、第4次測量の成果による。白山には山頂に十字印が記されているが、富士社山には記されていない。白山の山頂は各地から見通せるために多くの地点から方位が測定されたのに対して、富士社山は単なるスケッチなのかもしれない。白山は現在でも有名な山だが、富士社山は現在の富士写ヶ岳ではないかと考えられる。（アメリカ議会図書館所蔵）

第120号　福井

〔越前　福井　加賀　大聖寺〕　福井県の福井市、石川県の加賀市、越前海岸などを含む地域の図で、第4次測量の成果である。海岸は北から砂浜が続く単調な海岸で、東尋坊のある突出部で海蝕崖となり、測線は陸部に入って通過する。ふたたび福井平野の平滑な砂浜海岸が続き、図の南半部の海蝕崖が連なる越前海岸となる。この間、測線はほぼ海岸線に沿って引かれている。海蝕崖の基部を測量できたのであろう。一部は海中測量を行なっている。福井までは三国湊から分岐した測線が到達しており、行き止まり測線である。福井の藩主は家門の松平家であり、行き止まりにもかかわらず測線を延ばしたと思われる。福井と大聖寺には同じような城郭の絵が描かれている。また、加賀と越前の境界には、河口が広がったような湖が描かれている。名称の記載はないが、現在の北潟湖と考えられる。国土地理院の地形図と比べると、形状はやや異なっている。12か所で天測が行なわれている。（アメリカ議会図書館所蔵）

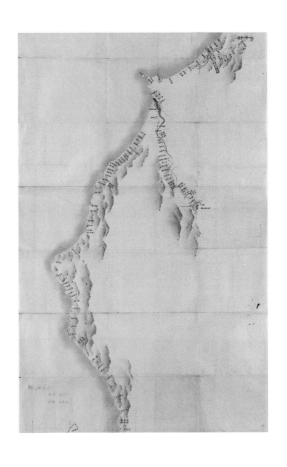

第121号　敦賀・小浜

〔近江　餘吾湖　若狭　小濱　越前　敦賀〕　福井県西部の敦賀や小浜などの地域と琵琶湖の最北部を含む図で、第4次および第5次測量の成果による図である。リアス海岸である若狭湾の海岸線測量は、困難な箇所も多く、とくに半島部での海蝕崖は測量できずに測線も途切れている。したがって、船からの遠望や資料や聞き込み調査により海岸線を書き入れたものと思われる。敦賀湾などでは海中測量も行なっている。小浜は10万石の大名の城下町だが、描かれている城郭は小さい。また、小浜は町中が測量されている。一方、敦賀には越前一宮気比社が記載され、湊の記号がある。三方五湖は周囲が測量され、藍色に塗られており、5つのうち4つの湖には上・中・下・日向と、名称がつけられている。敦賀から琵琶湖西岸に向かう測線は、現在の北陸自動車道とほぼ同じ経路を通っている。柳ヶ瀬には関所があった。敦賀から関ヶ原に向かう測線には、宿駅がほぼ同じ間隔で記載される一方、敦賀より西には宿駅の記号が見られない。（アメリカ議会図書館所蔵）

第122号　舞鶴

〔丹後　田邊　若狭〕　京都府北部の舞鶴、福井県西部の高浜などを含む図で、丹後半島の先端部も含まれている。第5次測量の成果である。海岸線の測量は、岬の先端部や半島部では困難であったとみえ、測線は岬まで到達していない例も多い。高浜村の東側の半島は南側の湾入部では測線が海岸線と一致しているが、北側の外海に面した部分ではまったく測量ができていない。したがって、海岸線も船からの遠望などにより描いたと思われる。また、数か所であるが、海中測量も行なわれている。舞鶴湾の湾奥部は海岸が暗灰色で塗られているところが多く、干潟となっていたのかもしれない。田辺は現在の西舞鶴であり、浜村や溝尻村などが現在の東舞鶴である。田辺には小さな城郭が描かれており、牧野豊前守居城と表示されている。舞鶴のはるか沖にある大島と小島が、小島と沖島として描かれており、位置関係でいえば、現在の大島が小島で、現在の小島が沖島である。大川と記されているのは現在の由良川である。天測は7か所で行なわれている。湊は、大川河口付近と丹後半島に1つずつ表示があるが、現代の良港である舞鶴には湊の記号は表示されていない。（アメリカ議会図書館所蔵）

第123号　宮津

〔但馬　丹後　宮津〕　京都府北部の宮津、丹後半島、久美浜などを含む図で、第5次および第8次測量の成果である。丹後半島の東岸は測量が困難な海岸が多く、測線は海岸線の内側にとられている。とくに岬の突端は測量できず、黒くあまり滑らかでない線で海岸線を描いている。経岬のように、岬までは測量できたが岬を廻ることができず、行き止まりの測線になっているところもある。天橋立は測線が1本通過したのみで、その幅はやや不明瞭である。ただし測線は、砂嘴の先端から宮津側に海中測量によって渡している。名称は表示されていないが、阿蘇海は藍色で塗色されている。宮津付近は測線が多数引かれており、宮津の北東の半島では小さな半島を横切る短い測線が多数見られる。また、宮津の城郭と城主名、松平伯耆守が記載されているほか、峯山（峰山）の小藩京極氏の在所がある。社寺の記載が多く、成相寺には比較的長い測線が分岐している。天測点は海岸に沿う測線のみに見られ、5か所である。（アメリカ議会図書館所蔵）

第124号　豊岡

〔因幡　鳥取　但馬　出石〕　兵庫県北部の豊岡、出石、村岡などの地域と、いわゆる山陰海岸を含む地域の図で、第5次および第8次測量の成果である。山陰海岸は海蝕崖が発達して風光明媚な海岸であるが、測量は困難で、海岸線の陸側を測量し、岬までの行き止まりの測線が派生している場合が多い。海中測量は鎧村に見られる以外に行なっていないようである。豊岡川（現・円山川）の広い河口が描かれ、津居山湾まで藍色に塗られている。豊岡川に沿う測線が豊岡から出石や和田山村などに分岐し、横切測量が実施されている。豊岡川は、河口から連続して途切れることなく描かれている。出石には小さな城郭が描かれているほか、豊岡と出石の周辺には、多数の神社が記載されている。鳥取の地名は第143号「鳥取」に記載されているが、城郭の絵はこの図に描かれている。出石城の2倍の大きさである。湯島村（城崎）には温泉の表示がある。天測は6か所で行なわれており、山陰海岸に偏っている。（アメリカ議会図書館所蔵）

第125号　彦根

〔近江　琵琶湖〕　琵琶湖東岸の滋賀県長浜、彦根、近江八幡、八日市、西岸の今津などを含む地域の図で、第4次、第5次、および第7次測量の成果である。琵琶湖東岸では、測線は3本並行しており、その間をつなぐ測線も見られる。西岸においても、2本の測線が並行している。琵琶湖岸の測線はほぼ湖岸線と一致しており、湖岸の状況も砂浜が黄色に塗色されているほか、芦や葭が茂る沼沢地の状況が、青緑色の点描と塗色で示されている。また、湖岸に点在する池沼やそれらをつなぐ細かい流路などが描かれており、琵琶湖の湖岸周辺の低湿な地形が示されている。八幡町の北側には閉塞された湾入部があり、芦や葭が茂る湿地が広がっている。現在、ここは干拓され、一部が西の湖として残っている。彦根と米原の間にも広い無名の池が見られる。ここも現在は陸化している。そのほか描かれた多くの池沼も、現在は干拓されて水田などとして利用されているところが多い。一部の池沼には濃藍色

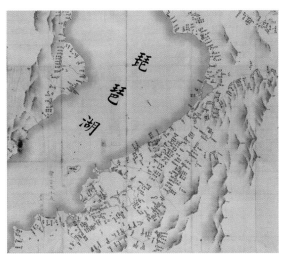

の斑点があるが、測線がそこまで延びているものもある。これが何を示すのか判然としないが、浮島のようなものかもしれない。さらに、彦根城のほか、多賀大社、長命寺などの記載がある。中山道の宿場も、醒井から武佐まで6宿を数える。天測は19か所で行なわれており、きわめて多い。（アメリカ議会図書館所蔵）

第126号　堅田・園部

〔近江 山城 丹波 北境〕 琵琶湖西岸にあたる滋賀県の堅田（本堅田）周辺と京都府の園部周辺を含む地域の図で、琵琶湖西岸は第5次、園部周辺は第8次測量の成果である。琵琶湖西岸は、北舟路村あたりを境にして北側は黄色に塗られ、砂浜を示しているが、南側は暗灰色に塗られ、干潟状の湖岸であることを示している。近江八景「堅田の落雁」に描かれた浮御堂が、「浮見堂」として小さな建物とともに記入されている。園部を通る測線は、大堰川に沿って周山街道につながっている。丹波・山城の境界付近には冷泉帝陵の表示がある。冷泉天皇の御陵は、江戸時代には小野郷桜本寺とされていた。天測は本堅田のみで行なわれている。（アメリカ議会図書館所蔵）

第127号　福知山

〔丹波 福知山 但馬 丹後〕 京都府の福知山、綾部、兵庫県の柏原などを含む地域の図で、第8次測量の成果である。測線は四通八達のごとく引かれているが、概観すると、福知山と柏原を結節点として、豊岡、舞鶴、園部、篠山、姫路方面に達している。当時の主要交通路には、宿駅が同じような間隔で設けられている。園部から舞鶴に抜ける測線は、現在の国道の区間とは異なり、妙楽寺村から広野村まで、今は山道となっている峠を越えている。大川とは現在の由良川であり、支川を含めて上流まで途切れなく描かれている。柏原（栢原）の近傍を流れる加古川も名称の記載はないが、連続して描かれている。栢原のあたりは、由良川と加古川の流域が谷中分水をなしており、分水界がかならずしも険しい山中ではないため、村も多く、当時から開けていることがよくわかる。福知山には城郭が描か

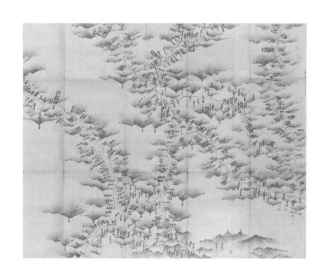

れ、朽木土佐守居城とある。綾部には城郭は描かれていないが甍が描かれ、九鬼在所と記されている。天測は7か所で行なわれている。（アメリカ議会図書館所蔵）

第128号　和田山

〔播磨　美作　因幡　但馬〕　兵庫県中北部の和田山、生野などの地域と岡山県の北東部と鳥取県との県境地域を含む地域の図で、第8次測量の成果である。姫路からの測線は、生野銀山町を境にして北側は円山川に沿って引かれている。円山川の名称は記載されていないが、流路は連続的に明瞭に描かれている。和田山村の周辺からは、福知山、豊岡に向かう測線、鳥取に向かう山陰道に沿う測線が分岐する。和田山村周辺は各地に向かう交通の結節点でもあったようで、測線の要所に宿駅の記号が見られる。図の西側の鳥取に向かう測線も宿駅の記号のある村が点在し、山陽と山陰を結ぶ要路であったことを物語っている。この測線は人坂峠を越えるが、現名は標高約600mの志戸坂峠である。図の下部中央に播磨一宮である伊和生〔坐〕大名持御魂神社があるが、南の隣接図である第141号図「姫路」に記載された山崎から、ここまで測線が延びている。天測点は少なく、養父市場村ただ1か所である。（アメリカ議会図書館所蔵）

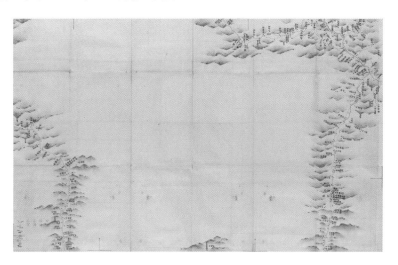

第129号　桑名

〔近江　水口　伊勢　桑名　神戸　亀山　伊賀〕　三重県の桑名、四日市、鈴鹿、亀山、滋賀県の水口などを含む地域の図で、第5次、第6次、および第8次測量の成果である。伊勢平野の単調な砂浜海岸の海岸線を測量している。木曽川の河口は巨大な三角州となっており、中州の一部には測線が書き入れられているが、干潟であるため測量ができない場所も多かったのであろう。河口の先端部では、中州の表現も意図的に不明瞭に描かれている。おそらく確認できる流路と中州のみを描示したと思われる。いわゆる輪中では、干拓築堤などにより開発された新田が多数見られる。桑名、又木村（現・長島）、神戸（現・鈴鹿市）、亀山、水口に城郭があり、それぞれ城主名松平下総守、増山備中守、本多説三郎、石川主殿頭、加藤能登守が記載されている。城

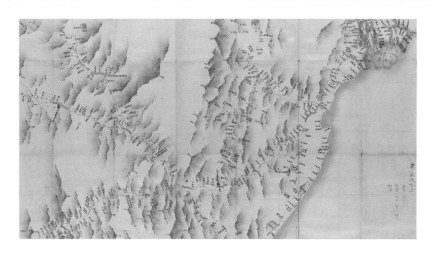

の実際の規模は大小さまざまであるが、城の絵の大きさと大名の石高とは関連していない。また、東薦野村と日野村井町には、それぞれ土方大和守、市橋下総守の陣屋がある。測線の両側に黒抹が連なって描かれている集落が多いのは、日野、水口、土山などの近江の町のほか、伊勢の四日市、亀山、関、神戸などで、東海道の往来や近江商人の活躍などで賑わっていたことがうかがわれる。天測は12か所で行なわれている。（アメリカ議会図書館所蔵）

第130号　津・松阪

〔伊賀・伊勢 津〕　三重県の津や松坂（松阪）周辺と伊賀東部を含む地域の図で、第5次、第6次、および第8次測量の成果である。海岸線と測線は一致しているが、雲出川の河口には砂嘴が見られ、測線が張り出している。祓川の河口部も砂嘴が延び、河口が東偏している。砂浜海岸が卓越しているが、松坂の湾入部は暗灰色に塗られており、泥質の干潟であったものと見られる。また、津には藤堂和泉守の居城が描かれている。久居の藤堂佐渡守居城は、城郭の絵ではなく甍が2つ描かれているのみである。津と松坂からは内陸に向かう測線が分岐し、上野村や名張などを経由して、奈良、京都、大坂に向かっている。津と松坂を通る伊勢街道、津から上野に向かう伊賀街道など、古くから伊勢参りなどに利用されたため、多数の宿駅が見られる。経ヶ峯（819m）、矢頭山（731m）、堀坂山（757m）

などは、国土地理院の地形図にもその名が見られる。天測は2か所と少ない。（アメリカ議会図書館所蔵）

第131号　尾鷲

〔伊勢・紀伊 南海岸〕　三重県の南伊勢町から尾鷲に至る海岸地域の図で、第5次測量の成果による。この地域は典型的なリアス海岸で、海岸線の測量が困難な場所も多く、海中測量を行なっているところも多い。湾奥の砂浜海岸は黄色に塗られている。海中測量を行なったところは測線の内側が藍色に塗られており、海をまたいでいることを示している。引本浦には大きな池が描かれており、東側のみ測量されている。現名は白石湖といい、現在の形は伊能図とはやや異なる。大臺山は、一等三角点のある大台ヶ原山日出ヶ岳（1695m）にあたると考えられる。天測は6か所で行なわれている。（アメリカ議会図書館所蔵）

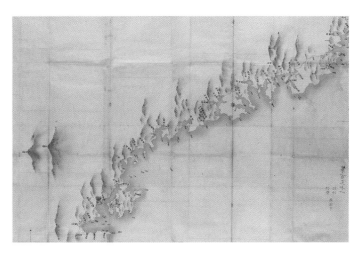

第132号　新宮

　三重県の熊野、和歌山県の新宮や勝浦などの海岸地域を含む地域の図で、第5次測量の成果である。表書きに標題は付されていない。彩色されたアメリカ大図である。北部のリアス海岸では、半島部での測量が困難だったため、測線が行き止まりになり岬の先端まで到達していないところが多い。また、海中測量も行なわれている。集落は茶色の抹形記号で表示され、集落の添景として松と思われる樹木が描かれている。木之本浦から三輪崎浦まで砂浜が続くが、測線は、海岸線の内陸側の松並木や集落に沿った街道にとられていることがわかる。そのさらに南ではふたたび海岸線が入り組むが、測線は海岸線と一致し、半島部の横切測線も見られる。熊野川の河口部には潟湖が広がり、長い砂浜海岸の背後にもいくつか見られる。新宮には紀州藩付家老水野飛驒守の居城が描かれ、熊野新宮の蔓も見られる。那知山（熊野那智神社）まで参道を測量している。有名な那智滝も、瀑布と記載されている。天測は8か所で行なわれている。（アメリカ議会図書館所蔵）

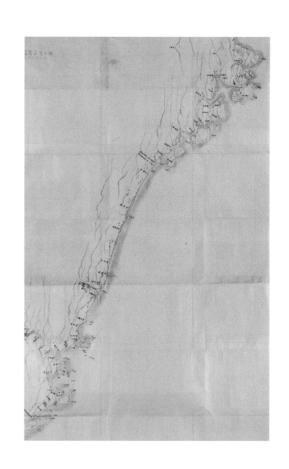

第133号　京都

　〔山城　攝津　近江　丹波之部〕京都を中心として、大阪府の高槻、茨木、滋賀県の大津などを含む地域の図で、第12号「稚内」と同じく旧海軍水路部が模写した図である。しかし第12号とは異なり、朱色の測線が明瞭に描示されている。また、一部で国・郡界が記入され、国名と郡名が大きな字でその範囲を示すように書かれている。そのほかは、第12号と同様の表現である。旧海軍がなぜ、内陸部をこれほどまでに詳しく写したのか不明である。京都は第5次から第8次までの測量でかならず経由しており、市中も縦横に測量され、大坂（大阪）、福知山、奈良、敦賀などと結ぶ測線が四通八達している。また、二條（二條城）のほか、膳所城、淀城、亀山城（現・亀岡）、高槻城の城郭が藍や茶で着色され、松の木に囲まれて描かれている。一方、多数の社寺が描かれ、それらの社寺まで延びている測線も数多い。掲載されている地名は約800あり、第90号「東京」より多い。大池と記載されている池は巨椋池で、草を表現した記号が描かれ、芦や葭の生い茂る沼沢地が広がっていた様子を示している。巨椋池も現在は干拓されて姿を消している。名称が付されている山も、ほかの図と比べて多い。天測は17か所で行なわれている。京都は、東京と対比して西京と記載され、国郡境、国郡名もあるが、これは模写時に記入したものと思われる。（海上保安庁海洋情報部所蔵）

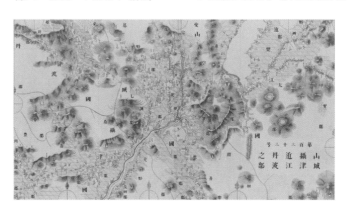

第134号　奈良

〔伊賀 上野 大和 郡山 吉野 山城 笠置〕三重県の上野、名張、奈良県の奈良市、桜井、吉野までを含む地域の図で、第6次および第8次測量の成果である。奈良と上野を結ぶ測線は木津川に沿っており、測線は数度にわたって木津川を横断している。木津宿から上野までの木津川の描示は2度途切れるが、途切れた川にはそれぞれ別の名称が付けられている。上野には大きな城郭が描かれており、藤堂和泉守持城と記載されている。柳生藩の陣屋（小柳生村）には、わざわざ木津川を渡って長い測線を延ばしている。奈良には、興福寺、東大寺、春日大宮（春日大社）などの有名な社寺が記され、塔を含めて大きな甍が描かれて測線も延びている。そのほか、薬師寺、唐招提寺、長谷寺など、現在も残る古寺を見つけることができる。郡山にも城郭が描かれているが、隣接図の第135号「大阪」に松平甲斐守居城と記載されている。また、桜井村から吉野を廻って元に戻るループ状の測線が引かれて、金峯山寺まで達している。高取藩植村駿河守居城は2万5000石の小藩にもかかわらず、大きく聳えるように描

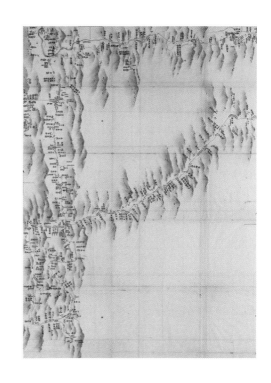

かれているのは、高取城が500mを超える山上にあったためであろう。御陵や大和三山も記載されており、古代史の地の面目躍如といったところである。天測は9か所で行なわれている。（アメリカ議会図書館所蔵）

第135号　大阪

大阪を中心として、兵庫県の尼崎、大和（奈良県）の斑鳩を含む地域の図で、第5次、第6次、および第7次測量の成果である。表書きに標題は付されていない。アメリカ大図では数少ない彩色図で、集落が橙色の抹形の記号で表現されている。淀川は幅広く中州も詳しく描かれており、一部には未測量の空白部分があるが、分流する三角州の状況がよく示されている。淀川に架かる天満、天神、難波の3橋が描かれており、ほかの図ではこうした橋名の記載例は少ない。ひときわ目につくのは大坂（大阪）城であり、ほかの城郭に比べて大きく描かれている。そのほか、尼崎の城郭と城主名、小泉村には大和小泉藩の陣屋が描かれている。天王寺（四天王寺）、東西本願寺、住吉社なども、甍が大きく描かれている。大和の名社や名刹には、門前まで測線が延びており、国宝に指定されている法隆寺、法起寺、再建された法輪寺の塔も描かれている。信貴山朝護孫子寺には高い杉のような樹木も描かれている。このほか、それぞれの城郭や社寺が個性的に描かれており、またそれぞれの門前に測線が延び、特別に扱わ

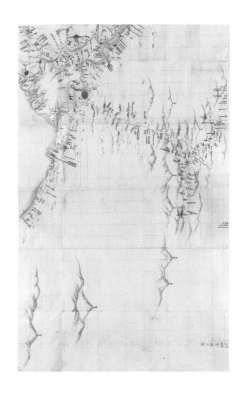

れて重視されていることをうかがわせる。天測は8か所で行なわれている。葛城山が2つあるが、それぞれ金剛山地と和泉山脈の葛城山（959mおよび858m）であろう。（アメリカ議会図書館所蔵）

第136号　篠山・三田

〔播磨　攝津　三田　丹波　篠山〕　兵庫県中南部の篠山、三田、三木、宝塚などを含む地域の図で、第7次および第8次測量の成果である。笹山（篠山）には、亀山（亀岡）、三田、福知山、姫路とを結ぶ測線が集まっている。笹山には城郭は描かれていないが、大きな甍が描かれており、青山下野守居城と記されている。三田には九鬼和泉守の居城がある。そのほか、この図には大名の陣屋が多い。上三草村、社村、小野、高木村に陣屋、在所の表示がある。各測線に沿う山の表記も数多いが、現在どの山か比定できないものも多い。また、湯山町の温泉の表記は有馬温泉である。天測は7か所で実施されている。（アメリカ議会図書館所蔵）

第137号　神戸・明石

〔明石〕　兵庫県の神戸を中心として、西宮、明石、加古川などのほか、淡路島北半部と大阪府の岸和田を含む地域の図で、第5次、第6次、および第7次測量の成果である。彩色され、集落の抹形記号も黄橙色の家並で表わされているが、大名領地などの記載はない。山は緑色に彩色されていて、たなびく雲霞や松形の樹木が点在している。測線は海岸線をたどる一方、武庫川の三角州の地帯や東・西垂水村、塩屋村のあたりは、海岸線の内陸側に測線が引かれている。西宮宿、兵庫津、明石などは、家並みが密集して描かれている。神社が多く記載されており、その建物は赤く塗られ、生田神社など多数の鳥居が参道上の測線に記入されている。布引の滝にも測線が延びる一方、六甲とそれに連なる山々が堂々と描かれている。淡路島は海岸線と島を横断する測線がある。城主名はないが、明石と岸和田の城郭が大きく描かれている。天測は11か所で行なわれている。本図は秋岡武次郎氏旧蔵で、「秋岡圖書」の朱印が押されている。（国立歴史民俗博物館所蔵）

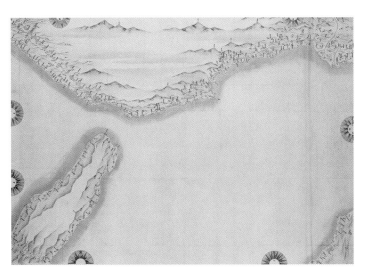

第138号　和歌山・洲本

〔淡路 洲本 紀伊 和賀山 和泉〕　和歌山県の和歌山市、および大阪府の泉南地域と淡路島の洲本周辺を含む地域の図で、第5次および第6次測量の成果である。和泉山脈が海に没する紀淡海峡と和歌浦の対岸は海蝕崖の見られる地形であるが、そのほかは砂浜海岸が連続している。和歌浦には長い砂州があり、砂州の両側を測量しているが、内陸側では途切れており、ほかの測線にはつながっていない。おそらく干潟のために測量が困難だったと思われる。和歌浦に流れ込む川は、黄色に塗色された部分が広く、河口の幅も大きく砂原が広がっている。また、毛見浦と舩尾浦の海岸も黄色の塗色が幅広い。一方、紀淡海峡の友島（友ヶ島）は周囲を測量しており、沖ノ島には閼伽井、観念窟など信仰に関係する地名が見られる。淡路島の由良浦では、成山島と生牛浜をつなぐ砂州があり、その中は湊になっている。和歌山の城郭は徳川御三家であるためか大きく描かれ、紀伊殿居城と表記されている。洲本にも松平阿波守持城とあるが、城郭は描かれていない。淡路島では、測線と海岸線は一致している。天測は9か所で行なわれている。（アメリカ議会図書館所蔵）

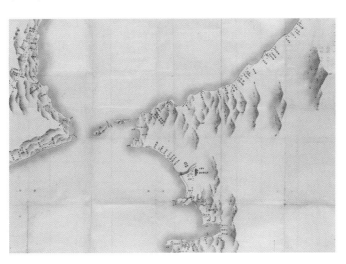

第139号　有田

　和歌山県の御坊や有田などを含む地域の図で、表書きに標題は付されていない。第5次測量の成果で、彩色されたアメリカ大図である。集落は茶色の抹形記号で表わされており、周囲には松のような樹木が配されている箇所が多い。当時、桝浜浦、田井浦、吉原浦、和田浦などの海岸には、松林が見られたと思われる。山は緑色で輪郭がなぞられているが、樹木は描かれておらず、緑色の斑点が不規則に描かれている。測線はほぼ海岸線と一致しているが、一部の岬の先端部は測線が内陸側に見られる。有田川と日高川の河口部は広く、中州や砂州が広がる様子が描示されている。島は多数描かれており、なかには比較的大きい高島や黒島などもあるが、測量されていない。すべて遠望により描いたと考えられる。天測は6か所で行なわれている。湊は下津浦や由良湊など8か所に記号がある。（アメリカ議会図書館所蔵）

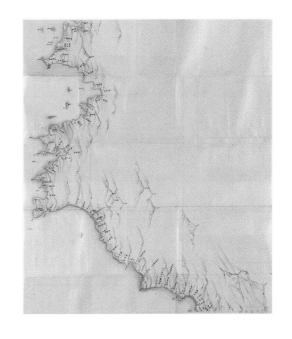

第140号　田辺

　紀伊半島南部にある和歌山県の田辺、白浜、串本などを含む地域の図で、表書きに標題は付されていない。第5次測量の成果で、彩色されたアメリカ大図である。表現は、第139号「有田」と同様である。断崖の続く海岸では測量できず、測線は、日置浦市江付近と見老津浦付近ではかなり内陸側に入っている。串本浦付近の砂浜海岸でも、測線はやや内陸側にとられている。橋杭岩は茶色の線描で、特別の表現となっている。汐御崎（潮岬）の先端には御崎明神と記され、松なども描かれているが、測線は単線で分岐しているのみで先端まで到達せず、周囲の測量も行なわれていない。大島は集落を結んで測量されているのみで、海岸線は測量されていない。田辺には、甍が描かれて安東順輔在所の記載がある。安東〔安藤〕氏は和歌山藩の付家老だった。天測は5か所で行なわれており、湊の記号は周参見浦など10か所と多い。（アメリカ議会図書館所蔵）

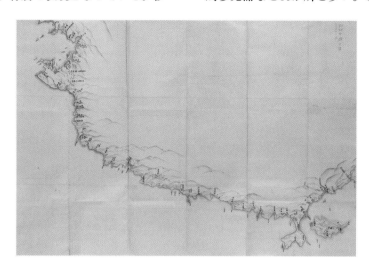

第141号　姫路

〔播磨　姫路〕　兵庫県南部の姫路、加古川、相生、山崎などの地域を含む図で、第5次、第7次、および第8次測量の成果である。姫路から京都、大阪、岡山、山陰方面に測線が四通八達している。姫路で瀬戸内海に注ぐ市川は上流から連続して描かれているが、姫路から河口までの部分は描かれていない。測量調査による確認ができない地域は描かないという原則が守られていることがわかる。揖保川も同様で、河口の手前と山崎村から下流の一部が描かれていない。しかし、各川の河口部は詳しく描かれており、三角州の分流の状況、砂州や干潟の区別などが、色の塗り分けによって表現されている。測線は三角州を除いて、ほぼ海岸線と一致している。家島の一部では海中測量を行なっている。国宝の姫路城は、比較的地味に描かれている。姫路城の城主については記載がないが、林田藩、山崎藩、安志藩などの大名在所や陣屋が数多く見られる。一方、書写山円教寺、法花山一乗寺、大子寺などの古刹は、塔や甍などが描かれ、それぞれ個性的である。書写山には分岐する長い測線が山を上っている。全体に山名が多く、赤い十字印の山も多数ある。天測は13か所で行なわれている。（アメリカ議会図書館所蔵）

第142号　徳島

〔阿波　徳島　淡路　洲崎〕　徳島県の徳島市、鳴門、兵庫県の淡路島南部などを含む地域の図で、第6次測量の成果である。測線は、海岸線のほか、淡路島の福良浦と洲本を結んでいる。鳴門海峡の両岸の孫崎と鳴門崎では、測線は岬の先端まで達していない。淡路島の湊浦には、島内の小河川であるが、河口部の幅広い川が描かれている。吉野川の河口はすべて測量することはできなかったと見え、測線も途切れてつながっていない。そのため、河口部の描き方は若干不明瞭である。それにもかかわらず、吉野川三角州の分流の様子はよく表現されている。一方、徳島城が描かれ、赤い十字印が城郭の屋根に打たれている。これは、交会法の目印として利用したと考えられる。天測は10か所で行なわれ、湊は鳴門周辺に5か所、吉野川河口部の津田浦にも記号が描かれている。（アメリカ議会図書館所蔵）

第143号　鳥取

〔伯耆　因幡　鳥取　美作〕　鳥取市を東端とする鳥取県東部、智頭、岡山県の東南端を含む地域の図で、第5次および第8次測量の成果である。測線は、海岸線とそれに並行する鳥取と倉吉を結ぶ線と、鳥取と津山を結ぶ線が描かれている。海岸線の測線から分岐して、湖山池と東郷湖の周囲も測量している。鳥取と倉吉を結ぶ測線には湯村が2か所あり、温泉と注記されている。一方は現在の吉岡温泉で、他方は三朝温泉である。鳥取から知頭宿（現・智頭）に向かう測線には宿駅の記号が記されているが、ほかの測線には宿駅の記載がない。神社の記載は多く、行き止まりの測線が分岐している。美作一宮中山神社への測線は、津山から分岐する長い行き止まりの測線である。天測は9か所で行なわれている。（アメリカ議会図書館所蔵）

第144号　津山

〔備前 播磨 美作 津山〕　岡山県の津山、和気、兵庫県の佐用などの地域を含む図で、第8次測量の成果である。津山を結節点として、鳥取、岡山、姫路などの方向に測線が四通八達している。吉備川（吉井川）や千種川などに測線が沿っており、これらの川は途切れることなく上流まで描かれている。津山には城郭が描かれ、松平越後守居城と記されている。佐用村の近くの口長谷村には、松平主馬陣屋の記載がある。津山から岡山に向かう測線には、誕生寺、仏教寺、成就寺の注記があり、仏教寺と成就寺には塔が描かれている。津山近傍の院庄村には、後醍醐帝行宮跡の表示があり、碑と記して石碑が描かれている。この碑まで測線が分岐している。天測は12か所で行なわれている。（アメリカ議会図書館所蔵）

第145号　岡山

〔兒島湾〕　岡山県の岡山市や玉野、兵庫県の赤穂および小豆島などを含む地域の図で、第5次から第8次測量の成果である。全体に美しい彩色が施されている。山や海岸、集落の周辺に松並木と思しき添景が描かれている。小豆島や豊島などの岩石海岸の表現も特徴的である。岡山を中心として、測線が四方八方に延びている。旭川は、数度にわたって渡河測量されている。児島湾は、現在は干拓が進んで児島湖になってしまっているが、当時は奥の広い湾であったことがわかる。中村（現・赤穂）や旭川河口付近には、三角州や海を直線的に横切る測線が見られる。干潟で測量が困難であったと思われる。小豆島の土庄村に見られる細い水道は、現在、土渕海峡と呼ばれている。岡山と赤穂には城郭が描かれ、それぞれ松平上総介居城、森和泉守居城とある。天測は26か所で行なわれており、ほかの図に比べて圧倒的に多い。秋岡武次郎氏旧蔵で、「秋岡圖書」の朱印がある。（国立歴史民俗博物館所蔵）

第146号　高松

〔讃岐 高松 阿波〕　高松、津田（現・さぬき市）、引田（現・東かがわ市）など、ほぼ香川県の東部を覆う地域の図で、第6次測量の成果である。測線はほぼ海岸線と一致しているが、平滑な砂浜海岸を中断する突出した磯浜や岬の岩石海岸が、測線の海側に描かれている箇所が多い。屋島には、半島の基部に水路が描かれており、暗灰色に塗色されている。高松付近の海岸も広く暗灰色に塗られており、干潟であったことを示している。このような干潟の沖の海中に高松城が描かれている。これは、海岸に面した城郭であることを示しており、松平讃岐守居城と記載されている。測線は街道を通過しているわけではないが、主要な村に宿駅の記号が付されている。天測は8か所で行なわれている。
（アメリカ議会図書館所蔵）

第147号　小松島

〔阿波 東海岸〕　徳島県の小松島、阿南、日和佐（現・美波町）などの地域を含む図で、第6次測量の成果である。小松島から福村川（那賀川）河口部まで、砂浜や干潟の続く平滑な海岸である。測線はほぼ海岸線をたどっているが、一部では干潟や中州を横断しているところもある。その南は海蝕崖が発達した海岸で、測線が内陸側を通過し、その外側には磯浜の様子が細かい海岸の凹凸で描かれている。福村川の左岸や下福井村恵金付近の海岸などが暗紫色で塗られているのは、干潟や湿地を表現していると思われる。椿村の湾入部が黄橙色で塗られている理由は不明である。一部の湾奥部は藍色に塗られているのに対して、椿村の湾だけ別な色である。天測は3か所で行なわれており、湊は6か所に記号がある。（アメリカ議会図書館所蔵）

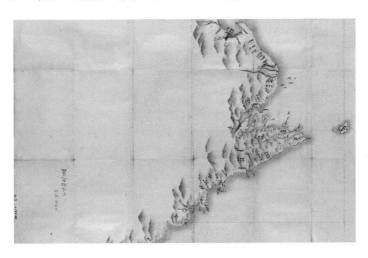

第148号　安芸

〔土佐〕 高知県の安芸や奈半利などを含む地域の図で、第6次測量の成果である。測線は、行当崎から安喜浦（現・安芸）を通過して夜須村まで、きわめて単調な海岸線をたどっている。村落も点在するが、人口密度が小さいことはその描き方からも想像することができる。行当崎のあたりは黒抹がやや密集している。西寺と記されているのは、第26番札所、金剛頂寺である。天測は3か所で行なわれている。この図と、隣接する第149号「室戸」は、地図上の位置関係からいえば図番の順序が逆である。この模写制作者が番号の順序を入れ違えたものである。（アメリカ議会図書館所蔵）

第149号　室戸

〔土佐 阿波〕 徳島県の牟岐、高知県の甲浦や室戸などを含む地域の図で、第6次測量の成果である。測線はほぼ海岸線をたどっているが、宍喰浦那佐湊を隔てる半島の外洋側は海蝕崖が発達し、測量できていない。そのほか、室戸崎の付近も含め、測線の海側に岩石海岸が描かれているところも多い。村落は点在するが、人口密度が小さいことは第148号「安芸」と同様である。室戸崎にある東寺とは、第24番札所、最御崎寺であり、室津浦の津寺とは、第25番札所、津照寺である。天測は5か所で行なわれている。湊は6か所あり、そのうち5か所は甲ノ浦より北の湾入部にある。（アメリカ議会図書館所蔵）

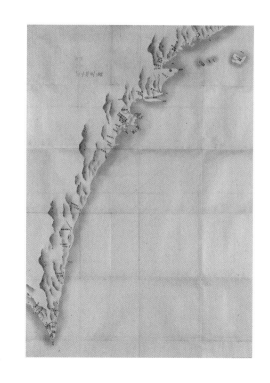

第150号　倉吉・新見

〔備中　美作　勝山　伯耆〕　鳥取県の倉吉や大山、岡山県の新見などを含む地域の図で、第5次および第8次測量の成果である。中国山地の中を高い密度で測線が通っている。岡山市を流れる旭川の上流は、流路が詳しく描かれている。大山（1729m）は、独立する火山であるにもかかわらず、その形はほかの山と同じような表現であるが、大山寺周辺の記載は詳しい。高田村に勝山城が描かれているが、城主名は記載されていない。また、大名や旗本の陣屋が新見などに記載されている。倉吉町から高田村勝山までの測線には社村への分岐があり、いくつかの神社まで測線が延びている。天測は2か所のみである。（アメリカ議会図書館所蔵）

第151号　倉敷

〔讃岐　丸亀　備中　松山　備前　兒島〕　岡山県の倉敷、笠岡、高梁などのほか、四国香川県の坂出や丸亀を含む地域の図で、第5次から第7次測量までの成果である。塩飽諸島の島々も丹念に測量されている。高橋川（高梁川）河口の三角州は当時の状況が表現されているが、現在は大きく変貌している。埋め立てや干拓によって、当時は沿岸の島であったが現在は本土の一部となっている箇所が多い。倉敷村には黒抹記号が数多く川に沿って描示されており、ほかの集落と比較して大きな商業地であることがうかがえる。松山は、現在の高梁市であるが、山の上に城郭が描かれている。四国丸亀城も描かれているが、城主名は記載されていない。天測は20か所で行なわれている。（アメリカ議会図書館所蔵）

各図解説　大図第148号〜第151号　　125

第152号　観音寺

〔土佐 伊豫 讃岐 金毘羅〕 香川県の多度津や観音寺、愛媛県の川之江や伊予三島などを含む地域の図で、第6次測量の成果である。川之江村から四国を横断する唯一の測線が高知へ向かって延びている。この測線の経路は現在の鉄道や国道が走る経路とは異なり、今の新宮村や大豊村などの山間部を通過し、笹ヶ峰付近の高い峠を越えている。金比羅社への参詣時の測線も表示されており、門前の集落の賑わいも、多数の黒抹記号からうかがい知ることができる。海岸平野を区切る山地が海岸まで迫っている様子もよく表現されている。天測は6か所で行なわれている。（アメリカ議会図書館所蔵）

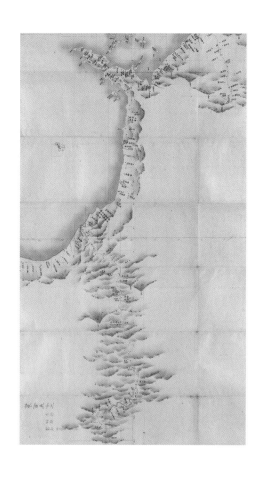

第153号　隠岐島後

〔隠岐 島後〕 島根県隠岐諸島の島後のみの図で、第5次測量の成果である。測線は島を一周しているが、北西部の海岸などでは急峻な海蝕崖が続き、海岸線を離れて内陸部を測量している。島の周囲にある岩礁などは細かく描写されている。島後の現在の中心は西郷であるが、図には西郷ではなく東郷村の記載があり、西郷は東郷村と目貫村などに含まれていたらしい。ひときわ目立つ大満寺山（608m）は現在も同名の山で、隠岐の最高峰である。伊能中図を見ると目標として格好の山であり、本土の各地から方位線が引かれている。現在も一等三角点が設置されている。天測は4か所で行なわれている。（アメリカ議会図書館所蔵）

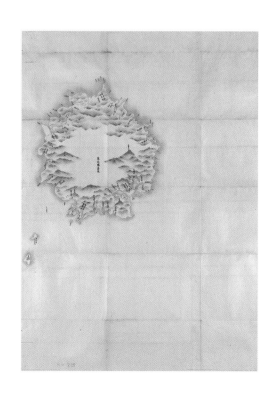

第154号　隠岐島前

〔隠岐 島前〕 島根県隠岐諸島の島前三島の図で、第5次測量の成果である。各島とも外洋に面している海岸は海蝕崖が発達しているが、それにもかかわらず測線はほぼ海岸線と一致しており、海岸線の測量は遂行できたようである。島前は、西島（西ノ島）、中島（中ノ島）、知夫里島の3島からなるが、西ノ島は〔美田村〕船越の狭い地峡でつながれているために、4島のように見える。ともに配流された後醍醐天皇と文学（覚）上人の旧跡が記されている。天測は4か所で行なわれている。湊は知夫里村ただ1か所である。（アメリカ議会図書館所蔵）

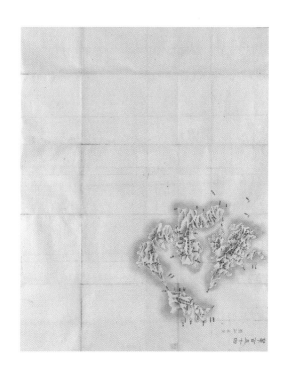

第155号　松江・米子

〔出雲 松江 伯耆 米子〕 鳥取県の米子、島根県の安来、松江、島根半島などを含む地域の図で、第5次および第8次測量の成果である。弓ヶ浜、中海、島根半島の海岸線や湖岸線をたどる測線と、米子と勝山を結ぶ測線が描かれている。米子と松江を結ぶ内陸の測線は、松江支藩の母里町や広瀬町などを通過し、神社への分岐が多く、それぞれ陣屋なども描かれている。中海の湖岸は暗灰色に広く塗られており、干潟が広かったことがうかがえる。村落の黒抹記号も干潟の中に描かれている。中海と宍道湖の間には水路が網の目のように描かれている。松江城は明瞭かつ立派に描かれているが、家門の大名にもかかわらず城主名は記載されていない。米子城も松江城に比べると小さいが、明瞭に描かれている。松江付近には神社が多数記載され、測線が分岐して延びている。名称の付された山は、赤い三角印が山頂に付けてあり、方位が測定された山と考えられる。天測は7か所で行なわれている。（アメリカ議会図書館所蔵）

各図解説　大図第152号〜第155号　127

第156号　東城

〔備中・備後　内地〕　岡山県と広島県の県境部にある東城や油木周辺の地域の図で、第7次測量の成果である。中国山地の山中を、新見、高梁、庄原、福山などと結ぶ測線が東城を結節点として展開している。村落は点在しているが、人口密度の小さい地域であることを示している。大きな町といえるものも〔川西村〕東城町を除いては見られない。この地域は準平原の地形の発達が見られるため、測線は河谷を通らず、標高500mを超える高原上を通過している。天測が行なわれているのは2か所のみである。（アメリカ議会図書館所蔵）

第157号　福山・尾道

　広島県の福山、尾道、三原のほか、因島、生口島、伯方島などの島部を含む地域の図で、第5次および第7次測量の成果である。標題はない。この図は、明治期以降に海軍によって模写されたもので、地名は一部が書かれているにすぎず、未完成の図であると考えられる。一方、測線、山景、集落、田畑、海の塗色などは完成しており、宿駅、天測点、湊も地名の記載の有無にかかわらず記入されている。福山城や三原城も描かれている。コンパスローズも丹念に写されており、地名のみがなぜ未完成に終わっているのか不明である。測線は海岸線のほか、福山から岡山や三次などへと向かっている。鞆から西の海岸の村々や伯方島などには島名と村名の記載があるが、そのほかは測線と屋根形の家並みのみで、残念ながら地名は記載されていない。宿駅の記号は4か所、天測点は10か所、湊は2か所である。鞆と尾道にあたる場所には湊の記号がある。
（海上保安庁海洋情報部所蔵）

第158号　新居浜

〔伊豫 西條〕 愛媛県の新居浜や西条を中心とする地域の図で、第6次測量の成果である。測線は海岸線をたどるのみである。海岸線は黄色と暗灰色で塗られているが、海蝕崖は刷毛で塗ったように描かれ、干潟は淡く彩色されている。新居浜から西條（西条）と壬生川村にかけては、干潟が広がっていることが示されている。この地域は背後に四国山地を控え、河川も短小な河川が多く、その勾配も急であるが、海岸には干潟が広がっていたようで、砂浜は新居浜の垣生村付近に目立つ程度である。西條には城郭が描かれているが、城主名はない。一方、測線から離れて小松には一柳因幡守在所と記され、陣屋が描かれている。天測は、4か所で行なわれている。海岸に湊の記号は見られない。（アメリカ議会図書館所蔵）

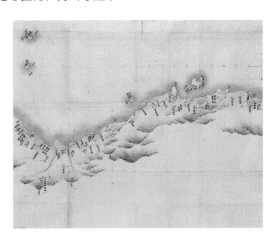

第159号　高知

〔土佐 髙知〕 高知市を中心として、高知県の赤岡（現・香南市）から須崎に至る海岸地帯などを含む地域の図で、第6次測量の成果である。測線は、高知平野に面する平滑な砂浜の海岸線と、浦戸湾や浦之内湾（横浪三里）の入り組んだ海岸線を通っている。浦戸湾に流れ込む鏡川（名称の記載はない）の三角州では干潟のために測量が困難だったらしく、測線は三角州を横切っている。浦之内湾（横浪三里）も、湾奥部には干潟を示す暗灰色が塗られている。横浪三里をふさぐ半島の外側は、発達した海蝕崖によって海岸線の測量はできず、測線は内陸側を通過している。二淀川（仁淀川）や物部川も描かれているが、描き方は明瞭ではない。高知から四国を横切りして川之江村に向かう測線は四国の脊梁山地を横断しており、この図の中でも国見峠など標高800mを超える峠を越えている。高知城は壮麗に描かれており、松平土佐守居城と記されている。天測は2か所のみで行なわれている。（アメリカ議会図書館所蔵）

第160号　須崎

〔土佐〕 高知県の須崎や佐賀（現・黒潮町）などを含む地域の図で、第6次測量の成果である。測線は海岸線に沿うのみである。この地域の海岸は海蝕崖が発達しているため、測量が困難な場所も多く、測線が内陸側に描かれているところが随所にある。しかし、測線が海岸線から大きく離れていることはない。小河川がいくつか描き込まれているが、いずれも小河川にしては河口部の幅が広く描かれている。測線に沿って点々と村落の地名注記が見られるが、いずれの村落も黒抹記号が1つか2つで、人口が少ないことを物語っている。天測は6か所で行なわれており、観測密度は比較的高い。（アメリカ議会図書館所蔵）

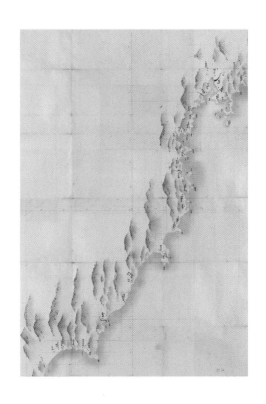

第161号　宿毛

〔伊豫 宿毛 土佐〕 高知県の宿毛や土佐清水、愛媛県の城辺（現・愛南町）などを含む地域の図で、第6次測量の成果である。この地域は断崖絶壁となった海蝕崖が続き、海岸線の測量は困難である。そのため、海岸線より内陸側を測量している場合が多く、船からの遠望によって海岸線を描いた場所も多いようである。図の北端のリアス海岸や卯来島では、海中測量も行なわれている。柏島〔浦〕は、海中測量によって本土の測線とつながれている。四万十川の河口部は三角州の分流の様子も描かれ、干潟が広がっていたことも示されている。宿毛村や北部のリアス海岸の湾奥部にも小規模な三角州が描かれている。蹉跎岬とは、現在の足摺岬である。有名な竜串の記載もある。天測は16か所と多く行なわれ、湊の14か所も他図に比べて多い。（アメリカ議会図書館所蔵）

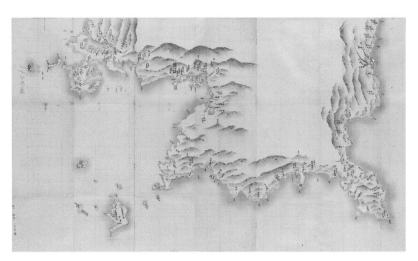

第162号　出雲

〔出雲〕 島根県の宍道湖を挟む出雲地方の図で、第5次および第8次測量の成果である。宍道湖湖岸と海岸線、および広島に向かう中国地方を横断する測線からなり、出雲平野には縦横に測線が走っている。宍道湖の周囲は暗灰色に塗られた部分が多く、干潟であったことを示している。日本海に面した海岸でも、湾奥部には干潟が見られる。また、一部では海中測量を行なっている。一方、宍道湖と日本海を結ぶ水路が測線に沿って描かれており、佐田川という注記がある。現在の地形図には、同じ流路の佐陀川が見られる。日野川は現在の斐伊川である。日野川に沿って測線が描かれており、木次村付近の支川との分岐点で斐伊川と書かれている。そこから庄原村に向かいながら測線は川を離れるが、下布施村で日野川を横断する。出雲平野には、多数の神社が記載されている。出雲神社（出雲大社）、朝山八幡宮、山王社、塩冶神社には、鳥居が描かれている。神社の密度は伊能図の中でもっとも高い。寺院は浮浪山鰐淵寺が大きく描かれ、測線がそこをわざわざ廻っている。天測は8か所で行なわれている。（アメリカ議会図書館所蔵）

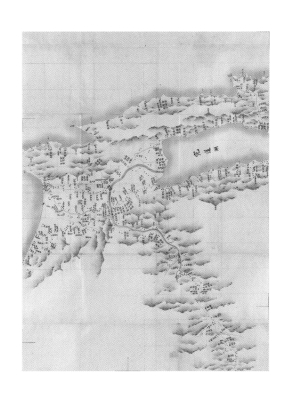

第163号　三次

〔出雲 石見 備後 安藝 内地〕 広島県北東部の三次と庄原を中心とする中国山地の地域の図で、第7次および第8次測量の成果である。測線は、三次と庄原を結節点として、出雲、大田、広島、福山などに延びている。各測線には村落が連続しているが、これらの測線が通る街道は山陽と山陰を結ぶ主要な街道であったとみえ、宿駅が適当な間隔で配置されている。天測は8か所で行なわれている。（アメリカ議会図書館所蔵）

第164号　今治

　瀬戸内海にある広島県の大崎諸島と山陽側の対岸、愛媛県に属する大三島や大島、対岸の四国側の今治や高縄半島を含む地域の図で、瀬戸内の島々と山陽が第5次、四国が第6次測量の成果である。標題はない。この図は明治期以降に海軍によって模写されたものであり、測線が明確に描かれていない。海岸の色分けや村落名など、伊能大図から編集されているのは明らかであるが、宿駅や天測点などは省略されている。海岸線がほぼ測線にあたると考えられるが、その描き方は、もともと屈曲のある直線の連続であるものが平滑化されている。全体に海岸部のみが描かれており、内陸の広島から接続する測線は描かれていない。また、水部には伊能大図にない航路と思われる朱線が付け加えられている。海も全体に青く塗られ、山景の描き方も独特である。総合的に見て伊能図の模写本と呼ぶには若干の無理があるが、この地域の伊能大図の姿を伝えるものとしては現在のところ、この図のみであるため、掲載した。大崎下島の御手洗浦は、伊能測量の風景を描いた「御手洗測量之圖」が描かれている地である。
（海上保安庁海洋情報部所蔵）

第165号　大田

〔石見　出雲　日御碕〕　島根県の大田を中心とする地域の図で、第5次、第7次、および第8次測量の成果である。海岸線と、海岸線に並行する2本の測線が走る。この図では、海岸線と測線は一致している。大田から温泉津に抜ける測線は、石見銀山で有名な大森町を通過する。佐摩村大森町には、陣屋の記載もある。全体に多数の神社が記載されており、測線が分岐して社前まで延びている。佐摩村大森町を通過する測線に宿駅が設けられているのは、人馬の往来が多かったためであろう。天測は3か所で行なわれている。（アメリカ議会図書館所蔵）

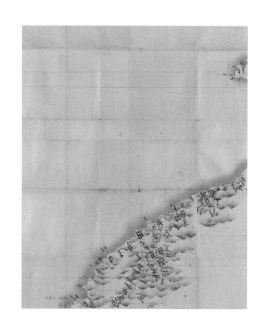

第166号　温泉津

〔安藝・石見　内地〕　島根県中部と広島県北部の図で、第5次、第7次、および第8次測量の成果である。温泉津村の付近では海岸線をたどる測線が走るが、大部分は中国山地を縦断する測線であり、新庄村を中継地として広島、浜田、大田などを結ぶ測線が描かれている。広島と大田を結ぶ測線には、宿駅が同じような間隔で配置されており、広島と山陰を結ぶ主要街道であったことを物語っている。北隣の第165号「大田」の佐摩村大森町から佐摩村銀山町まで村落記号が連続しており、石見銀山の賑わいを表わしている。温泉津村には温泉の注記がある。天測は4か所で行なわれている。（アメリカ議会図書館所蔵）

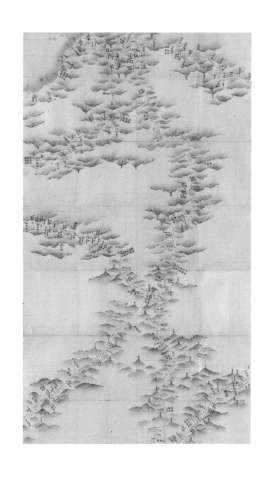

第167号　広島

〔伊豫　諸島　安藝　廣島〕　広島、呉、東西能美島、倉橋島などを含む地域の図で、第5次、第7次、および第8次測量の成果である。広島には、山陰、岡山、山口の各方面と結ばれる測線が集まっている。太田川河口部の三角州で河川が分流している状況と三角州の先端の測線の外側が黄色く塗られ、砂浜がさらに広がっている様子が示されている。何々新開という地名が多く、干拓され、新田開発が行なわれていたことがうかがわれる。宇品島は、現在は本土と陸続きになっている。太田川は、三次に向かう測線に沿って途切れることなく描かれている。また、広島城は描かれているが、城主名はない。厳島の厳島社には塔などの堂宇が描かれ、壁は赤く塗られている。また、よく見ると社殿の海に張り出している様子も描かれている。島の周りには鳥居の記号が随所に見られ、神祠も描かれている。倉橋島と本土の間の狭い海峡は隠渡迫門と書かれ、倉橋島の側には清盛墓と記されているのが見える。全体に多くの山名が記載されているが、十字印を付けたものはない。天測は9か所で行なわれている。（アメリカ議会図書館所蔵）

第168号　松山

〔伊豫 松山〕松山市を中心とする愛媛県の北条（現・松山市）や伊予市などを含む地域の図で、第6次測量の成果である。測線は海岸線をたどっているが、堀江村から松山を経由して古三津村三津町を結ぶ横切測線がある。この三津町近くの別府村では、海岸線をたどる測線が並行する2本の測線となって相互につながっていない。ここで測線が途切れている理由はわからない。松山城は大きく立派に描かれているが、城主名は記載されていない。また、松山の東には河野古城があり、柵のような絵が描かれている。道後村には温泉と記されており、鳥居の記号が表示されている。図の北東隅には、高縄半島の東岸基部にあたる現在の東予市の海岸の測線が示されている。天測は7か所で行なわれている。（アメリカ議会図書館所蔵）

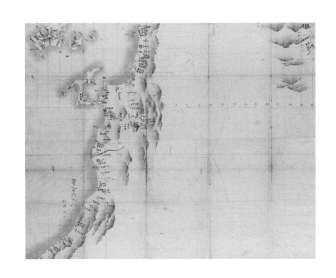

第169号　柳井

〔御両國測量絵圖 八代嶋〕山口県の柳井、光、屋代島などを含む地域の図で、第5次および第6次測量の成果である。この図は、山口県文書館所蔵の毛利家伝来の図にアメリカ大図の位置を合わせて、合成したものである。毛利家伝来の図は針穴もある彩色された副本であるが、毛利家の領分のみの図であるため、図郭中に描かれていない部分はアメリカ大図で補った。測線は、海岸線と島の周囲をたどっている。半島部ではその基部に横切測線が描かれている。美しく彩色されているが、とくに海岸の松林などの表現が巧みである。砂浜海岸は黄色に塗られているが、宇佐木村と屋代庄村の海岸の表現は、塩田ではないかと考えられる。アメリカ大図に描かれている青島のような、はるか沖合の離島まで測量しているのがうかがえる。大名に贈られた図であるためか、宿駅と天測点は記載されていない。また、アメリカ大図に比べると地名の省略がある。アメリカ大図の部分には、津和地島に天測点と湊の記号がある。（山口県文書館所蔵（部分〔伊豫 怒和島 周防大島〕アメリカ議会図書館所蔵））

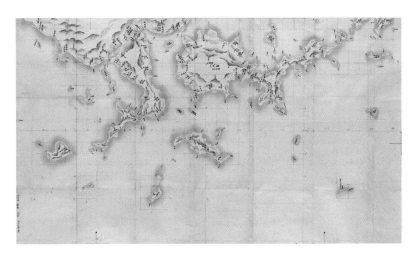

第170号　八幡浜・大洲

〔伊豫　大洲〕　愛媛県の大洲、八幡浜、佐多岬半島などを含む地域の図で、第6次測量の成果である。伊予灘から佐田岬半島を廻り、宇和海のリアス海岸の海岸線を測量している。また、比地川（肱川）に沿い、大洲まで分岐する行き止まりの測線が描かれている。比地川は大洲まで太く藍色に塗られており、河口には湊の記号がある。大洲の城は大きく壮麗に描かれており、加藤遠江守居城と記されている。海岸線の測線は、岬などの突出した箇所では内陸側を通過し、海蝕崖と岩礁が多い様子を描いている。この図では佐多岬半島の先端まで測量されており、半島を横断する横切測線が4本見られる。天測は、沖大島のような小島での観測も含めて14か所で行なわれ、湊は5か所に記号がある。
（アメリカ議会図書館所蔵）

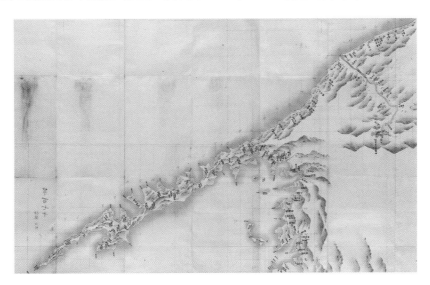

第171号　宇和島

〔伊豫　宇和島〕　宇和島を中心とする愛媛県西部の宇和海に面した地域の図で、第6次測量の成果である。この地域は海岸線の入り組んだリアス海岸をなしており、測線は基本的に海岸線をたどっているが、岬の先端などでは内陸側を通過する。また、海中測量を行なっている箇所も見られる。日振島などの離島でも海岸線を測量しているが、測量が困難だった離島や岬の周囲の海岸線には、暗灰色の太い点描が見られる。これは、おそらく岩礁を示しているのであろう。また、宇和島城は海から聳えるように壮麗に描かれており、城主名も伊達遠江守居城と大書している。宇和島の支藩吉田にも、伊達若狭守在所の記載がある。宿駅や湊の記号は皆無だが、天測は14か所で行なわれている。
（アメリカ議会図書館所蔵）

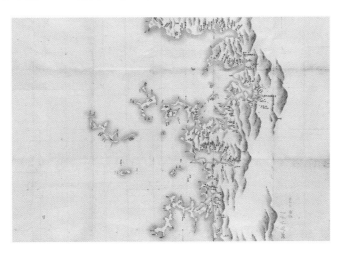

第172号　浜田

〔安藝 石見 濱田〕 島根県の浜田や江津、広島県北西部の筒賀（現・安芸太田町）などの地域を含む図で、第5次、第7次、および第8次測量の成果である。海岸線とそれに並行する測線が描かれているほか、浜田と広島方面を結ぶ測線が描かれている。そのほか、加計と山口方面をつなぐ測線が図の左下隅を通過する。また、右端下に郷川と注記された川は、現在の江の川である。幸シマと名づけられた小さな島が描かれている。浜田の北東の海岸は海蝕崖の表現が鮮やかで、測線もやや内陸側を通過している。浜田城は櫓が1つ描かれているのみであるが、松平周防守居城と記されている。天測は5か所で行なわれており、湊は浜田近くの浅井村松原浦のみである。（アメリカ議会図書館所蔵）

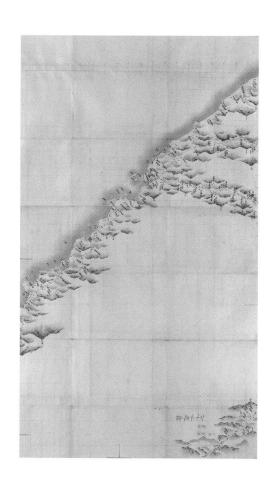

第173号　岩国

〔御両國測量絵圖 熊毛玖珂〕 山口県の岩国、広島県の大竹や佐伯（現・廿日市市）などを含む地域の図で、第5次、第7次、および第8次測量の成果である。第169号「柳井」のように、山口県文書館所蔵の毛利家伝来本には描かれていない部分を、アメリカ大図で位置を合わせて補完し、合成した。測線は海岸線をたどるほか、廿日市と山口や益田などとを結ぶ測線が描かれている。また、岩国では徳山と結ぶ測線も分岐している。国境は━の印で明瞭に示されている。毛利家のために作成した地図であるため、他藩との境界はとくに明瞭にしたのであろう。安芸国と周防国の境が広島領と岩国領の境界として書かれている箇所もある。村落は家並みで描かれているが、岩国にはとくに多数の家並みが描かれている。また、樹木に囲まれた陣屋が描かれ、吉川監物在所と記されている。錦帯橋も描かれ、そこを測線が通っている。錦川や小瀬川の三角州の状況をはじめ、玖珂村や〔椙杜枝〕高森宿の盆地には田畑が広がっている様子が茶色の塗色と筋交い状の模様からわかる。地名は若干省略され、宿駅と天測点も記載されていない。（山口県文書館所蔵（部分〔周防 岩國 石見 安藝〕アメリカ議会図書館所蔵））

第174号　益田

〔御両國測量絵圖　奈古村〕　島根県の益田、および山口県の阿武などを含む地域の図で、第5次および第7次測量の成果である。山口県文書館所蔵の毛利家伝来の図であるが、第169号「柳井」と同じく、石見国は毛利家の領分ではないため、益田付近と益田から山口方面に延びる測線は、アメリカ大図で位置を合わせて合成した。長門国と石見国の国境が━の印で表示されている。海岸線をたどる測線は、須佐村の半島部では須佐村の湾入部と須佐村内大浦の湾入部で測量されているが、その先は測量困難で海岸線の形も不明瞭にぼかしている。さらに西方の海岸線も途中までの測量である。しかし、それらの半島部の基部は測量され、測線はつながれている。アメリカ大図の部分では測線が砂浜海岸をたどっているが、毛利家伝来の図ではこれに連なる測線が描かれていない。これはアメリ大図に該当する地域が毛利家領分ではないため、測線を省略したことによる。一方、本土からはるか沖の見島を測量している。天測点は、アメリカ大図の地域に含まれる高津川河口部に1か所あり、宿駅もアメリカ大図内に3か所記されているが、毛利家伝来本に記されている地域では天測点や宿駅は省略され、地名も若干省かれている。（山口県文書館所蔵　（部分〔長門石見〕アメリカ議会図書館所蔵））

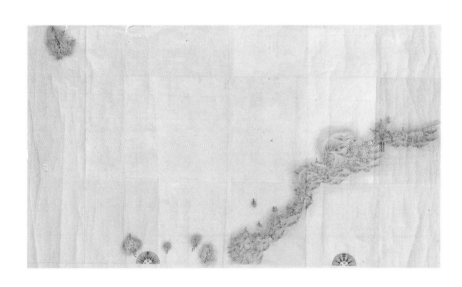

第175号　徳山

〔御両國測量絵圖 三田尻〕 山口県の徳山と鹿野（現・周南市）、下松、防府、島根県の津和野などを含む地域の図で、第5次、第7次、および第8次測量の成果である。本図は毛利家伝来の図である。海岸線および島嶼の測線のほか、山口、萩、益田などと、防府や岩国などを結ぶ測線が縦横に走る。内陸部も彩色され、山と田畑の区別がわかりやすく、盆地の規模や田畑の広がりなどが視覚的に把握できる。海岸近くの豊井村（現・下松）、徳山、三田尻町（現・防府）などには大きな村落があることがわかる。海岸に黄色く塗られた砂浜が見えるが、それが塩田であることは形状や矩形に区切る水路の存在などから判断できる。これらの塩田の中の家並みは、製塩作業の小屋ではないかと思われる。一方、徳山には樹木に囲まれた陣屋が描かれ、毛利大和守在所と記されている。防府には同じように樹木に囲まれた天満宮の社殿が描かれている。津和野城は多数の樹木の中に豪壮に描かれており、亀井隠岐守居城と書かれ、城下も多数の家並みが描かれている。地名は若干省略され、宿駅と天測点も記載されていない。（山口県文書館所蔵）

第176号　山口

〔御両國測量絵圖 小郡〕 山口県の山口市、宇部、小野田（現・山陽小野田市）、美祢、萩、長門市などを含む地域の図で、第5次、第7次、および第8次測量の成果である。瀬戸内海と日本海が1枚に収まった図で、海岸線をたどる測線のほか、山口、萩、下関を結ぶ測線が描かれている。海側から見た方向で図が描かれているため、山口と萩を結ぶ測線では長門国と周防国の国境が、萩と下関を結ぶ測線と大嶺村（現・美祢市）や深川庄村正明市（現・長門市）と下関を結ぶ測線では、豊浦郡と大津郡の郡界が、それぞれの描く向きの境となり、山景や注記の向きが変わっている。瀬戸内の海岸では松林が印象的に描かれ、とくに宇部付近では見事である。日本海の海岸でも、青海島に描かれた湖沼（青海湖）を閉じる砂州に描かれた松林が目につく。また、毛利宗家の萩城は樹木に囲まれ、櫓が3つ描かれている。城主毛利氏の名前が記されていないのは、毛利家に進呈されたものだからであろう。萩の市内には多数の家並みが描かれ、大きな城下町であることがわかる。深川庄村正明市から下関に向かう測線脇の大内

義隆の墓所・大寧寺は、松とは異なる杉のような樹木に囲まれており、鬱蒼とした古刹の様子を表現している。地名は若干省略され、宿駅と天測点も記載されていない。（山口県文書館所蔵）

第177号　川棚

〔御両國測量絵圖 赤間関〕　本州最西端にある山口県の下関、豊浦、豊北、油谷などを含む図で、第5次、第7次、および第8次測量の成果である。海岸線の測線のほか、長門と萩を結ぶ測線が描かれている。また、清末から長府までは、海岸線にきわめて近接して並行する測線が描かれており、長府からは海岸線を含めて3本の測線が並行するが、海岸線の測線とそのほかの測線とはつながっていない。そのうち1本は、わざわざ長門一宮を経由する測線である。清末には樹木で囲まれた陣屋が描かれ、毛利讃岐守在所と書かれている。長府にも切妻の赤い陣屋が描かれ、毛利甲斐守と書かれている。一方、城郭も描かれ、居城とのみ記されている。地名は若干省略され、宿駅と天測点も記載されていない。（山口県文書館所蔵）

第178号　小倉

〔筑前 豊前 小倉 長門 赤間関〕　山口県の下関、福岡県の北九州市小倉、若松、門司、および行橋、田川などを含む地域の図で、第7次および第8次測量の成果である。測線は、小倉を結節点として福岡、久留米、中津の方向に延びている。久留米方面に延びる測線には、宿駅の記号がついた村が多数存在する。海岸線をたどる測線は、その海側に砂浜の黄色や磯浜の暗灰色が塗られている場合もある。とくに唐戸川、小波瀬川、今川は、測線の海側に河道が描かれ、砂浜などの色が塗られており、海岸線が明らかに測線の海側にある。潮間帯で河口と海の境がはっきりしないためであろう。門司村と赤間関の間は和布刈迫門と呼ばれていた。引島は現在の彦島である。洞海湾は現在では埋め立てが進んで、その幅は非常に狭くなっているが、以前の姿がこの図には示されている。小倉城が描かれ、小笠原

大膳大夫居城と記されている。天測は11か所で行なわれている。（アメリカ議会図書館所蔵）

第179号　中津

〔豊前 中津 豊後 姫島〕 大分県の中津、宇佐、国東半島などを含む地域の図で、第7次測量の成果である。海岸線をたどる測線は、中津から国東半島を一周する。海岸線に並行する測線は、国東半島の基部を横断している。中津と高田村の間は海岸が黄色く塗られており、砂浜海岸であることを示している。国東半島では、砂浜と磯浜が交互に出現する。暗灰色に塗られているのは、干潟ではなく磯浜である。中津には、小さいが城郭が描かれており、奥平大膳大夫居城と記されている。立石には陣屋が描かれ、木下辰五郎在所と記されている。宇佐村には八幡宇佐社があり、測線が分岐している。耶馬渓の羅漢寺にも測線が延びている。駅館川や水崎村の無名川など、小規模だが三角州の様子が描かれており、駅館川の河口は湊となっている。天測は12か所で行なわれている。（アメリカ議会図書館所蔵）

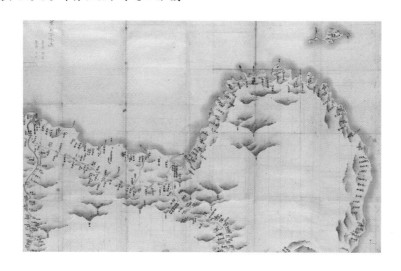

第180号　日田

〔肥後 筑後 筑前 豊後 豊前 内地〕 大分県の日田や森（現・玖珠町）、熊本県の小国、福岡県の英彦山周辺などを含む地域の図で、第8次測量の成果である。陣屋廻村と記された日田を中心として、測線が、中津、筑豊、福岡、久留米、阿蘇の方面に延びている。筑後川は、日田から福岡と久留米を結ぶ測線に沿って描かれ、日田から森に至る間は途中で峡谷となるために測線から離れるが、〔戸畑村下山筋〕平島のあたりからふたたび上流が描かれている。山国川も、中津からの測線に沿って最上流部の英彦山〔女体岳〕(1200m)付近まで途切れることなく描かれている。筑後川も山国川も、ともに名称は記載されていない。また、英彦山には堂宇が描かれ、測線が分岐して延びている。さらに、測線が標高850mの薬師峠を越えている。日田は天領で、大きな建物は陣屋を表わしていると思われる。森には久留島伊予守在所とあり、甍が描かれている。天測は8か所で行なわれている。（アメリカ議会図書館所蔵）

第181号　大分

〔豊後　杵築　日出　府内〕　大分県の大分市、別府、杵築、佐賀関（現・大分市）などを含む地域の図で、第7次測量の成果である。国東半島南部、別府湾岸、佐賀関半島の海岸線を測量している。府内（大分市）からは、九州を横断する測線が分岐して延びている。現称大分川は柚布川、大野川は白嵩川と記されている。柚布川と白嵩川の間には大きな潟湖が描かれる一方、大野川の河口部は広い三角州となっており、分流している様子が示されている。佐賀関半島にある地蔵崎の沖合の高島も測量されている。はるか沖合の地向島・沖向島は遠望によって位置を測り、図示したと考えられる。杵築、日出、府内（大分）には城郭が描かれ、アメリカ大図には、それぞれ松平備中守居城、木下主計頭居城、松平起之助居城と記されているが、本図には城に記載はない。杵築と日出の城郭は海に面しているため、海岸線に直接描かれている。また、鶴見嶽（1375m）は大きく描かれているが、有名な別府温泉の注記はとくに見あたらない。赤字で書かれた地名があるが、模写の校正過程で追記または訂正したものであろう。天測は9か所で行なわれており、湊は5か所に記号がある。（海上保安庁海洋情報部所蔵）

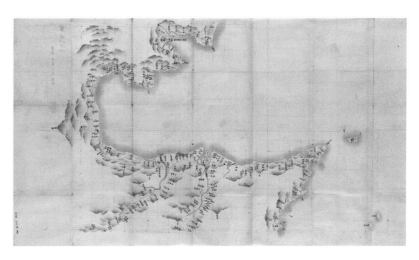

第182号　豊後竹田

〔肥後　豊後　岡〕　大分県の竹田や豊後大野、熊本県の阿蘇や高森などを含む地域の図で、第7次および第8次測量の成果である。大分と熊本を結ぶ九州横断の測線と、阿蘇と延岡を結ぶ測線が描かれている。竹田町と大分を結ぶ測線は現在の大野川に沿っており、大野川は下津尾村犬飼町より下流では太く藍色に塗られているが、犬飼町より上流では、測線から所どころで離れたり途切れたりしている。竹田町では、上流から支流が合流する様子が描かれている。竹田町そばの岡には城郭が描かれ、中川修理大夫居城と大書されてい

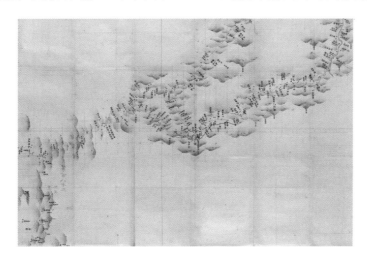

る。また、阿蘇の高嶽（1592m）の噴煙が描かれており、当時は盛んに活動していたことがわかる。坂梨村と高森町を結ぶ測線は、高嶽と根子岳（1433m）の間の標高約1000mの峠を越えており、高森との標高差は400mを超える。天測は4か所で行なっている。（アメリカ議会図書館所蔵）

第183号　佐伯

〔豊後　臼杵　佐伯　日向〕　大分県の佐伯、津久見、臼杵、および宮崎県の最北部を含む地域の図で、第7次測量の成果である。ほぼ海岸線に沿った測線のみの図である。この地域はリアス海岸が顕著で、半島部では急峻な海蝕崖のために測量ができず、海岸線を遠望して描いた部分も多く、海中測量も行なっている。半島部では基部に横切測線が採られている。しかし測量が困難な地域であったにもかかわらず、入念な測量が行なわれたことが図からも判断できる。佐伯より南のリアス海岸の湾入部では、湾内の村落の総称として、総号米水津浦、総号入津浦、総号蒲江浦と記されている。臼杵と佐伯には城郭が描かれているが、城主名は記載されていない。天測は12か所で行なわれており、湊は6か所である。（海上保安庁海洋情報部所蔵）

第184号　延岡

〔日向　延岡〕　宮崎県の延岡や日向と、五ヶ瀬川、耳川上流部を含む地域の図で、第7次および第8次測量の成果である。海岸線をたどる測線と並行して、突出する半島部を横切る測線、五ヶ瀬川と耳川をさかのぼる測線が描かれている。五ヶ瀬川も耳川も名称は付されていない。内陸に向かう測線は、それぞれ阿蘇、熊本に抜けている。五ヶ瀬川の河口は多くの河川を集めて潟湖状になっており、中州の大きな島や砂州も測量されており、それぞれの名称も注記されている。半島部は海蝕崖が発達しているため、測線は内陸側に採られている箇所も多く、遠望によって海岸線や島を描いている。五ヶ瀬川と耳川をさかのぼる測線は、峡谷での測量であるために上り下りが激しかったのではないかと想像され、測線も細かく波状に描かれている。耳川の下流部では、たびたび川を横断して測量している。延岡には城郭が描かれているが、城主名は記載されていない。天測は9か所で行なわれており、湊は、〔上別府村〕美々津町、〔日知屋村〕細島町、赤水村に、記号が書かれている。（アメリカ議会図書館所蔵）

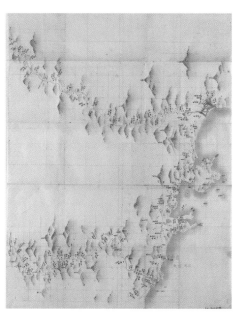

第185号　宮崎

〔肥後　日向　佐土原　高鍋〕　宮崎県の宮崎市、高鍋、西都などを含む宮崎平野の図で、第7次および第8次測量の成果である。日向灘に面して宮崎平野の海岸線が続くが、測線は海岸線とほぼ一致する。海岸線に並行して、〔生村〕都濃町、高鍋、佐土原に至る測線と、佐土原から人吉および小林を結ぶ測線が描かれている。一方、海岸線を南へ向かう測線は、赤江川（大淀川）を迂回して現在の宮崎市を経由する。宿駅は、これらの測線に沿って見られる。赤江川の河口部は広く、湊も2か所あって、砂嘴の先端まで測量されている。また、宮崎平野の南端には現在、清武川と加江田川が流れているが、清武川の記載はなく、加江田川が曽山寺川と記されて潟湖状に広がり、3本の河川を集めている。有名な青島は、淡島と呼ばれている。一瀬川（一ツ瀬川）の河口も潟湖状になって相当広く、干拓されて砂嘴で海と隔てられているが、これらもすべて測量されている。アメリカ大図では佐土原と高鍋の城はそれぞれ島津淡路守居城、秋月佐渡守居城と注記されているが、本図では城郭も注記もなく、多数の甍が描かれている。花ケ島町付近に神武社があって社殿と樹木が描かれ、測線も社前まで延びている。これは現在の宮崎神宮である。天測は8か所で行なわれている。
（海上保安庁海洋情報部所蔵）

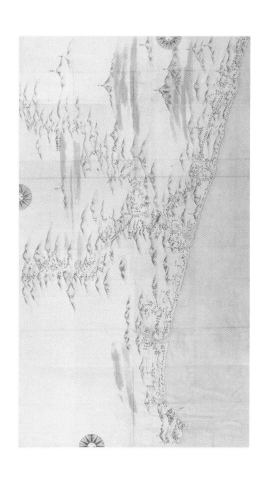

第186号　宗像

〔筑前　宗像　八幡〕　福岡県北九州市の西部、直方、宗像、古賀などを含む地域の図で、第8次測量の成果である。海岸線の測量のほか、遠賀川に沿って飯塚に至る測線や、海岸と並行して芦屋村から福岡に至る測線、そしてそれらをつなぐ横切測線が縦横に走っている。遠賀川は川幅が広く、河口部は遠賀湊と表示されており、途切れることなく描かれている。中間村の付近には大きな中州があって中島とあるが、これは国土地理院の地形図にも見られる。〔山辺村〕直方町の少し手前では木屋瀬川と記され、名称を変えている。また、現在の北九州市若松区にあたる若松半島の基部では、鴨生田川が遠賀川と洞海湾をつないでいるように描かれている。海岸は黄色か暗灰色に塗られており、黄色は砂浜、暗灰色はこの図の場合は磯浜を示していると考えられる。島や岬も暗灰色に塗られている。一方、宿駅の分布から見ると、芦屋村から赤間村を通る

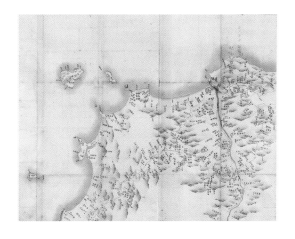

測線と〔藤田村熊手村〕黒崎から〔山辺村〕直方町を通る測線が、当時の主要街道だったと思われる。天測は6か所で行なわれ、すべて海岸部である。（アメリカ議会図書館所蔵）

第187号　福岡

〔筑後 肥前 筑前 福岡 秋月 豊前〕　福岡県の福岡市を中心として、飯塚などの筑豊地域、太宰府、佐賀県の鳥栖などを含む地域の図で、第8次測量の成果である。測線が縦横に走り、綿密な測量調査が行なわれていることがうかがえる。博多湾の海岸線が測量されているほか、志賀島は海中道の先端からつないで、島の周囲を測量している。内陸部においても、福岡を中心として小倉、佐賀、久留米、日田、唐津などに向かう測線が、相互に複雑につながっている。伊能大図のなかでも、測線密度がもっとも高い地域の一つである。とくに、小倉と久留米、福岡と久留米や佐賀などを結ぶ測線は、宿駅も多数見られ、主要な街道を通っていることがわかる。一方、博多湾に注ぐ那珂川、比恵川（御笠川）、早良川（室見川）など、大小の河川がかなり詳細に描かれている。早良川の河口には島が描かれ、那珂川の河口には中島という地名があり、現在の福岡市博多区中洲にあたる。福岡城は堀もあり、樹木に囲まれた石垣も描かれて、大藩の城郭としての雰囲気を醸し出している。城主名も大書されている。宰府村の天満宮など神社の記載も多く、測線が分岐して延びている。天測は13か所で行なわれている。（アメリカ議会図書館所蔵）

第188号　佐賀・久留米

〔肥前 佐嘉 筑後 久留米 柳河 筑前〕　福岡県の久留米、柳川、八女、佐賀県の佐賀市などを含む筑後川下流域を中心とした地域の図で、第8次測量の成果である。筑紫平野を縦横に測線が走り、詳細な測量が行なわれたことを物語っている。筑後川は途切れ途切れであるが、河口から日田の方角へ向かって明瞭に描示されている。河口部の大きな島は、現在も同じような形で存在する。久留米、柳河（柳川）、佐嘉（佐賀）には城郭が描かれ、城主もそれぞれ有馬玄蕃頭居城、立花左近将監居城、松平肥前守居城と記載されている。耳

納山地の山々は比較的山名の記載が多い。一方、佐賀周辺は、測線を横切る小河川が詳細に描示されている。筑後川河口の有明海沿岸は新田開発された干拓地であるが、ほかの地域に比べて、現在の海岸線と大きな違いがない。天測は15か所で行なわれている。（アメリカ議会図書館所蔵）

第189号　　唐津

〔肥前　唐津　筑前〕　佐賀県の唐津を中心として、長崎県の松浦、福岡県の前原などを含む地域の図で、第8次測量の成果である。福岡県の糸島半島から東松浦半島を経て北松浦半島に連なる海岸線を測量している。糸島半島の碇石崎の海岸は海蝕崖であるために測量できず、岬の突き出しの基部を測線が走り、測量できなかった海岸線はその先を三角形に突き出している。しかし実際の海岸線は、半円状の突き出した地形である。この海蝕崖は暗灰色で塗られており、虹ノ松原の東の海岸も海蝕崖で同様に塗られ、測線は海岸の内陸側を通る。北松浦半島の周囲の島も海蝕崖が発達している様子が表現されている。北松浦半島は海岸線を測量すると同時に、その基部を横切る測線と半島を横断する測線が採られている。東松浦半島の海岸も、同様に海蝕崖が発達している。鷹島や福島などの大きい島のほか、小さい島まで丹念に測量されている。また、唐津城の城郭が描かれているが、城主名は記載されていない。松浦川は河口部の幅がかなり広い。天測は14か所で行なわれている。（アメリカ議会図書館所蔵）

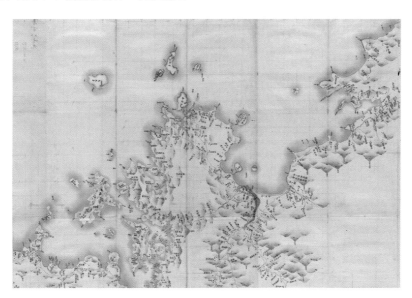

第190号　　佐世保

〔肥前　岡村〕　長崎県の佐世保、佐賀県の武雄、鹿島、伊万里、小城などを含む地域の図で、第8次測量の成果である。測線は、佐賀、唐津、長崎などに向かって四通八達しており、測線の密度はきわめて高い。佐世保付近の九十九島と呼ばれる多島海の島々は、小さな島まで測量され、丹念に島名が注記されている。一方、

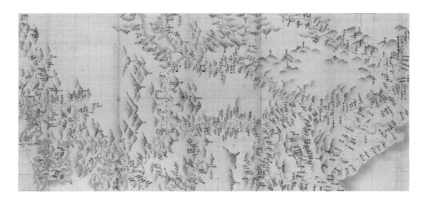

有明海に面する海岸線は不明瞭である。この一帯で海岸が暗灰色に塗られていないのは、干潟で海岸線を測量することができなかったため、意図的に曖昧にしたものと思われる。小城には鍋島捨若在所とあり、陣屋が描かれている。鹿島の北には稲佐宮があるが、ここには4つの神社記号が書かれている。佐賀と長崎、伊万里、唐津を結ぶ測線には、宿駅の記号が付された町村も多く、各城下や長崎を結ぶ往来が盛んだったことがうかがえる。天測は11か所で行なわれている。（アメリカ議会図書館所蔵）

第191号　壱岐

〔実測地圖〕　長崎県の壱岐島全図で、第8次測量の成果である。この図は平戸藩松浦家に贈呈されたものであり、彩色されて丁寧に仕上げられた図である。島全面に緑色で山を描き、松と思われる樹木も点景として描かれ、村落に家並みが描写された、きわめてよくまとまった上質の図である。測線も島内を高密度で覆っており、模範的な横切測量を行なっている。周囲の小さな島まで測量して、地名の注記も明瞭である。壱岐島の東沖にある名島は位置を測量しているが、島の形状は遠望して描いているため、地形は実際とは異なる。図の左下隅に描かれている島は、平戸の北にある的山大島の属島である二神島で、しっかり測量している。また、27を数える神社を記載し、その密度は出雲

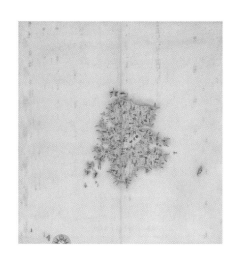

地方と争うほど高い。多くは社前まで測線が達しており、鳥居の記号が添えられている。大名に贈呈されたものであるために天測点は記載されていないが、湊は5か所に記号がある。（松浦史料博物館所蔵）

第192号　対馬

〔對馬國〕　対馬全図で、第8次測量の成果である。海岸線は無論のこと、島を横断して横切測量を行なっている。上下島の間に横たわる浅茅湾のリアス海岸を丹念に測量しているのは驚異的である。小さな島まで測線が描かれ、細かく測量を行なっている。海岸は、暗灰色で薄く塗られ、海蝕崖を示している。府中には、金石館や朝鮮館などの、国境におかれた対馬の地理的な環境と歴史を物語る注記を見ることができる。また、佐須奈村と鰐浦村には、朝鮮国渡海という文字が記載されている。伊能中図では、対馬から対岸の朝鮮の山々を遠望し、方位の測量も行なっていたことが示されている。天測は7か所で行なわれ、そのうち6か所は上島である。（アメリカ議会図書館所蔵）

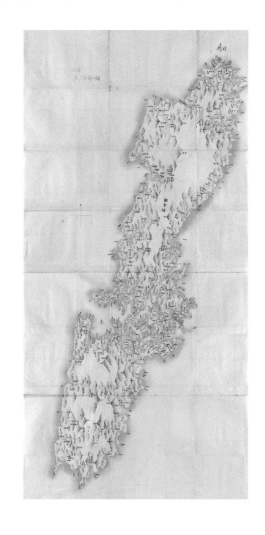

第193号　熊本

〔肥後 熊本 筑後〕　熊本県の熊本市を中心として、玉名、山鹿、菊池、阿蘇、および福岡県の大牟田などを含む地域の図で、第7次と第8次測量の成果である。海岸線のほか、高瀬町（現・玉名）、〔湯町〕山家（現・山鹿）、隈府町（現・菊池）、大津町、〔滴水村〕植木、〔関村関町〕南関などを結ぶ測線が、縦横に走っている。海岸線は暗灰色に塗られている箇所が多く、干潟が多かったことがうかがえる。また、阿蘇山の鬼島山は現在の杵島岳にあたると考えられるが、2つの鬼島山がある。一方、山家と植木の市街地は赤く塗られており、このような例はほかの図にはない。植木と山家の間に今藤村があり、ムステノ小屋という記載があるが、これが地名であるのか名所旧跡のたぐいであるのかは不明である。熊本城は大藩だけのことはあって大規模な城郭の様子が描かれており、細川越中守居城と書かれている。天測は11か所で行なわれている。（アメリカ議会図書館所蔵）

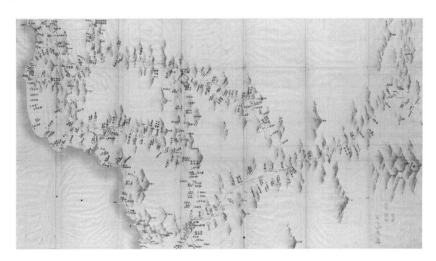

第194号　椎葉

〔日向 肥後〕　熊本県の阿蘇南麓、宮崎県の高千穂や椎葉など、九州山地の中央部の図で、第8次測量の成果である。九州山地の急峻な山の中を通過する測線が、延岡と阿蘇、美々津と矢部とを結んでいる。美々津と矢部村とを結ぶ測線は、大野村馬見原から五ヶ瀬川の上流部を走り、日向では胡桃峠、葛峠、笹ノ峠を越えている。胡桃峠は、五ヶ瀬川と耳川を分ける国見峠か、あるいはその近傍の峠だと考えられるが、いずれにしても標高1200mに近い峠である。葛峠のあたりは現在では桂峠と呼ばれ、標高1150mを超える。一方、笹ノ峠は標高1300mを超える峠である。測線は細かく屈曲しており、山中測量の苦労も並大抵ではなかっただろう。矢部と大野村馬見原には宿駅の記号があり、当時の肥後と日向を結ぶ街道であったことを示している。延岡と阿蘇を結ぶ測線は、天孫降臨の伝説地も通過しているが、とくに神社の記載などがないのは不思議である。天測は、延岡と阿蘇を結ぶ測線上での3か所のみで行なわれている。（アメリカ議会図書館所蔵）

第195号　八代

〔肥後 八代〕 熊本県の宇土や八代などを含む地域の図で、第7次および第8次測量の成果である。八代海に面する海岸と宇土半島から島原湾にかけての海岸は、暗灰色で広く塗られており、干潟の泥質な海岸だったことを示している。八代に流れ込む川は名称が示されていないが、球磨川である。前川と記されているのは、球磨川の三角州の分流である。測線はこの三角州の一帯を縦横に走っている。八代には城郭の絵が描かれており、細川越中守持城となっている。また、球磨川河口沖のさほど大きくない島まで測量している。宇土半島北側においても、緑川に沿って海岸の測線と内陸の測線とをつないでおり、この一帯は暗灰色に塗られている。〔段原村〕宇土には甍が描かれ、細川和泉守在所とある。天測は6か所で行なわれている。（アメリカ議会図書館所蔵）

第196号　島原

〔肥後 天草 肥前 島原〕 長崎県の島原半島の東半部と、熊本県の天草下島から宇土半島に至る地域の図で、島原半島は第8次、天草は第7次の測量成果による図である。1か所を除いて、海岸線と測線は一致しており、天草の入り組んだ海岸線を忠実に測量している。島原半島では、「島原大変肥後迷惑」といわれた眉山崩壊による泥流大災害（寛政4年〔1792〕）によって形成された九十九島が細かく描かれている。小さな島を一つ一つ測量し、名称も詳細に記載している。「寛政四年湧出新島」と書かれており、九十九島という名称はまだなかったのかもしれない。また、島原から雲仙を横断する測線のほか、西海岸の小浜から雲仙の温泉に至る行き止まりの測線もある。雲仙火山を作る山々の名称も多数記載されている。島原城は比較的大きく描かれているが、城主名は記載されていない。天測は島原半島で2か所、天草と宇土半島で2か所と比較的少ない。湊の記号はない。（アメリカ議会図書館所蔵）

第197号　小林

〔大隅　日向　霧島山　肥後〕　宮崎県の小林、霧島山麓、米良、熊本県の湯前などの地域を含む図で、第8次測量の成果である。九州を横断し、佐土原と人吉、鹿児島を結ぶ東西に走る測線が描かれている。肥後側の人吉からの測線に沿って、球磨川の上流部が途切れることなく描かれている。測線が横断する支流の記載も詳しい。この測線は九州山地を横断し、一里山峠は標高1000mを超える。また、小林を通過する測線に沿って西端部に久留孫川が描かれているが、これは川内川の上流部である。〔麓村枝〕野尻で鹿児島方向に分岐する測線は、霧島山麓を通過する。三池と注記された池は、現在の御池である。霧嶋神社の社殿が描かれ、長い測線が分岐している。霧島山を構成する火山の名称が記されており、なかでも雛守山と唐国山は現在の呼称と一致するようである。一方、韓国山と記載されている山は、現在の韓国岳とは位置が異なる。そのほか、市房山（1721m）や石堂山（1547m）など、現在と同じ呼称の山が見られる。天測点は2か所のみである。（アメリカ議会図書館所蔵）

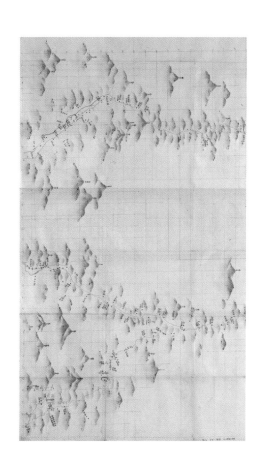

第198号　飫肥

〔日向　飫肥〕　宮崎県の日南市飫肥を中心とする日南海岸の地域の図で、第7次測量の成果である。日南海岸に沿う測線と、油津から飫肥を経て都城に向かう測線が描かれている。大島など、沿岸の大きな島も測量しているが、日向灘に面して海蝕崖が発達し、測量が困難であったものと考えられる。測線は途切れており、おそらく船からの遠望で海岸線の形を崖のように描いている。飫肥には城郭のかわりにいくつかの甍が描かれており、伊東修理大夫居城と記してある。酒谷村と贄波村江河には伊東修理大夫領分と書かれている。一方、海北村には秋月佐渡守領分と記されているので、高鍋藩の飛地があったことがわかる。一方、鵜戸山窟とあるのは、現在の鵜戸神宮であろう。天測は4か所で行なわれている。図郭の隅には東西南の方位が描かれており、模写の際に未完成に終わったコンパスローズであることを示している。（アメリカ議会図書館所蔵）

第199号　都城

〔日向・大隅 外海岸〕 宮崎県の都城周辺と、志布志湾沿岸の鹿児島県志布志市を中心とする地域の図で、第7次測量の成果である。測線は、黄色に塗られた砂浜が続く志布志湾岸の海岸線に沿っているが、一部の岬の突端では内陸側に測線が走り、海岸線には藍色の塗色がある。とくに、内之浦町の半島部南側の海岸は急峻な海蝕崖で測量が困難なため、測線は内陸側に採られている。高隈川（肝属川）の河口部は川幅がかなり広く、中州である中島も丹念に測量されている。ここからは〔中之村〕笠野原を通り、鹿屋に向かう測線が分岐している。志布志湾に浮かぶ枇榔島も、島の周囲を測量されている。都城を通る測線は、錦江湾（鹿児島湾）北岸の福山から牛峠を通り、宮崎県の日南に抜けているが、現在の国道の経路とは異なる。天測は3か所で行なわれているが、1か所は隣図第209号「鹿児島」の中之村に付されているものである。湊は、内之浦町と高隈川河口に記号がある。（アメリカ議会図書館所蔵）

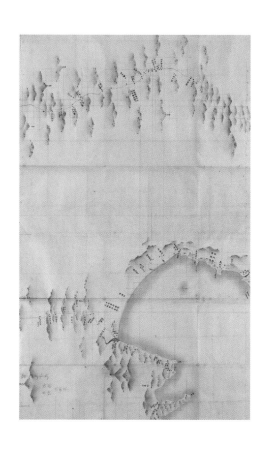

第200号　人吉

〔薩摩 肥後 人吉〕 熊本県に属する天草上島の南部と、熊本県南部の水俣、球磨川、および人吉などを含む地域の図で、第7次および第8次測量の成果である。海岸線に測線が採られているが、測量が困難だった箇所は海岸を藍色で塗色している。肥後本土では、海岸線の測線と内陸に入った測線がほぼ並行して引かれている。また、球磨川に沿って内陸に向かう測線が人吉を通り、椎葉と加久藤へ抜けている。球磨川は連続的に川幅を示した描き方をしており、測線は18回にわたって流路を横切っている。一方、人吉城は櫓と思しき絵が描かれているが、小藩のためか地味な表現である。この図では城主名はないが、「九州沿海図第17」には相良志摩守居城と記載されている。天測は九州本土内で4か所、天草では7か所で行なわれている。湊の記号はない。（アメリカ議会図書館所蔵）

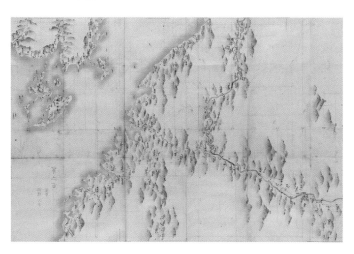

150

第201号　大村

〔肥前　大村〕　長崎県の大村湾を挟んで西彼杵半島と、大村、および佐賀県の鹿島などを含む地域の図で、第8次測量の成果である。針尾浦（針尾島）と西彼杵半島の屈曲に富んだ海岸線を丹念に測量し、小島も含んで多くの島々を測量していることがよくわかる。多良嶽の山々の名称を数多く表示しているが、同じ地域の伊能中図をみると、この山々に方位線が多数引かれている。一方、現在の大村湾は鯛之浦と記され、字の大きさがかなり大きい。大村藩は城持大名だが、小藩であるためか、城郭の描き方は地味である。アメリカ大図には13か所の天測の記号があるが、本図には11か所に記されている。湊は西彼杵半島の西側にのみあり、大島、蠣浦島、松島などに記号が描かれている。（海上保安庁海洋情報部所蔵）

第202号　長崎

〔肥前　長崎〕　長崎県の長崎市、諫早、島原半島の西部を含む地域の図で、第8次測量の成果である。入り組んだ海岸線を丹念に測量している。諫早町周辺の有明海沿岸は暗灰色で塗色されており、干潟が広がっていたことを示している。長崎には多数の黒抹記号や社寺が書かれており、現在の市街地の広がりに比べれば狭いが、相当規模の都市であったことがわかる。唐人荷物蔵、出島、阿蘭陀屋敷は、長崎特有の注記である。野母崎の遠見、長崎湾両岸の遠見番処や御番処など、当時の長崎が置かれていた時代的状況を示している。天測は12か所で行なわれている。湊は長崎周辺のみの7か所で、有明海や島原半島には記号の表示はない。（アメリカ議会図書館所蔵）

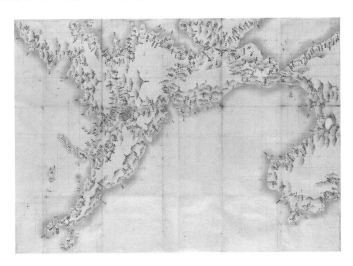

長崎〔参考図〕

〔実測地圖〕　平戸藩主の松浦家に伝わった地図で、第202号「長崎」の参考図として掲載した。これは伊能グループによって作成され、松浦静山の依頼により贈られた副本「実測地図」である。長崎県の大村湾に面する時津村から、長崎、茂木村、矢上町、野母半島などを描いている。描かれている内容は詳細で、第202号のアメリカ大図に記載されている地名などと、ほぼ一致する。アメリカ大図は山の輪郭のみがなぞられているが、この図では山景が描かれているため、長崎の市街の広がりと地形の関係などがわかりやすい。また、野母半島の海蝕崖の状況や、脇御崎村の砂浜海岸と松林など、アメリカ大図ではわからない当時の景観情報も得られる。（松浦史料博物館所蔵）

第203号　天草下島

〔薩摩　長嶋　肥後　天草〕　熊本県に属する天草下島の全体と、鹿児島県に属する長島の一部などを含む地域の図で、第7次測量の成果である。ほぼ海岸線を測量しているが、天草下島の外洋に面した海蝕崖は測量が困難だったと見え、測線は内陸側に採られている。天草下島には、内陸部の横切測線も数本見られる。牛深村、富岡町、〔牛深村枝〕茂串には湊の記号が表示されており、いずれも湾入した良港であったことがうかがえる。富岡町は、現在の地形図を見ると砂嘴によって湾入しているが、この図では砂嘴の内側にのみ測線が見られ、外側は測量できなかったことを示している。天草下島では13か所で天測が行なわれており、長島でもこの図の範囲内では4か所で天測が行なわれている。（アメリカ議会図書館所蔵）

第204号　平戸

〔実測地圖 平戸領全圖〕 平戸藩主だった松浦静山の要望に応えて贈られた図で、平戸藩主松浦家に伝来したものである。平戸藩領（長崎県北部の平戸から佐世保に至る、松浦半島と平戸島などを含む地域）を描いており、第8次測量の成果である。針穴があり、彩色されて美しいコンパスローズも付され、丁寧に仕上げられている。島の多い図であるが、九十九島の大小の島や岬などが細かく測量され、地名の記載もきわめて詳細である。測線は海岸線にほぼ一致しており、海蝕崖の様子が絵画的に細かく描かれている。砂浜は黄色に、磯浜は茶色に塗られている。集落の家並みや平戸城も絵画的である。平戸島では数本の横切測量が行なわれているほか、白嶽、安満嶽、志自岐山などの社まで測線が延びている。大名への贈呈図であるためか、天測点の表示はない。湊の記号は、平戸のほか、薄香浦、川内浦、〔津吉浦〕志自岐浦、田助浦の5か所である。（松浦史料博物館所蔵）

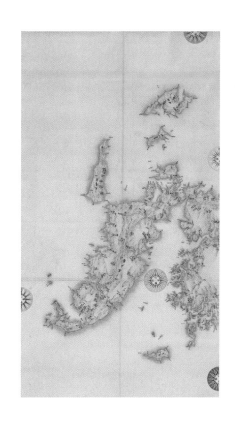

第205号　崎戸

〔肥前 五嶋之内〕 九州西端にある長崎県の西彼杵半島から五島列島の中通島に連なる崎戸島、江ノ島、平島周辺の図で、第8次測量の成果である。伊能大図には、位置のみを交会法によって測量し、島の地形は遠望によってスケッチ風に描いた図が数枚あるが、それらを除けば、この図がもっとも陸地面積の少ない図といえる。周辺の小島も遠望して描示している。島々の海岸線も測量され、平島では天測も行なわれている。崎戸島と平島には湊の記号があるが、江ノ島には湊の記号がない。（アメリカ議会図書館所蔵）

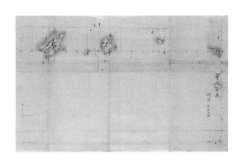

第206号　小値賀

〔肥前　五嶋北島〕　長崎県に属する五島列島北部の宇久島、小値賀島、中通島、若松島、奈留島などを含む地域の図で、第8次測量の成果である。複雑に入り組んだ海岸線の測量精度を確保するため、半島部を横切る測線も多く、測量の基本を忠実に実施していることがうかがえる。4か所の天測点が見られるが、宇久島、小値賀島のほか、中通島の有川湾（有川村）の3か所に集中している。湊の記号は5か所に見られる。若松島の属島である日之島（日ノ島）は、伊能測量隊副隊長の坂部貞兵衛が死の病（チフスといわれている）を得た場所である。（海上保安庁海洋情報部所蔵）

第207号　福江

〔肥前　五嶋本島〕　長崎県に属する五島列島南部の福江島や久賀島などを含む地域の図で、第8次測量の成果である。測線は海岸線とほぼ一致し、小さな島も丹念に測量している。内陸部にも縦横に測線が走るほか、入り組んだ海岸線を地峡部で横断する測線もある。福江の湾入部には、崎保寄という細長い砂州状の地形が見られる。三井楽の半島部の付け根では、江川が幅広く海峡のように描かれているが、現在、この付け根を貫通する河川は見られない。福江に見られる大きな甍は、領主五島氏の陣屋であろう。福江は、伊能測量隊で唯一の犠牲者、坂部貞兵衛が客死した場所で、福江市内に墓がある。6か所の天測点と5か所の湊が見られるが、福江には湊の記号がない。（海上保安庁海洋情報部所蔵）

第208号　阿久根

〔大隅　日向　薩摩　肥後〕鹿児島県北西部の出水、阿久根、川内、大口、宮崎県の加久藤を含む地域の図で、第7次および第8次測量の成果による図である。海岸部では、測線はほぼ海岸線と一致している。川内川は、河口部と現在の川内市街地の周辺部分のみに幅広く描かれている。河口部には島（舩間島）があり、現在は人工改変が進んでいるが、この島自体は存在している。長島と九州本土の間の海峡は、図中では隼人迫門と記されているが、現在は黒の瀬戸と呼ばれている。一方、大口や加久藤の盆地に至る測線はかならず山越えせざるをえず、きわめて困難な測量作業だったと思われる。紫尾山（1067m）は、出水山地に聳える顕著な山であり、伊能中図を見ると方位線が多数引かれている。天測点は8か所、湊は阿久根村の1か所である。（アメリカ議会図書館所蔵）

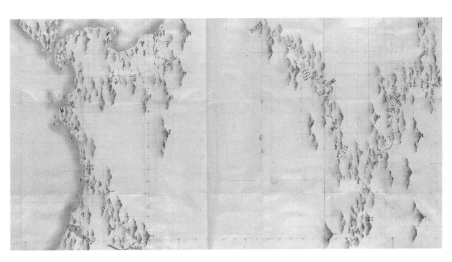

第209号　鹿児島

〔薩摩　鹿兒嶋　大隅　櫻嶋〕錦江湾（鹿児島湾）を囲む鹿児島県の大隅半島西岸と薩摩半島東岸の鹿児島市、および加治木、国分や桜島などを含む図で、第7次および第8次測量の成果である。ほぼ海岸に沿って測線が通っているほか、薩摩半島を横断する測線、人吉や大口などに向かう測線、都城や鹿屋に向かう測線など、内陸へ向かう測線が分岐している。鹿児島は、集落記号の黒抹が多数描示されていて、大きな都市であることを示している。「松平豊後守屋形」の記載があり、大きな屋根の家屋が連なって、鹿児島城の様子を示していると思われる。桜島（1117m）は当時、陸続きにはなっていない島であり、伊能測量から約30年前の安永年間の活動による新島も測量されている。桜島からは噴煙が上がっている。御岳の頂上部は焦茶色に塗られ、植生のない火山斜面を表現している。天測記号は6か所で見られる。（海上保安庁海洋情報部所蔵）

各図解説　大図第206号〜第209号　155

第210号　串木野・枕崎

〔薩摩　西南端〕　鹿児島県の薩摩半島西半部の串木野から枕崎に至る地域の図である。第7次測量の成果であるが、串木野村から北の海岸と鹿児島に至る測線は第8次測量の成果によるものである。図に名称の記載はないが、現在の吹上浜の長い海岸は黄色に塗色され、砂浜が続いていることを示している。吹上浜の南端には、河口部の広い新川とその南に万瀬川という表示がある。新川は現在、万之瀬川と呼ばれており、今でも広い河口になっている。一方の万瀬川は現在、相星川と呼ばれている。また、吹上浜の沖には久多島と表記された小島があり、このような小さな島も、陸側から見通して交会法により位置を割り出している。坊津浦、片浦村、串木野村近傍の湊浦には、湊の記号が表記されている。現在は枕崎が大きな漁港として有名だが、図中の鹿籠村枕崎浦には湊の記号が描かれていない。湊浦には湊川と記された広い河口があり、現在も当時と同じように広い河口である。野間半島の基部の大浦村は広い湾入の奥に位置しており、現在、この一帯は干拓地となっている。天測は8か所で行なわれている。
（アメリカ議会図書館所蔵）

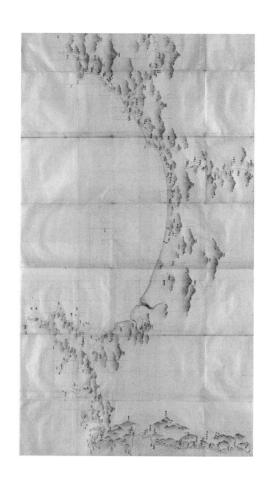

第211号　山川

〔大隅・薩摩　南端〕　錦江湾（鹿児島湾）を挟み、鹿児島県の大隅半島と薩摩半島の先端部の図で、第7次測量の成果である。拾二町村摺之浜（現・指宿市）、山川村（現・指宿市山川）、大根占村（現・錦江町大根占）などの地名を見ることができる。大隅半島の東海岸では測量が困難だった部分が多く、内陸部を測量したり海中に縄を張って測量したところも多い。海中に測線が描かれている箇所は、海の部分が藍色に塗色されている。測線も途切れており、佐多岬では測線が枝分かれして閉合していない。また、無名の細かい岩礁が海岸に沿って多数描かれている。一方、薩摩半島は海岸線に沿って測量されており、黄色に塗色された砂浜が多い。開聞岳は顕著な独立峰であるが、その表現は簡素である。山川浦町と佐多岬近傍の〔辺津加村枝〕大泊浦には、湊の記号が見える。天測点は9か所あり、一般には測線上の村に添って記されているが、大隅半島先端部の郡村では測線から離れている。（アメリカ議会図書館所蔵）

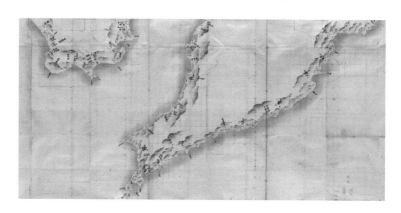

第212号　甑島

〔薩摩　甑嶋〕　鹿児島県に属する甑島列島をなす上甑島と下甑島の図で、第7次測量で渡航して測量を行なった成果である。ほぼ全島海岸線を測量しているが、下甑島西岸の海岸測量は困難で、途切れている測線もあり、海岸の測量を中途であきらめた形跡も図から読みとれる。ここでは、かなり内陸に入って測量しており、海岸線は舟からの遠望で描いたと思われる。また、下甑島西岸には、海岸線に沿って無数の岩礁が点々と表示されている。いくつかの岩礁には名称が付されているが、大部分は無名である。現在の地形図を見ても下甑島の周囲全体に大小の岩礁があることがわかるが、この図では圧倒的に多数の岩礁が西岸に描かれている。さらに、図中に名称の記載はないが、特徴のある海鼠池と長目浜が塗色されている。湊は下甑村に記号があるのみで、天測は6か所で行なわれている。（アメリカ議会図書館所蔵）

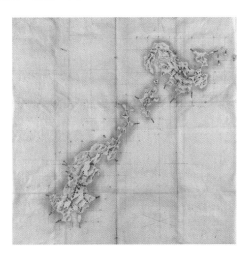

第213号　種子島

〔大隅　種子島〕　鹿児島県に属する種子島と馬毛島が含まれた図で、種子島は第7次測量では渡航することができず、第8次測量において全島を測量することができた。種子島では、測線はほぼ海岸線に沿って見られるが、一部では測量困難だったらしく、やや陸側を通っている場合もある。島を横断する2本の測線があり、原則通りの横切測量が行なわれている。アメリカ大図を見ると天測は4か所で行なわれており、本図ではそのうち1か所にみが記載されている。

　西面村（現・西之表市）と国上村浦田には湊がある。種子島は比較的平坦な島であるため、山景の表現はあるが、山名の記載はない。一方、馬毛島は、種子島と九州本土および屋久島から方位を測量されており、伊能中図には多数の方位線が見える。位置は交会法により決められているが、島の形は実際より細長い形となっている。（海上保安庁海洋情報部所蔵）

各図解説　大図第210号～第213号　157

第214号　屋久島

〔大隅　屋久島〕　屋久島と口永良部島を描いた図である。屋久島も、第7次測量では渡航を果たせず、第8次測量において島内を一周して測量することができた。伊能測量南限の地である。ほぼ全島の海岸線を測量しているが、一部では海岸線の測量が困難で、測線が内陸部に引かれている部分もある。屋久島は洋上アルプスといわれるように、峨々たる山稜が連なっているが、遠望できた山名が記載されている。これらの山が現在のどの山にあたるのか比定が難しい。口之永良部島（口永良部島）は、交会法によって位置が測量されただけであり、その形状はスケッチである。天測点は4か所で、栗生村、〔吉田村〕宮之浦村には湊の印がついている。（海上保安庁海洋情報部所蔵）

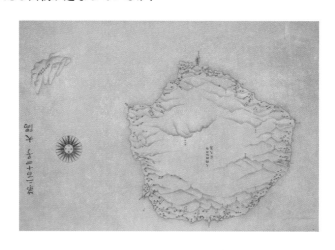

九州沿海図　第1図　小倉・下関

〔自小倉舟頭町至築城上毛郡界／自築城上毛郡界至塩見峠／自塩見峠至観音岬〕　関門海峡を挟み、現在の福岡県下関市、北九州市小倉南・北区、門司区、行橋市などの地域の図である。長門の吉田川、行事村・大橋村の小波瀬川、今川の三角州が描かれているほか、行事村・大橋村から椎田村までの海岸の背後の丘陵状の地形表現が優れている。また、関門海峡の大里村付近の砂浜海岸と、長府より北の海岸の松林の表現も、当時の景観を彷彿とさせる。家並みも、小倉、赤間関（現・下関）、長府などでは大きく描かれ、壮麗な小倉城とともに当時の町の発達の状況を示している。（東京国立博物館所蔵）

九州沿海図　第2図　中津

〔自築城上毛郡界至小熊毛村〕　大分県の中津、宇佐、豊後高田などを含む地域の図である。国東半島には海蝕崖が描かれているが、中津平野の砂浜海岸に移り変わるところでは、海岸や河口に干潟が見られる。とくに高田村付近には草色に塗られた干潟が無名の川の河口を中心に広がっている。駅館川の河口にも干潟が見られる。中津城は河口に面して描かれている。宇佐神宮も社殿が大きく描かれ、八幡宇佐宮と記されており、鳥居の記号もある。（東京国立博物館所蔵）

九州沿海図　第3図　　大分

〔自小熊毛村至竹下里村界・至平山村字八丸／自竹下里村界至野津原村・至戸次市村〕　大分県の大分市、別府、日出、杵築、国東を含む地域の図である。白嵩川（大野川）と柚布川（大分川）の砂地の河原、白嵩川の河口の中州の島が田畑として利用されている状況、海岸の砂浜と潟湖や干潟の当時の様子などを、彩色によって把握することができる。樹木に囲まれた府内城、海に面している日出城、杵築城がそれぞれ描かれている。また、標高1375mの鶴見嶽が堂々とした形で描かれている。（東京国立博物館所蔵）

九州沿海図　第4図　　臼杵

〔自竹下里村界至津久見浦日見〕　大分県の臼杵や津久見と、佐賀関半島を含む地域の図である。佐賀関半島より南にある海岸線の岬の部分では海蝕崖が見られ、その間の入り江にある砂浜の様子がよく表現されている。佐賀関半島の北岸東部は、大分平野から続く砂浜海岸となっている。臼杵城は、海に面して島の上に乗るように描かれている。（東京国立博物館所蔵）

九州沿海図　第5図　　佐伯

〔自津久見浦日見至豊後日向國界〕　大分県の佐伯を含む地域の図である。リアス海岸の海蝕崖が発達した地域であり、断崖や岩礁の表現が細かく写実的である。海中測量の測線の表現も厳密である。大江灘川（番匠川）の河口の島が田畑として利用されている状況が、彩色によって知ることができる。佐伯城は大きくは描かれていないが、樹木に囲まれた高台に聳え、毛利美濃守居城と記されている。（東京国立博物館所蔵）

九州沿海図　第6図　延岡

〔自豊後日向國界至平岩才脇村界〕　宮崎県の延岡、日向、門川を含む地域の図である。五ヶ瀬川の河口から広がる砂浜海岸と、財光寺村の砂浜海岸は、ともに松林が描かれて印象的である。そのほかの海岸の大部分は海蝕崖となっており、表現が対照的になっている。五ヶ瀬川の河口はいくつかの河川を集め、方財島に塞がれて広い潟湖状をなしており、中州となっている島はなかば田畑として利用され、なかば干潟であることがわかる。城下町の延岡や港町の細島町は、家並みの規模も大きく描かれている。（東京国立博物館所蔵）

九州沿海図　第7図　宮崎・高鍋

〔自平岩才脇村界至田吉村〕　宮崎県の宮崎市、高鍋、都農などを含む地域の図である。赤江川（大淀川）の河口の砂州や中州、砂地の河原、海岸の砂浜が、黄橙色の塗色で表現されている。一瀬川（一ツ瀬川）の河口は砂州で閉塞されているが、中州や河岸は薄い緑色で塗色され、干潟であることが示されている。城下町である佐土原、高鍋、港町の美々津町は、当時は大きな町だったことが家並みの規模からわかる。佐土原と高鍋には、ともに高台に城郭が描かれている。（東京国立博物館所蔵）

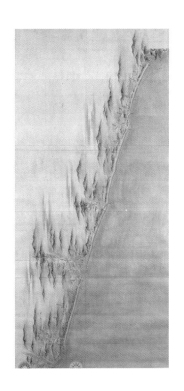

九州沿海図　第8図　飫肥

〔自田吉村至那珂諸縣郡界／自田吉村至牛ヶ峠〕　宮崎県の宮崎市、日南、串間などを含む地域の図である。海蝕崖の発達している海岸が顕著だが、宮崎平野の長い砂浜海岸と松林、油津の砂浜海岸と松林、湊浦と今町の海岸と松林が描かれている。もっとも大きな家並みが見えるのは飫肥で、伊東修理大夫居城と記された大きな甍が描かれている。（東京国立博物館所蔵）

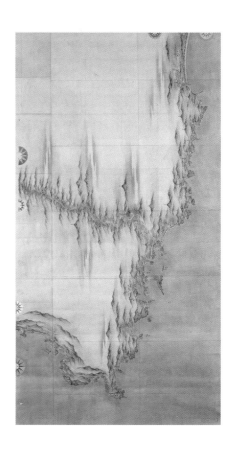

九州沿海図　第9図　志布志

〔自那珂諸縣郡界至邊津加村／自邊津加村至肝屬大隅郡界横尾峠〕　鹿児島県の志布志、大崎、肝付などを含む地域の図である。志布志湾の砂浜海岸が長く続いている。高隈川から南は、小さな砂浜海岸を除くと岩石海岸で海蝕崖が発達する。海岸の地形はきわめて写実的に表現されており、断崖や岩礁が細かく焦茶色に塗色されて表現されている。高隈山地の最高峰である高隈山（1236m）が、ほかの山から抜きんでて描かれている。鹿屋村を通過する測線に沿って、松並木が連続的に描かれている。（東京国立博物館所蔵）

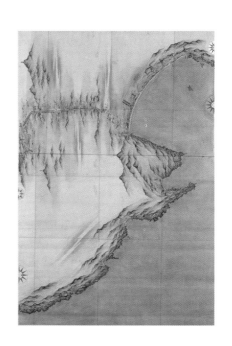

九州沿海図　第10図　鹿児島

〔自邊津加村至神之川村皆倉／自神之川村皆倉至鹿兒嶋市中海邊街道追分／自鹿兒嶋市中追分至高井田小山田村界・至福山牧場／自鹿兒嶋市中追分至御領村石垣浦・至清藤村〕　錦江湾（鹿児島湾）沿岸の鹿児島県鹿児島市、指宿、霧島、垂水、鹿屋、錦江、南大隅などを含む地域の図である。錦江湾から沿岸を見る方向で地名や山などの地形を描いている。ただし、桜島（1117m）と開聞岳（924m）は南から見た図となっている。桜島は裾野から迫り上がるように描かれると同時に、南から見た正面図となっており、噴煙が上がっている。また、黒い点描が多数描かれているが、溶岩流を示しているのかもしれない。桜島は当時は、陸続きになっていない島であった。一方、鹿児島は家並みの規模は大きく、松平豊後守居城と記され、甍が多数描かれている。湊には防波堤が突き出して描かれている。佐田岬（佐多岬）や開聞嶽（開聞岳）の海岸には海岸線の外側に岩礁を表わす黒点が多数描かれ、岩石海岸の状況を示している。（東京国立博物館所蔵）

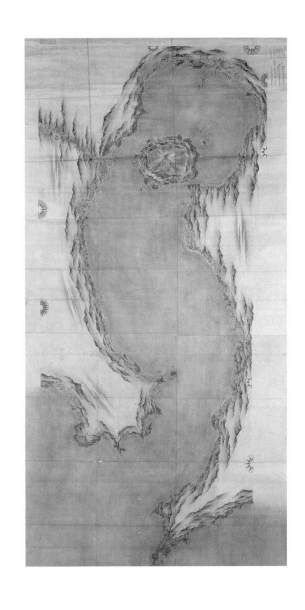

九州沿海図　第11図　都城

〔自福山牧場至牛ヶ峠〕　宮崎県の都城、鹿児島県の曽於を含む地域の図である。西から見た形で図を描いている。測腺に沿って松並木が連続して描かれている。宮丸村（都城）は宿駅の記号が付され、家並みが測線沿いに長く続いており、島津筑後屋敷と記されている陣屋が樹木に囲まれて描かれている。田畑のある平坦地と山地とを、測線が交互に通過する様子が表現されている。（東京国立博物館所蔵）

九州沿海図　第12図　枕崎・串木野

〔自御領村石垣浦至串木野村五反川／自串木野村五反川至清藤村〕　鹿児島県の串木野、日置、加世田（現・南さつま市）、枕崎などを含む地域の図である。薩摩半島西海岸の吹上浜が大きく描かれており、南になるほど砂浜の幅が広く描かれている。一方、野間半島から枕崎浦までは海蝕崖が発達しており、断崖の様子が写実的に描かれている。串木野から鹿児島に向かう測線には、湊村と大里村の間に松並木が描かれている。
（東京国立博物館所蔵）

九州沿海図　第13図　川内・阿久根

〔自串木野村五反川至薩摩肥後國界〕　鹿児島県の出水、阿久根、川内、および長島の一部を含む地域の図である。出水平野の海岸に見られる砂州や潟湖と、干潟を色で塗り分けて表現している。〔西目〕佐潟村沖の佐潟崎の陸繋島や川内川河口部の船間島など、細かい表現が施されている。紫尾山（1067m）は青灰色で特徴的に描かれている。山名が示すように、遠望するとこのような色合いに見えたのであろう。この図では、阿久根村の家並みがもっとも大きいように見える。
（東京国立博物館所蔵）

九州沿海図　第14図　長島

〔薩州長嶋〕　鹿児島県に属する天草諸島の長島、獅子島などを含む地域の図である。天草下島などが図郭内に存在するはずだが、描かれずに海になっている。九州本土は、薩摩国出水郡と記され、海岸線の測線で輪郭のみ描かれている。コンパスローズは半円ではなく4分の3円で、1か所のみで接合するようになっている。（東京国立博物館所蔵）

九州沿海図　第15図　甑島

〔薩州甑嶋〕　鹿児島県の甑島全島の図である。全島にわたって海蝕崖が写実的に表現されており、焦茶色に塗られた岩石海岸の表現は、とくに下甑島の西海岸で秀逸である。一方、砂浜海岸についても、上甑島の長目浜では長い砂州とその内側の潟湖がよく表現されている。（東京国立博物館所蔵）

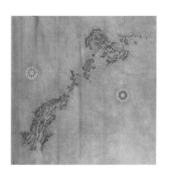

九州沿海図　第16図　八代

〔自薩摩肥後国界至下村／自薩摩肥後国界至一勝地谷村田頭〕　熊本県の八代、芦北、水俣を含む地域の図である。全図にわたって球麻川（球磨川）が描かれ、河口の干潟が草色で表現されている。球麻川の峡谷では、谷壁を焦茶色に塗って急峻な岩壁を表現している。海岸の海蝕崖にも同じような表現が施されている。八代平野には田畑が広がり、八代の家並みと樹木に囲まれた城郭が描かれている。佐敷町と陣内村（現・水俣）にも、家並みが多数描かれている。（東京国立博物館所蔵）

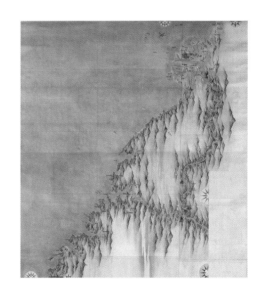

九州沿海図　第17図　人吉

〔自一勝地谷村田頭至高井田小山田村界〕　熊本県の人吉、宮崎県の蝦野（現・えびの市）、鹿児島県の湧水を含む地域の図で、西方から見て描いている。人吉と〔中福良村枝〕加久藤村を結ぶ測線は山越えをするが、その周囲の山景はほかの部分より小さく細かく描いている。また、人吉盆地と加久藤盆地の広がりがよく表現されている。人吉盆地から球麻川（球磨川）の峡谷に入る一帯も、川の両岸に山が迫る様子がよくわかる。加久藤盆地もまた、川内川の上流が栗野付近まで描かれており、盆地を潤していたことがよく理解できる。
（東京国立博物館所蔵）

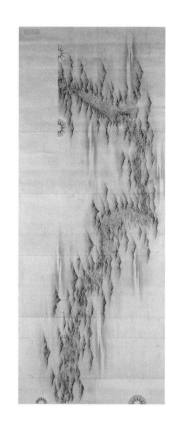

九州沿海図　第18図　熊本

〔自下村至下立田村宇留毛・至肥後筑後國界〕　熊本県の熊本市、玉名、荒尾、菊池、宇土半島などを含む地域の図で、西方から見た形で描いている。隣接図の第19「天草」とは一部で重なっている。天草の島は輪郭のみを描いている。また、長洲村の周辺には砂浜海岸が描かれているが、砂州が広がる様子がよく表わされ、横島村では干潟と考えられる地形を薄い緑色で表現している。大きな熊本城が鮮明に描かれ、家並みも多数描かれている。（東京国立博物館所蔵）

九州沿海図　第19図　天草諸島

〔天草郡〕　熊本県に属する天草諸島の上島と下島、大矢野島、対岸の旧三角町などが加わった地域の図である。下島では、富岡町、牛深村などに湊町があり、家並みも大きく描かれている。老嶽（586m）は、周囲の山景から突出して写実的に描かれている。(東京国立博物館所蔵)

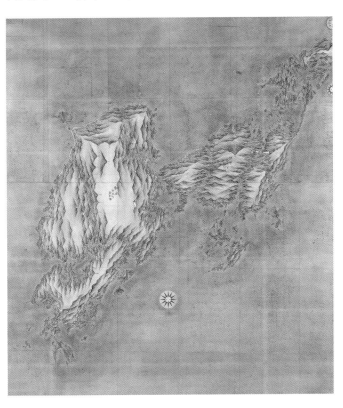

九州沿海図　第20図　阿蘇

〔自下立田村宇留毛至添津留村三本松〕　熊本県の阿蘇と大津を含む地域の図である。阿蘇山と阿蘇谷を北側から鳥瞰的に描いている。根子岳（1433m）、高岳（1592m）、鬼島山（杵島岳）（1326m）が写実的に描かれており、高岳が噴煙を上げている。また、阿蘇谷のカルデラ地形がよく表現されている。熊本からの測線には、上立田村から新町までの杉並木が見事である。新町からは松並木となっている。(東京国立博物館所蔵)

九州沿海図　第21図　豊後竹田

〔自添津留村三本松至野津原村／自添津留村三本松至戸次市村〕　大分県の竹田、豊後大野などを含む地域の図である。竹田町には多数の家並みが描かれ、丘陵上にあって森に囲まれた岡城が描かれている。竹田町から大分方向に2本の測線が走るが、野津原村を通る測線は途中で山越えをしている。また、犬飼町を通る測線も、田畑のある比較的平坦な地帯と山裾の傾斜地を交互に通過していることが、図の表現から判断できる。（東京国立博物館所蔵）

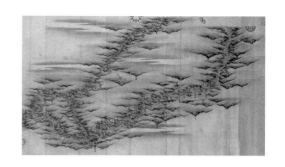

星埜由尚（p.50〜168）

伊能中図

第1図　北海道東部

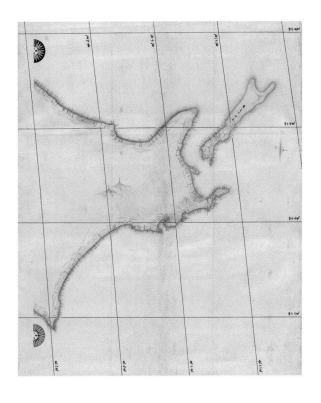

　北海道東部は、伊能忠敬が測っていない襟裳岬の先端や厚岸湾以北の海岸線も測量線が廻っており、これらは間宮林蔵の測量結果である。

　間宮は国後島南部も測っており、ここに2か所の横切り測線が描かれている。間宮は忠敬の門人で、北海道測量に先だって忠敬隠宅を訪れ、伊能測量応用編と天体観測を学んでいたと考えられる。伊能式測量術を随所で活用しており、国後島南部の横切り測線はその一例である。忠敬は周回測量のあと、横切り測線を入れて測量精度を高めることを励行していた。その他、野付半島の測線、根室半島の測線が海岸線の片側のみにとどまっているのは、地形急峻な場所では片側だけ測って反対側は見当をつけるという伊能測量の原則に従ったものだと思われる。依然として疑問が残るのは、知床半島の先端に及ぶ測線がないことである。海岸線を船に寝泊まりして測量したと思われるが、おそらく途中に船を泊める場所がなかったのではないかという推測もできる。いくら間宮が冒険家でも、海に浮かべた小舟で寝るのはリスクが大きすぎたのかもしれない。
（日本写真印刷株式会社所蔵）

第2図　北海道西部

　海岸を走る測線のほかに、石狩川－勇払、歌棄（ウタスツ）付近－長万部を結ぶ2本の雄大な横切り測線が描かれている。とくに石狩川－勇払測線は北海道図をこのうえなく引き立ている。石狩川を船で遡り、河が尽きると陸路を勇払に出る。途中、支流に迷い込んでいるがすぐ引き返した。しかし間宮林蔵からの引き継ぎ資料には、石狩川両岸の風景図がなかったらしく、製図者が誤って石狩平野の河川の蛇行を渓流と判断し、両岸に山景を付け加えている。

　伊能中図の特徴の一つとして、遠方の目標を望見した方位を記録した方位線の記入があげられる。本図では途中で切られているが、本州の著名目標を望見した方位線が多数描かれている。記載された数字は、狙った場所から見た北から時計廻りの方位である。本州と北海道の位置関係を決定したのは、これらの方位線である。シコタン、利尻島、礼文島などの位置も方位を測定して決定された。亀田半島部分は意図不明な測線が少しあるが、海岸には測線がなく、測量の対象外だったらしい。描画はイメージを伝えているだけである。
（日本写真印刷株式会社所蔵）

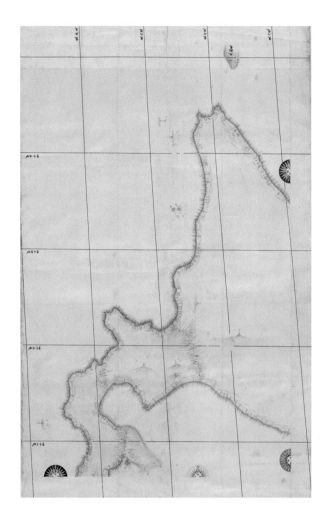

第3図　東北

　本図は東北の大部分、福島、檜原湖以北と、新潟の佐渡以北を描画範囲とする。第1次測量は奥州街道の往復、第2次測量では太平洋岸と奥州街道。第3次測量は白河から会津、米沢を経て出羽・越後の海岸を測った。佐渡の測量は第4次測量の帰路である。北海道と違って地図記号が頻出する。居城、陣屋、神社、寺院、国界、郡界などである。第1次、第2次測量は幕府の補助事業だったが、第3次、第4次測量は経費の100％を支給される幕府委託事業だった。公用旅行の証文が渡され、旅行用の人馬は無料、安い宿泊料（木銭、米代）で済み、作業の支援も受けられるようになっていた。仙台領では領主の援助で大々的に海中引縄測量が行なわれたほか、各地で手厚い援助を受けた。

　それにもかかわらず、南部領では岬や突端を測らない根元の横切り線が多く、粗雑感が残る。また理由は不明だが、秋田領の男鹿半島では本隊と支隊の測線が結合されていない。本図のもっとも大きな疑問は、東北を縦貫する3系統の縦断測線の間に、横切り測線がないことである。後年の伊能測量では考えられないことである。（注　北海道の間宮測量は西国測量以後に実施）
（日本写真印刷株式会社所蔵）

各図解説　中図第2図〜第3図　171

第4図　関東

　本図は関東一円および福島南部、新潟西部、富士山、伊豆半島、伊豆七島を描画範囲とし、中図8枚のうち最大の図である。全9回の遠国測量のうち第6次以外の全測量の測線が含まれている。房総半島、伊豆半島の海岸線は第2次測量で測られ、善光寺、中山道は第3次の帰路、上越ルートは第4次の帰路、東海道は第5次、岩槻・行田ルートと甲州街道は第7次の往路・帰路、大山から矢倉沢往還は第8次の往路、秩父・川越街道は第8次帰路、伊豆七島と伊豆半島東岸、江戸近郊は第9次測量で測られた。西国測量の往復を利用して測線を増やしたのだが、機会がなかった東半分は測線の密度が薄く、地元の佐原や利根川沿いにも測線がない。伊豆七島は高齢の忠敬は不参加だったが難航した。八丈島から帰ろうとして風を失い、三日三晩漂流して三浦崎に着く。あきらめないで伊豆七島図を完成。島嶼間、本土と島嶼間を走る無数の方位線は、関係位置を確定させるためだった。富士山には多数の方位線が集中しているが、測量精度確認の絶好な目標だった。銚子千騎ヶ岩からの長大な方位線は、銚子に9泊してようやく測ったと日記に出ている。（日本写真印刷株式会社所蔵）

第5図　中部・近畿

　本図は富士山の西側から神戸の御影付近までを範囲とする。海岸線は第4次、第5次測量で測られ、内陸部は第4次から第8次測量までのすべての測線で構成されている。第5次で測った伊勢・志摩など紀伊半島のリアス式海岸のすみずみまで測線が延びているのには驚嘆する。幕府測量隊として初めて臨んだ現場で、力が入っていたのかもしれないが、結果的に一同疲労困憊して隊内の不和も生じていた。尾鷲を過ぎると測線が岬を周回していない例が目立つ。もっとも、北の若狭湾でも岬や島嶼の北側には測られていない部分がある。

　京阪、濃尾平野は測線の密度が高い。琵琶湖沿岸も詳細である。いまはなき小椋池が描かれ、淀川沿いも詳細である。測線沿いの小社寺に、行き止まりの小測線を伸ばすことが多いが、有名社寺には長大な測線を伸ばしている。とくに目立つのは第6次の帰路、大阪から生駒を越えて当麻寺まで行って戻り、奈良を測ったあと桜井から多武峰、岡寺を経て吉野山の蔵王堂へ詣で、壺坂から今井町、桜井、初瀬経由で年末に伊勢に着き、文化6年1月1日、麻裃に威儀を正して内宮、外宮に正式参拝したことである。（日本写真印刷株式会社所蔵）

第6図　中国・四国

　本図は御影以西の中国地方と四国地方を描画範囲とする。中国地方沿岸は第5次測量で、また四国の海岸は第6次測量で測られた。瀬戸内海の島々の測量にあたっては、所領にかかわらず、地元の諸侯が船を出して応援した。広島藩が「浦島測量之図」に描かれた大船団を出して支援したのは尾道から岩国境までであるが、他領でもほぼ同様の支援が行なわれ、瀬戸内海の小さな島々まで朱の測線が入っている。

　忠敬は毛利領の秋穂浦で持病を発し、隠岐、松江の測量が終わる頃まで、隊務の監督ができず、下役、弟子たちだけで測量が行なわれた。中国内陸部の濃密な測線は、九州東南部を測った第7次測量、引続き九州各地を測った第8次測量の帰路を利用して行なわれたものである。現在は埋め立てられてしまった児島湾が鮮明に描かれている。

　四国は第6次測量で、周囲を一周し、縦に一本の横切り測線を入れただけであるが、室戸岬、足摺岬、佐田岬などの先端まで測線が伸びており、愛媛西部の複雑な海岸線、島嶼なども地元諸藩の膨大な協力で丁寧に測量されている。（日本写真印刷株式会社所蔵）

第7図　九州北部

　本図は熊本県の八代、宮崎県延岡以北の九州北部を描いている。この地域は伊能中図8枚の中でもっとも測線の密度が高く、何らかの政治的意図が感じられるが、それを裏づける史料はまだ見つかっていない。対馬に53日、壱岐、平戸島、五島の一部などの平戸領に100余日、五島全体では60余日など、離島の測量に多大な努力が払われた。対馬測量に動員された人足は記録によれば、延べ5万7000人である。

　離島と本土、離島相互を結ぶ方位線が無数に走っているが、これらは島嶼の位置の確定に大きな役割を果たしていた。今でも対馬の元禄国絵図と伊能対馬図がよく対比されるが、測量当時も対馬藩は元禄国絵図を示して、こんな立派な地図がある、伊能測量を形だけにしてほしいと忠敬に要請している。しかし、対馬と本土、壱岐などとの関係位置の確定は、天測と望見法を併用する伊能測量でなければできなかった。

　九州内の著名な場所にはすべて立ち寄っているが、市街では長崎市内の測線が最も濃密である。市内見物も兼ねて縦横に測ったと考えられる。（日本写真印刷株式会社所蔵）

第8図　九州南部

　本図は九州南部から屋久島、種子島までを描いている。本土の沿海部と天草諸島は第7次測量で測られたが、屋久島、種子島とその他の部分は第8次測量で測られた。本図の右上に大きな破損と修理の跡があるが、これは旧蔵者イヴ・ペイレ氏が別宅の屋根裏で発見した際に、大したものではないと思って破きかけた跡である。筆者らが働きかけて日本里帰り展を実現する際に、現状をそのままにして修理が行なわれた。桜島が1914年の噴火以前の姿で描かれている。

　屋久島、種子島は、大変なら行かなくてもいいという取り決めで出発していたが、現場に着くと、季節風を利用しないと簡単に渡航できないことが分かった。しかし念のため取りやめを正式に伺ったら、「行くように」指示される。遠国の九州に2度も出かけることになった最大の理由である。当時の幕府の意図は、推測するしかないが、薩摩藩の牽制にあったのではないかと思われる。第7次測量の途上、幕府との折衝中に天草測量が行なわれた。決定が出たが、病人もいるのでいったん帰国したいと申し出て、九州横断路を測量し、大分で越年して帰府する。薩摩藩とも協議し、体勢を整えて屋久島および種子島測量を実行した。（日本写真印刷株式会社所蔵）

伊能小図

第1図　北海道

　本図は2002年に東京国立博物館で佐々木利和氏により発見された、3枚揃いの伊能小図の北海道部分である。天文方高橋景保から昌平坂学問所に謹呈された正本に近い副本で、左下隅に昌平坂学問所という朱印が押されている。この印には黒印と朱印があって、朱印は個人的な謹呈品に押されるという。しかし高橋は幕命を受けた伊能測量の指揮者である。手続きは非公式かもしれないが、学問所の備品として公式の立場で提供したものと思う。以下3図とも同じである。

　伊能小図は2系統あって、本図と英国にある伊能小図は同系統、神戸市立博物館蔵、都立中央図書館蔵の小図が別系統である。英国小図は針穴がない写本だが、本図3枚は針突法で複製した針穴が残っている。伊能隊制作で天文方から幕府学問所に謹呈という、もっとも来歴の正しい最終版伊能図といえるだろう。

　地名などの表記をイヴ・ペイレ旧蔵の中図と較べると、8割から9割以上記載されており、北海道図では、中図と小図の差は大きくはない。3図に共通していえるのは、天測地を示す☆印がないことである。神戸市博図系統は☆印があるが、上呈された正本がどちらだったかはまったく分からない。（東京国立博物館所蔵）

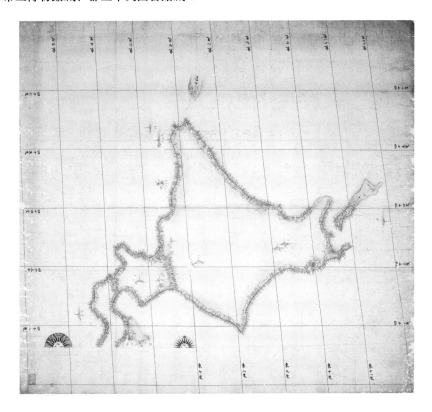

第2図　東日本

　幕末に英国の測量船隊に渡され、グリニッチ海事博物館に今も保存されている英国小図は、本図等3枚の写本と思われる。1861年旗艦アクティオンの艦上で司令官のワード中佐は、同乗していた幕府海軍の連絡士官から本図の写しを見せられた。翌早朝、連絡士官の添え状をもらい、自ら横浜の公使オルコックを訪問し、伊能図入手を依頼した。伊能小図入手により英国は1863年、日本近海の海図を大改訂している。本図は当時のグローバル・スタンダードに達していたというべきであろう。

　本図の中央部にはかなり損傷があり地名を読むことが難しいが、比較的傷んでいない仙台－千住あたりで地名の記載数を比較すると、イヴ・ペイレ旧蔵中図と較べた採用地名は約75％だった。天測地の☆印を省略し、地名も名称だけとして村、町などの文字を省略しているが、集落の集中している地域では掲載数がかなり減っている。☆以外の地図合印は中図と同じように揃っているが、方位線は省略されている。不鮮明であるが、富士山に集中する方位線は31本あるいは30本で、やはり中図の約75％である。（東京国立博物館所蔵）

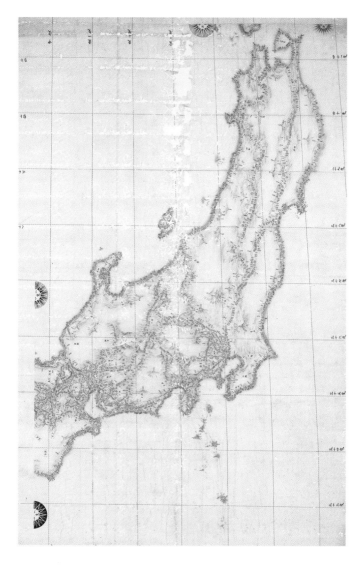

第3図　西日本

　ほぼ、中図の第6図（中国・四国）、第7図（九州北部）、第8図（九州南部）の範囲を描いている。もともと小図は中図を簡略に描いたものであるから、詳細は中図、大図を見ればよいわけだが、たとえば岡山－広島間の街道筋の地名を比較すると、本図は中図の約64％だった。第1図から順に掲載率が悪くなっている。中図の4分の1の面積に中図の地名、合印、方位線等の要素を普遍的に盛り込むのは無理なのである。

　小図で、完成図に不要な天測地☆印を省略したのは理にかなっているが、ついでに方位線も省略すべきだったのではないか。中図で充分見せているのだから、小図はさらに一歩、実用志向に踏み込んでよかったのではないか。ちなみに、小図をもとに編集された「官板実測日本地図」では方位線は消されている。

　記録では、忠敬は伊能図の出版を意図していたことが感じられる。もし検討が進んだら、小図は官板実測日本地図に近づく、大幅な模様替えになったはずである。（東京国立博物館所蔵）

渡辺一郎（p.169〜179）

【監修】渡辺一郎（わたなべ・いちろう）

1929年、東京都生まれ。1949年、逓信省中央無線電信講習所（現・電気通信大学）卒。日本電信電話公社（現・NTT）計画局員、データ通信本部（現・NTTデータ）調査役などを経て、51歳で退職。コビシ電機㈱副社長を10年間務めた後、1994年頃から「伊能図と伊能忠敬の研究」に専念。1995年、フランスで発見された伊能中図を佐原市（現・香取市）へ里帰りさせた機会に「伊能忠敬研究会」を結成。伊能忠敬研究会代表理事を経て、現在は名誉代表。編著書に、『伊能測量隊まかり通る』（NTT出版）、『伊能忠敬が歩いた日本』（筑摩書房）、『最終上呈版 伊能図集成』（共著、柏書房）、『伊能忠敬測量隊』（小学館）、『図説 伊能忠敬の地図をよむ』（河出書房新社）、『伊能大図総覧』（監修、河出書房新社）などがある。

伊能図大全 第6巻　伊能図の概説と各図解説〔巻別版〕

2013年12月10日　初版発行
2018年 5 月20日　巻別版初版印刷
2018年 5 月30日　巻別版初版発行

監修	渡辺一郎
著者	星埜由尚／鈴木純子／渡辺一郎
装幀・デザイン	渡辺和雄
発行者	小野寺優
発行所	株式会社 河出書房新社
	〒151-0051　東京都渋谷区千駄ヶ谷2-32-2
	電話（03）3404-1201［営業］　（03）3404-8611［編集］
	http://www.kawade.co.jp/
組版	株式会社キャップス
印刷・製本	NISSHA株式会社

Printed in Japan
ISBN978-4-309-81236-6

落丁・乱丁本はお取替えいたします。
本書のコピー、スキャン、デジタル化等の無断複製は著作権法上での例外を除き禁じられています。
本書を代行業者等の第三者に依頼してスキャンやデジタル化することは、いかなる場合も著作権法違反になります。